KB205738

BIBLE in Hand 교양인을 위한 성경

구약 | 창세기

세상의 모든 처음

해제 **김근주**

보이다
프로젝트

해제 **김근주** | 기독연구원 느헤미야 연구위원

서울대학교 경제학과를 졸업하고, 장로회신학대학교 신학대학원에서
목회학 석사(M.Div.)와 신학 석사(Th.M.) 학위를 받은 후,
영국 옥스퍼드대학교에서 칠십인역 이사야서의 신학적 특징을 다룬
논문(The Identity of the Jewish Diaspora in the Septuagint Isaiah)으로
박사(D.Phil.) 학위를 받았다.
기독연구원 느헤미야 연구위원이며, 일산은혜교회 협동목사로 섬기고 있다.
〈복음의 공공성〉(비아토르), 〈특강 예레미야〉 〈특강 이사야〉(IVP),
〈나를 넘어서는 성경 읽기〉 〈소예언서 어떻게 읽을 것인가 1, 2, 3〉(이상 성서유니온),
〈구약의 숲〉 〈다니엘처럼〉 〈네 이웃을 네 몸과 같이〉(이상 대장간),
〈구약으로 읽는 부활 신앙〉(SFC출판부) 등을 펴냈다.

구약 | 창세기

세상의 모든 처음

01

이 책에 사용된 한글 번역본은 대한성서공회의 허락을 받아
〈성경전서 새번역〉(2001년)을 사용했습니다.

기독교 성서를 번역, 출판, 반포하는 대한성서공회는 〈성경전
서 새번역〉에 대해 "원문의 뜻을 우리말 독자들이 이해할 수
있도록 정확하게 번역하고, 쉬운 현대어로, 우리말 어법에 맞
게, 한국교회에서 사용할 수 있도록 번역된 성경"이며, "번역
이 명확하지 못했던 본문과 의미 전달이 미흡한 본문은 뜻이
잘 전달되도록 고쳤다. 할 수 있는 대로 번역어투를 없애고,
뜻을 우리말로 표현하려고 노력했다. 그러나 신학적으로 중요
한 본문에서는 원문을 그대로 반영하려고 노력했다. 대화문에
서는 현대 우리말 존대법을 적용했다"고 밝히고 있습니다.

02

성경 본문 하단은 성경을 읽으면서 생기는 궁금한 내용에 대해
질문과 해제 형식으로 담아냈습니다. 질문은 편집부에서 만들
고, 해제는 구약성경은 김근주 교수(기독연구원 느헤미야), 신
약성경은 권연경 교수(숭실대 기독교학과)가 맡았습니다.

성경 본문입니다

장을 말합니다

절을
말합니다

겠고, 나를 애써 찾을 것이지만, 나를 만나지 못할 것이다. 29 이것은 너희가 깨닫기를 싫어하며, 주님 경외하기를 즐거워하지 않으며, ◑0 내 충고를 받아들이지 않으며, 내 모든 책망을 업신여긴 탓이다. 31 그러므로 그런 사람은 제가 한 일의 열매를 먹으며, 제 꾀에 배부를 것이다. 32 어수룩한 사람은 내게 등을 돌리고 살다가 자기를 죽이며, 미련한 사람은 안일하게 살다가 자기를 멸망시키지만, 33 오직 내 말을 듣는 사람은 안심하며 살겠고, 재앙을 두려워하지 않고 평안히 살 것이다."

{ 제2장 }

지혜가 주는 유익

1 아이들아, 내 말을 받아들이고, 내 명령을 마음속 깊이 간직하여라. 2 지혜에 네 귀를 기울이고, 명철에 네 마음을 두어라. 3 슬기를 외쳐 부르고, 명철을 얻으려고 소리를 높여라. 4 은을 구하듯 그것을 구하고, 보화를 찾듯 그것을 찾아라. 5 그렇

약자를 말합니다.
〈성경의 구성〉(7p)을
참고하십시오.

갑자기 독자들을 '아이들'(1절)이라고 부르네요. 어린이들에게 주는 당부인가요? 어느 시대, 어느 사회에서든 마찬가지겠지만, 최초의 교육이면서 가장 중요한 교육이 일어나는 곳은 당연히 가정일 것입니다. 비록 많은 부모가 이를 잘 행하지 못해서 부끄럽기도 하지만, 가정이야말로 가장 근본적인 교육의 현장입니다. '아이들'이라는 표현은 가정에서 이루어진 교육을 반영합니다. 바울이 디모데를 자신의 아들이라 표현했듯이(딤전 1:2), 고대 세계에서 스승은 제자를 곧잘 '아들'이라 불렀습니다. 그래서 "아이들아"와 같은 표현은 스승 앞에 모여 있는 어리거나 젊은 제자들의 모습을 떠올리게 합니다.

성경의 해당 부분
책 이름입니다.

◑잠언

21

질문과 해제입니다

5

성경, 구약 39권 + 신약 27권

성경은 한 권의 책이 아닙니다. 기원전 1천 년 전부터 기원후 2세기에 이르기까지 아주 긴 시간 동안 쓰여진 다양한 책들의 묶음입니다. 성경은 66권의 책으로 구성되어 있습니다. 그 책들은 저자도, 내용도, 형식도, 분량도 모두 다릅니다. 성경은 크게 구약과 신약으로 구분되며, 구약은 39권, 신약은 27권으로 구성되어 있습니다.

또 성경에는 여러 종류의 번역판이 있는데, 이 책은 대한성서공회가 최근에 번역해 출간한 〈성경전서 새번역〉(2001년)을 채택하고 있습니다.

성경의 구성

구약

율법서 { 창세기(창) 출애굽기(출) 레위기(레) 민수기(민) 신명기(신)

역사서 { 여호수아기(수) 사사기(삿) 룻기(룻) 사무엘기상(삼상)
사무엘기하(삼하) 열왕기상(왕상) 열왕기하(왕하) 역대지상(대상)
역대지하(대하) 에스라기(라) 느헤미야기(느) 에스더기(더)

시가서 { 욥기(욥) 시편(시) 잠언(잠) 전도서(전) 아가(아)

대선지서 { 이사야서(사) 예레미야서(렘) 예레미야 애가(애) 에스겔서(겔)
다니엘서(단)

소선지서 { 호세아서(호) 요엘서(욜) 아모스서(암) 오바댜서(옵) 요나서(욘)
미가서(미) 나훔서(나) 하박국서(합) 스바냐서(습) 학개서(학)
스가랴서(슥) 말라기서(말)

신약

복음서 { 마태복음서(마) 마가복음서(막) 누가복음서(눅) 요한복음서(요)

역사서 { 사도행전(행)

바울서신 { 로마서(롬) 고린도전서(고전) 고린도후서(고후)
갈라디아서(갈) 에베소서(엡) 빌립보서(빌) 골로새서(골)
데살로니가전서(살전) 데살로니가후서(살후)
디모데전서(딤전) 디모데후서(딤후) 디도서(딛) 빌레몬서(몬)

공동서신 { 히브리서(히) 야고보서(약) 베드로전서(벧전) 베드로후서(벧후)
요한1서(요일) 요한2서(요이) 요한3서(요삼) 유다서(유)

예언서 { 요한계시록(계)

※괄호 안은 각 책을 줄여서 표기할 때 쓰는 약자입니다.

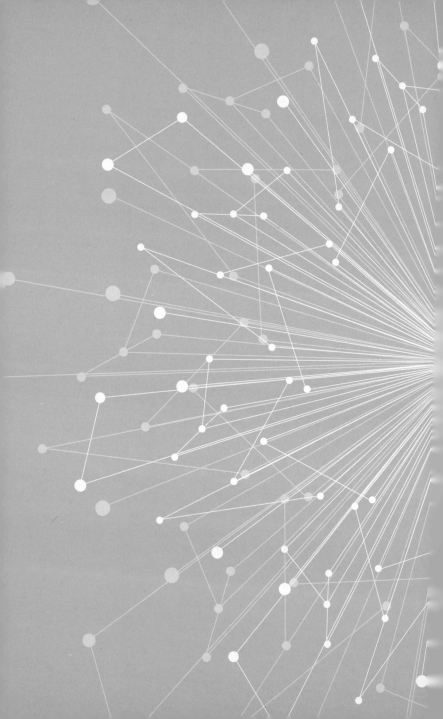

창세기
Genesis

역사 안에서 행하시는 하나님,
그리고 하나님이 사랑하신
사람과 세상에 관한 책

현재를 해석하기 위해 그들이 선택한 방법은
과거를 다시 돌아보는 것입니다.
나라도 없어지고, 성전도 없어지고, 임금도 없어졌습니다.
그러면 나를 구성하고 정의하는 본질적인 요소는
무엇인가를 묻게 될 것입니다.
창세기를 비롯한 오경은 이 문제를 다룹니다.
그러므로 창세기를 읽을 때 이러한 배경을 생각해보는 것이
매우 중요합니다.

창세기는 '처음'을 다룬 책입니다. 그렇다고 오늘날 우리가 생각하듯 우주와 지구, 인류의 처음에 대한 과학적 설명을 전하는 책이라고 보는 것은 적합하지 않습니다. 이 책은 지금으로부터 수천 년 전에 처음 이야기가 생겨나 전해지고 기록되었기에 오늘날처럼 과학적으로 세상을 보는 시대가 아니라 세상 전체가 신과 연관되어 있고 천둥과 번개까지도 하늘에 있는 신들의 작용이라고 보던 시대가 배경입니다. 우리나라로 비교하면 삼국시대보다도 훨씬 더 오래전, 고조선 시대 중에서도 더 오래된 시대와 비슷한 시대인 셈입니다. 그래서 과학적 기준으로 판단하며 창세기를 읽으면 이 책이 말하고 싶은 내용을 거의 놓치고 말 것입니다.

'역사'도 마찬가지겠지요. 창세기는 오래전 과거에 존재했던 사람과 일어났던 일을 다루고 있어서 '역사'를 다룬다고 할 수 있습니다. 그런데 일어난 일을 최대한 정확히 전달하려는 취지의 '역사'를 생각하며 창세기를 읽는다면 창세기, 나아가서는 구약성경, 신약성경과는 잘 맞지 않습니다. 창세기와 창세기를 포함한 구약성경은 '하나님'에 대해 증언하는 책입니다. 그리고 그 하나님께서 세상을 어떻게 보시는지, 사람은 어떤 존재라고 설명하시는지, 그래서 사람은 어떠해야 하는지를 증언하며 격려하고 권면하는 책입니다.

이러한 증언을 하되 사람 마음의 내면세계를 성찰하며 추상적이고 철학적으로 진행하는 것이 아니라, 인류 안에서 일어난 사건과 상황, 즉 역사를 배경으로 하여 증언합니다. 이를 함께 고려하면 창세기는 '역사 안에서 행하시는 하나님, 그리고 하나님이 사랑하신 사람과 세상에 관한 책'이라고 말할 수 있겠습니다.

현재를 해석하기 위해 과거를 돌아보기

그래서 창세기를 읽으면서 이런 내용이 인류의 기원에 대한 과학적이고 학문적인 주장과 맞는지 고민하는 것이나, 이런 내용이 실제 일어났던 일인가를 고민하는 것은 썩 좋은 방법일 것 같지 않습니다. 구약을 연구하는 학자들에 따르면 창세기가 담고 있는 내용은 엄청나게 오래전 시기지만, 현재와 같이 50장으로 이루어진 창세기가 완성된 것은 이스라엘이라는 나라가 망하고 바벨론 포로를 겪은 이후라고 합니다.

가령 이순신 장군을 다룬 영화로 보자면, 영화 속 시간은 이순신과 연관된 조선 중기이되 영화를 제작한 시간은 오늘날 21세기겠지요. 그렇다면 영화 제작자의 시각이 무엇인지를 아는 것은 그 영화를 이해하는 데 가장 결정적으로 중요할 것입니다. 똑같이 이순신을 소재로 하더라도 제작자의 시각에 따라 그의 삶을 다르게 조명할 테니까요. 이렇듯 창세기 속 내용은 무척 오래된 옛날이되, 창세기가 지금과 같은 모양으로 완성된 시기는 바벨론 포로기임을 염두에 둘 필요가 있습니다.

바벨론 포로 사건은 이스라엘을 지탱하는 모든 기둥이 다 무너진 사건입니다. 이스라엘은 하나님께서 선택하신 백성이고, 예루살렘과 유다 땅은 하나님께서 그들에게 주신 땅이며, 예루살렘 성전은 하나님께서 거하시는 특별한 곳이라 굳게 믿었는데, 그들의 나라는 바벨론에게 패했고, 이스라엘 민족은 이방 땅에 끌려와 살아야 했으며, 성전은 완전히 파괴되고 말았습니다. 이러한 현실을 겪다 보면 자신들은 누구이며 어떻게 살아야 하는지와 같은 가장 근본적인 질문이 생겨날 수밖에 없습니다.

그래서 이 시기 사람들은 그에 대한 응답을 찾기 위해 그들의 과거 역사를 다시 돌아보게 되었습니다. 여러 사람, 여러 공동체에서 이 같은 작업을 했고, 그 가운데 하나가 창세기가 포함된 오경(구약성경의 처음 다섯 책인 창세기, 출애굽기, 레위기, 민수기, 신명기를 특별하게 부르는 이름)의 산출이라고 할 수 있습니다.

놀랍지요? 현재를 해석하기 위해 그들이 선택한 방법은 과거를 다시 돌아보는 것입니다. 나라도 없어지고, 성전도 없어지고, 임금도 없어졌습니다. 그러면 나를 구성하고 정의하는 본질적인 요소는 무엇인가를 묻게 될 것입니다. 창세기를 비롯한 오경은 이 문제를 다룹니다. 그러므로 창세기를 읽을 때 이러한 배경을 생각해보는 것이 매우 중요합니다. 아마도 우리

는 창세기를 읽으면서 '쫓겨남' 혹은 '낯선 땅으로 옮겨감' 같은
주제가 계속 반복되는 것을 발견하게 될 것입니다. 이방 땅으
로 쫓겨난 바벨론 포로의 경험을 생각하면 창세기에서 이 같
은 주제가 반복되는 것을 충분히 납득하게 됩니다.

그렇다면 창세기는 '낯선 땅에서 어떻게 살아갈 것인가'를 다룬
책이라고도 할 수 있겠습니다(구약성경을 계속 읽으면 알게 되
지만, 사실 구약성경 전체가 '낯선 땅에서 하나님과 함께 걸어
가기'라는 말로 요약될 수 있습니다). 모든 것이 사라지고 나면
정말 중요한 것이 무엇인지 드러날 것입니다. 창세기는 정말 중
요한 그것이 무엇인지를 말하고 싶은 책이라고 할 수 있습니다.

그 자리에서 읽어가는 책

그럼 이제 창세기를 읽어가 봅시다. 처음 읽는 사람이라 해도
두려워할 것 없이, 이 책이 하나님에 대해, 그리고 하나님께서
선택하신 이스라엘에 대해, 그리고 이스라엘이 속해서 살아
가는 세상에 대해 무엇이라 말하는지 귀 기울여보면 좋겠습니
다. 이전에 창세기를 읽어본 분들은 이미 알고 있는 창세기에
대한 이해를 조금 내려놓아도 좋겠습니다. 창세기가 하나님
말씀인 것은 우리가 그렇게 믿으려고 노력해서 되는 일이 아
니라, 그 말씀이 가진 능력과 권위가 스스로 드러나며 지난 길
고 긴 세월 동안 인류를 감화하고 변화시킨 것입니다. 그러므

로 너무 강하고 견고한 믿음이 창세기를 읽는 데 가장 중요한 요소는 아닌 것 같습니다.

창세기를 처음 읽든, 읽어본 적이 있든, 바벨론 포로를 경험한 사람들은 이 내용을 어떻게 이해했을지 상상해보는 것이 중요합니다. 우리에게는 일제강점기라는 괴롭고 참혹했던 과거가 있습니다. 그 시기를 살았던 우리 조상의 입장이 창세기를 읽어가는 입장과 비슷할 것 같습니다. 결국 창세기는 쫓겨난 자, 납작해진 자, 실패한 자의 자리에서 읽는 것이 가장 좋은 것 같습니다. 같이 가볼까요?

{ 제1장 }

천지창조

1 태초에 하나님이 천지를 창조하셨다. 2 땅이 혼돈하고 공허하며, 어둠이 깊음 위에 있고, 하나님의 영은 물 위에 움직이고 계셨다.

3 ○ 하나님이 말씀하시기를 "빛이 생겨라" 하시니, 빛이 생겼다. 4 그 빛이 하나님 보시기에 좋았다. 하나님이 빛과 어둠을 나누셔서, 5 빛을 낮이라고 하시고, 어둠을 밤이라고 하셨다. 저녁이 되고 아침이 되니, 하루가 지났다.

6 ○ 하나님이 말씀하시기를 "물 한가운데 창공이 생겨, 물과 물 사이가 갈라져라" 하셨다. 7 하나님이 이처럼 창공을 만드시고서, 물을 창공 아래에 있는 물과 창공 위에 있는 물로 나누시니, 그대로 되었다. 8 하나님이 창공을 하늘이라고 하셨다. 저녁이 되고 아침이 되니, 이튿날이 지났다.

9 ○ 하나님이 말씀하시기를 "하늘 아래에 있는 물은 한곳으로 모이고, 뭍은 드러나거라" 하시니, 그대로 되었다. 10 하나

많은 국가들은 창세기 1장 같은 창조 설화를 갖고 있습니다. 성경과 신화가 나눠지는 지점은 무엇인가요? 문학적 형식과 기본적인 내용에서는 성경과 신화를 구별하기 어려울 것 같습니다. 성경과 신화 모두 고대 사람들의 시각에서 세상과 현실, 사람을 이해하는 도구이며 세계관이라 할 수 있습니다. 그 점에서 성경과 신화의 차이는 세상을 어떻게 볼 것인가, 사람을 어떻게 볼 것인가에 있다고 할 수 있습니다. 그로 인해 성경은 그 가르침을 따라 살아가는 사람이 역사와 현실 속에서 계속 존재했던 반면, 신화는 후대의 사람을 더 이상 설득해낼 수 없었기에 시간이 지나면서 잊혀져 오늘날에는 문헌적 가치로만 존속할 따름입니다.

님이 뭍을 땅이라고 하시고, 모인 물을 바다라고 하셨다. 하나님 보시기에 좋았다. 11 하나님이 말씀하시기를 "땅은 푸른 움을 돋아나게 하여라. 씨를 맺는 식물과 씨 있는 열매를 맺는 나무가 그 종류대로 땅 위에서 돋아나게 하여라" 하시니, 그대로 되었다. 12 땅은 푸른 움을 돋아나게 하고, 씨를 맺는 식물을 그 종류대로 나게 하고, 씨 있는 열매를 맺는 나무를 그 종류대로 돋아나게 하였다. 하나님 보시기에 좋았다. 13 저녁이되고 아침이 되니, 사흘날이 지났다.

14 ○ 하나님이 말씀하시기를 "하늘 창공에 빛나는 것들이 생겨서, 낮과 밤을 가르고, 계절과 날과 해를 나타내는 표가 되어라. 15 또 하늘 창공에 있는 빛나는 것들은 땅을 환히 비추어라" 하시니, 그대로 되었다. 16 하나님이 두 큰 빛을 만드시고, 둘 가운데서 큰 빛으로는 낮을 다스리게 하시고, 작은 빛으로는 밤을 다스리게 하셨다. 또 별들도 만드셨다. 17 하나님이 빛나는 것들을 하늘 창공에 두시고 땅을 비추게 하시고, 18 낮과밤을 다스리게 하시며, 빛과 어둠을 가르게 하셨다. 하나님 보시기에 좋았다. 19 저녁이 되고 아침이 되니, 나흘날이 지났다.

20 ○ 하나님이 말씀하시기를 "물은 생물을 번성하게 하고, 새

창세기 1장에는 각각의 창조가 이루어진 후 "저녁이 되고 아침이 되니"라는 문장이 반복됩니다. 총 5회 사용되었죠. 그런데 왜 시간의 순서가 저녁부터 시작하는 거죠? 시간을 세는 방식은 이래야 된다고 정해진 것이 아니라 특정한 시대와 문화속에서 사람들이 세상을 이해하는 방식이라고 말할 수 있습니다. 최초의 상태가 '흑암(어둠)'이었고 그 가운데 하나님께서 빛을 만드셨으니, 어둠에서부터 빛으로 상황이 변화되었습니다. 그러한 이유로 저녁에서 아침으로가 하루를 세는 단위일 수 있겠습니다. 이후로도 고대 이스라엘은 시간을 저녁부터 아침까지로 세었습니다. 그들의 문화적 특징으로 이해하면 되겠습니다.

들은 땅 위 하늘 창공으로 날아다녀라" 하셨다. 21 하나님이 커다란 바다짐승들과 물에서 번성하는 움직이는 모든 생물을 그 종류대로 창조하시고, 날개 달린 모든 새를 그 종류대로 창조하셨다. 하나님 보시기에 좋았다. 22 하나님이 이것들에게 복을 베푸시면서 말씀하시기를 "생육하고 번성하여 여러 바닷물에 충만하여라. 새들도 땅 위에서 번성하여라" 하셨다. 23 저녁이 되고 아침이 되니, 닷샛날이 지났다.

24 ○ 하나님이 말씀하시기를 "땅은 생물을 그 종류대로 내어라. 집짐승과 기어 다니는 것과 들짐승을 그 종류대로 내어라" 하시니, 그대로 되었다. 25 하나님이 들짐승을 그 종류대로, 집짐승도 그 종류대로, 들에 사는 모든 길짐승도 그 종류대로 만드셨다. 하나님 보시기에 좋았다.

26 ○ 하나님이 말씀하시기를 "우리가 우리의 형상을 따라서, 우리의 모양대로 사람을 만들자. 그리고 그가, 바다의 고기와 공중의 새와 땅 위에 사는 온갖 들짐승과 땅 위를 기어 다니는 모든 길짐승을 다스리게 하자" 하시고, 27 하나님이 당신의 형상대로 사람을 창조하셨으니, 곧 하나님의 형상대로 사람을 창조하셨다. 하나님이 그들을 남자와 여자로 창조하셨다. 28 하

해가 나흘날에 지어졌다면 태양이 생기기도 전에 빛이 있었다는 말인데, 첫날의 빛은 무엇인가요? 1장의 내용을 오늘날의 과학으로 읽는다면 이곳저곳에서 문제가 됩니다. 고대 세계는 영원해 보이고 한결같아 보인다는 점에서 태양과 달, 산과 바다 같은 피조 세계를 숭배했지만, 창세기는 이 세상이 하나님께서 만드신 것임을 분명히 합니다. 이처럼 세상에 대한 하나님의 뜻을 전하고자 한다는 점을 고려해 창세기를 읽을 필요가 있습니다. 그럴 때, 첫날 만들어진 빛은 궁극적이고 근원적인 빛을 가리킨다고 할 수 있습니다. 창세기는 하나님께서 어둠 가득한 세상에 빛을 만드신 분임을 선언합니다.

나님이 그들에게 복을 베푸셨다. 하나님이 그들에게 말씀하시기를 "생육하고 번성하여 땅에 충만하여라. 땅을 정복하여라. 바다의 고기와 공중의 새와 땅 위에서 살아 움직이는 모든 생물을 다스려라" 하셨다. 29 하나님이 말씀하시기를 "내가 온 땅 위에 있는 씨 맺는 모든 채소와 씨 있는 열매를 맺는 모든 나무를 너희에게 준다. 이것들이 너희의 먹거리가 될 것이다. 30 또 땅의 모든 짐승과 공중의 모든 새와 땅 위에 사는 모든 것, 곧 생명을 지닌 모든 것에게도 모든 푸른 풀을 먹거리로 준다" 하시니, 그대로 되었다. 31 하나님이 손수 만드신 모든 것을 보시니, 보시기에 참 좋았다. 저녁이 되고 아침이 되니, 엿샛날이 지났다.

다른 생물들은 모두 독창적으로 만드셨는데, 사람만 하나님의 형상을 따라 만드셨네요. 사람만 그렇게 만든 이유가 있을까요? 창세기가 하나님과 세상, 사람에 대해 말하고자 하는 책임을 기억할 때, 사람을 하나님의 형상으로 만드셨다는 것은 사람이야말로 존엄하고 존귀한 존재임을 선언하는 것이라 이해할 수 있습니다. 사람들은 도리어 태양을 숭배하고 강한 짐승을 숭배하지만, 창세기는 사람이야말로 하나님의 형상이라고 선언합니다. 유사 이래 인류는 하나님을 사랑하려고 애쓰며 이런저런 종교적 형식을 공들여 만들지만, 하나님께서 그 형상을 전혀 만들지 못하게 하시되(출 20:3–6), 유일하게 하나님의 형상으로 사람을 만드셨습니다. 그러므로 하나님을 사랑한다는 것은 그 형상인 사람을 사랑하는 것을 의미합니다.

{ 제2장 }

1 하나님은 하늘과 땅과 그 가운데 있는 모든 것을 다 이루셨다. 2 하나님은 하시던 일을 엿샛날까지 다 마치시고, 이렛날에는 하시던 모든 일에서 손을 떼고 쉬셨다. 3 이렛날에 하나님이 창조하시던 모든 일에서 손을 떼고 쉬셨으므로, 하나님은 그날을 복되게 하시고 거룩하게 하셨다. 4 하늘과 땅을 창조하실 때의 일은 이러하였다.

에덴동산

○ 주 하나님이 땅과 하늘을 만드실 때에, 5 주 하나님이 땅 위에 비를 내리지 않으셨고, 땅을 갈 사람도 아직 없었으므로, 땅에는 나무가 없고, 들에는 풀 한 포기도 아직 돋아나지 않았다. 6 땅에서 물이 솟아서, 온 땅을 적셨다.

7 ○ 주 하나님이 땅의 흙으로 사람을 지으시고, 그의 코에 생명의 기운을 불어넣으시니, 사람이 생명체가 되었다.

8 ○ 주 하나님이 동쪽에 있는 에덴에 동산을 일구시고, 지으

하나님은 일곱째 날에 쉬셨다고 나옵니다. 전지전능한 하나님에게도 쉼이 필요했나요? 그 의미가 궁금합니다. 하나님께서는 사람을 하나님의 형상으로 만드셨습니다. 즉 하나님은 사람의 본보기라고 할 수 있습니다. 하나님께서 엿새 동안 일하시고 이레째 쉬신 까닭 역시 그와 연관해서 사람을 쉬게 하려고 하나님께서 쉬셨다고 말할 수 있습니다. 쉼의 중요성을 가장 강조하기 위한 표현 방법이라 할 수 있으며, 이는 구약에 실린 명령을 열 가지로 요약한 십계명에도 실려서 더욱 강조됩니다. 워낙 능률과 효율을 강조하는 요즘의 세상은 잠시도 쉬지 않고 달리게 하지만, 성경은 '쉬는 것'이야말로 하나님을 닮아가는 삶이라고 선언합니다.

신 사람을 거기에 두셨다. 9 주 하나님은 보기에 아름답고 먹기에 좋은 열매를 맺는 온갖 나무를 땅에서 자라게 하시고, 동산 한가운데는 생명나무와 선과 악을 알게 하는 나무를 자라게 하셨다.

10 ○ 강 하나가 에덴에서 흘러나와서 동산을 적시고, 에덴을 지나서는 네 줄기로 갈라져서 네 강을 이루었다. 11 첫째 강의 이름은 비손인데, 금이 나는 하윌라 온 땅을 돌아서 흘렀다. 12 그 땅에서 나는 금은 질이 좋았다. 브돌라라는 향료와 홍옥수와 같은 보석도 거기에서 나왔다. 13 둘째 강의 이름은 기혼인데, 구스 온 땅을 돌아서 흘렀다. 14 셋째 강의 이름은 티그리스인데, 앗시리아의 동쪽으로 흘렀다. 넷째 강은 유프라테스이다.

15 ○ 주 하나님이 사람을 데려다가 에덴동산에 두시고, 그곳을 맡아서 돌보게 하셨다. 16 주 하나님이 사람에게 명하셨다. "동산에 있는 모든 나무의 열매는, 네가 먹고 싶은 대로 먹어라. 17 그러나 선과 악을 알게 하는 나무의 열매만은 먹어서는 안 된다. 그것을 먹는 날에는, 너는 반드시 죽는다."

18 ○ 주 하나님이 말씀하셨다. "남자가 혼자 있는 것이 좋지

인간은 흙으로 만들었다고 합니다. 다른 것들처럼 말씀으로 만들지 않고 흙이라는 소재를 사용한 의도는 무엇인가요? 사람뿐 아니라 동물과 새도 흙으로 만들어졌고 (2:19) 식물은 땅에서 나오니(1:11–12), 생명체는 모두 흙으로 되었다고 할 수 있습니다. 흙이라는 단어는 달리 '진토' 혹은 '먼지'라고 옮겨지기도 합니다. 사람을 비롯한 생명이 흙 혹은 먼지라는 점은 우리 삶에 반드시 한계가 있음을 알려줍니다. 인간의 오만함을 근본적으로 돌아보게 하며, 그 누구도 영원할 수 없음을 기억하게 해줍니다. 그래서 흙으로 만든 존재이니 서로를 불쌍히 여기고 이해하게도 하고, 흙으로 만든 존재이니 아무리 대단해 보여도 그리 좌우될 것 없음을 깨닫게 해주기도 합니다.

아담과 이브 *Adam and Eve*, Albrecht Dürer, 1504, Germany

않으니, 그를 돕는 사람, 곧 그에게 알맞은 짝을 만들어주겠
다."19 주 하나님이 들의 모든 짐승과 공중의 모든 새를 흙으
로 빚어서 만드시고, 그 사람에게로 이끌고 오셔서, 그 사람이
그것들을 무엇이라고 하는지를 보셨다. 그 사람이 살아 있는
동물 하나하나를 이르는 것이 그대로 동물들의 이름이 되었
다. 20 그 사람이 모든 집짐승과 공중의 새와 들의 모든 짐승
에게 이름을 붙여주었다. 그러나 그 남자를 돕는 사람 곧 그의
짝이 없었다. 21 그래서 주 하나님이 그 남자를 깊이 잠들게 하
셨다. 그가 잠든 사이에, 주 하나님이 그 남자의 갈빗대 하나
를 뽑고, 그 자리는 살로 메우셨다. 22 주 하나님이 남자에게
서 뽑아낸 갈빗대로 여자를 만드시고, 여자를 남자에게로 데
리고 오셨다. 23 그때에 그 남자가 말하였다. "이제야 나타났
구나, 이 사람! 뼈도 나의 뼈, 살도 나의 살, 남자에게서 나왔
으니 여자라고 부를 것이다."

24 ㅇ 그러므로 남자는 아버지와 어머니를 떠나, 아내와 결합
하여 한 몸을 이루는 것이다. 25 남자와 그 아내가 둘 다 벌거
벗고 있었으나, 부끄러워하지 않았다.

하나님은 생명나무, 그리고 선과 악을 알게 하는 나무를 만들어두고 이를 금지합니
다. 왜 굳이 그런 설정을 두었을까요? 창세기가 이에 대해 설명하지 않으니, 이 부
분은 정말 상상의 영역일 것 같습니다. 성경에는 이렇게 상상으로 채워야 하는 빈
공간들이 제법 있습니다. 하나님께서는 사람을 하나님의 뜻대로만 행하도록 입력된
기계 같은 존재로 만들지 않으셨습니다. 그들은 자신들의 삶의 공간 한가운데 늘 존
재하는 생명나무와 선악을 알게 하는 나무를 보면서 살아갔을 것입니다. 두 사람은
내가 생명을 선택하며 살아갈지, 아니면 하나님이 금하신 선악을 알게 하는 나무 열
매를 선택할지 매일매일 순간순간 돌아보게 되었을 것 같습니다.

{ 제3장 }

사람의 불순종

1 뱀은, 주 하나님이 만드신 모든 들짐승 가운데서 가장 간교하였다. 뱀이 여자에게 물었다. "하나님이 정말로 너희에게, 동산 안에 있는 모든 나무의 열매를 먹지 말라고 말씀하셨느냐?" 2 여자가 뱀에게 대답하였다. "우리는 동산 안에 있는 나무의 열매를 먹을 수 있다. 3 그러나 하나님은, 동산 한가운데 있는 나무의 열매는, 먹지도 말고 만지지도 말라고 하셨다. 어기면 우리가 죽는다고 하셨다." 4 뱀이 여자에게 말하였다. "너희는 절대로 죽지 않는다. 5 하나님은, 너희가 그 나무 열매를 먹으면, 너희의 눈이 밝아지고, 하나님처럼 되어서, 선과 악을 알게 된다는 것을 아시고, 그렇게 말씀하신 것이다." 6 여자가 그 나무의 열매를 보니, 먹음직도 하고, 보암직도 하였다. 그뿐만 아니라, 사람을 슬기롭게 할 만큼 탐스럽기도 한 나무였다. 여자가 그 열매를 따서 먹고, 함께 있는 남편에게도 주니, 그도 그것을 먹었다. 7 그러자 두 사람의 눈이 밝아져서, 자기들이 벗은 몸인

하나님은 곳곳에 금지된 나무들, 유혹하는 뱀 등 사람을 유혹에 빠트릴 만한 장치를 심어두신 것 같습니다. 하나님은 사람이 곤경에 빠지는 것을 좋아하는 분인가요? 사람이 악을 행하지 않는 이유가 단지 그렇게 입력되었기 때문이라면, 우리는 그런 사람을 사람이 아니라 기계 또는 로봇이라 불러야 할 것입니다. 그렇게 입력된 대로만 행하는 존재를 두고 하나님의 형상과 모양을 따라 지어진 존재라고 부를 수도 없을 것입니다. 그러므로 하나님께서는 선악을 알게 하는 나무를 만들어두고 먹지 말라 명하신 것은 함정에 빠뜨리려는 의도가 아니라, 사람 스스로 선을 선택하도록, 하나님의 명령을 선택하도록 뜻하신 것이라고 볼 수 있습니다.

것을 알고, 무화과나무 잎으로 치마를 엮어서, 몸을 가렸다.

8 ○ 그 남자와 그 아내는, 날이 저물고 바람이 서늘할 때에, 주 하나님이 동산을 거니시는 소리를 들었다. 남자와 그 아내는 주 하나님의 낯을 피하여서, 동산 나무 사이에 숨었다. 9 주 하나님이 그 남자를 부르시며 물으셨다. "네가 어디에 있느냐?" 10 그가 대답하였다. "하나님께서 동산을 거니시는 소리를, 제가 들었습니다. 저는 벗은 몸인 것이 두려워서 숨었습니다." 11 하나님이 물으셨다. "네가 벗은 몸이라고, 누가 일러주더냐? 내가 너더러 먹지 말라고 한 그 나무의 열매를, 네가 먹었느냐?" 12 그 남자는 핑계를 대었다. "하나님께서 저와 함께 살라고 짝지어주신 여자, 그 여자가 그 나무의 열매를 저에게 주기에, 제가 그것을 먹었습니다." 13 주 하나님이 그 여자에게 물으셨다. "너는 어쩌다가 이런 일을 저질렀느냐?" 여자도 핑계를 대었다. "뱀이 저를 꾀어서 먹었습니다."

하나님이 심판을 선언하시다

14 ○ 주 하나님이 뱀에게 말씀하셨다. "네가 이런 일을 저질

눈이 밝아진 남자와 여자는 벗은 몸을 가리는 일부터 했습니다. 그 행위는 어떤 의미가 있나요? 인류의 수치심은 그때부터 시작되었나요? 수치심은 자신이 저지른 잘못과 악행을 부끄러워하는 마음이라고 볼 때, 반드시 필요한 것이고 좋은 것입니다. 하지만 창세기 본문에 나오는 부끄러움은 조금 다른 것 같습니다. 이전까지는 서로 벗고 있어도 전혀 부끄럽지 않았는데, 자신의 욕심을 따라 하나님의 명령을 어기면서부터 아담과 하와는 자신의 모습을 수치스러워하며 서로의 모습을 감추기 시작했다고 볼 수 있습니다. 두 사람은 상대를 신뢰하지 않아 자신의 모습을 있는 그대로 내어놓지 못하게 되었습니다.

렀으니, 모든 집짐승과 들짐승 가운데서 네가 저주를 받아, 사는 동안 평생토록 배로 기어 다니고, 흙을 먹어야 할 것이다. 15 내가 너로 여자와 원수가 되게 하고, 너의 자손을 여자의 자손과 원수가 되게 하겠다. 여자의 자손은 너의 머리를 상하게 하고, 너는 여자의 자손의 발꿈치를 상하게 할 것이다."

16 ○ 여자에게는 이렇게 말씀하셨다. "내가 너에게 임신하는 고통을 크게 더할 것이니, 너는 고통을 겪으며 자식을 낳을 것이다. 네가 남편을 지배하려고 해도 남편이 너를 다스릴 것이다."

17 ○ 남자에게는 이렇게 말씀하셨다. "네가 아내의 말을 듣고서, 내가 너에게 먹지 말라고 한 그 나무의 열매를 먹었으니, 이제, 땅이 너 때문에 저주를 받을 것이다. 너는, 죽는 날까지 수고를 하여야만, 땅에서 나는 것을 먹을 수 있을 것이다. 18 땅은 너에게 가시덤불과 엉겅퀴를 낼 것이다. 너는 들에서 자라는 푸성귀를 먹을 것이다. 19 너는 흙에서 나왔으니, 흙으로 돌아갈 것이다. 그때까지, 너는 얼굴에 땀을 흘려야 낟알을 먹을 수 있을 것이다. 너는 흙이니, 흙으로 돌아갈 것이다."

여자의 자손이 뱀의 자손의 머리를 상하게 하고 뱀의 자손은 여자의 자손의 뒤꿈치를 상하게 하면 그 말은 사람이 이겼다는 뜻인가요? 뱀은 배를 이용해 낮게 움직이기에 사람의 뒤꿈치를 뭅니다. 그에 비해 사람은 직립보행을 하기에 높은 곳에서 뱀의 머리를 상하게 할 수 있습니다. 뱀이나 사람이나 모두 상대를 상하게 하므로 이 싸움은 누가 이기고 누가 진 싸움이 아닙니다. 이 구절이 말하는 것은 뱀과 사람 사이의 적대감입니다. 그리고 대부분의 사람, 특히 여성에게 있는 뱀에 대한 공포나 혐오를 설명하는 구절이기도 합니다. 훗날 하나님께서 보내신 이가 오시면 둘 사이의 적대감이 완전히 사라지게 됩니다(사 11:8).

20 ○ 아담은 자기 아내의 이름을 하와라고 하였다. 그가 생명이 있는 모든 것의 어머니이기 때문이다. 21 주 하나님이 가죽옷을 만들어서, 아담과 그의 아내에게 입혀주셨다.

아담과 하와가 동산에서 쫓겨나다

22 ○ 주 하나님이 말씀하셨다. "보아라, 이 사람이 우리 가운데 하나처럼, 선과 악을 알게 되었다. 이제 그가 손을 내밀어서, 생명나무의 열매까지 따서 먹고, 끝없이 살게 하여서는 안 된다." 23 그래서 주 하나님은 그를 에덴동산에서 내쫓으시고, 그가 흙에서 나왔으므로, 흙을 갈게 하셨다. 24 그를 쫓아내신 다음에, 에덴동산의 동쪽에 그룹들을 세우시고, 빙빙 도는 불칼을 두서서, 생명나무에 이르는 길을 지키게 하셨다.

"남편이 너를 다스릴 것이다"(16절). 이 대목은 남성의 지배를 선언하는 것인가요? 비슷한 표현이 4장 7절("죄가 너의 문에 도사리고 앉아서, 너를 지배하려고 한다. 너는 그 죄를 잘 다스려야 한다")에도 있습니다. 양쪽이 서로서로 지배하고 다스리려고 갈등하는 모습을 표현한 것입니다. 욕심을 따라 산 결과로, 이제 여자와 남자는 서로를 지배하고 다스리고 제 뜻대로 하려는 관계가 되었습니다. 그러므로 누가 누구를 지배하는 것은 결코 바람직한 모습이 아니라 죄악의 결과입니다. 양쪽의 갈등으로 남자가 여자를 지배하는 현실이 나타나기도 했는데, 이 역시 죄악의 결과이므로 당연한 것으로 여겨서는 안 됩니다.

+그룹 : 하늘에 있는 여러 존재들 가운데 하나로, 에덴동산을 지키는 일을 하고 하나님께서 타고 이동하시는 존재이기도 하다. 성전의 법궤 위에는 두 그룹이 날개를 펴고 서로 맞대고 있는 모양이 조각되어 있다.

{ 제4장 }

가인과 아벨

1 아담이 자기 아내 하와와 동침하니, 아내가 임신하여, 가인을 낳았다. 하와가 말하였다. "주님의 도우심으로, 내가 남자아이를 얻었다." 2 하와는 또 가인의 아우 아벨을 낳았다. 아벨은 양을 치는 목자가 되고, 가인은 밭을 가는 농부가 되었다. 3 세월이 지난 뒤에, 가인은 땅에서 거둔 곡식을 주님께 제물로 바치고, 4 아벨은 양 떼 가운데서 맏배의 기름기를 바쳤다. 주님께서 아벨과 그가 바친 제물은 반기셨으나, 5 가인과 그가 바친 제물은 반기지 않으셨다. 그래서 가인은 몹시 화가 나서, 얼굴빛이 달라졌다. 6 주님께서 가인에게 말씀하셨다. "어찌하여 네가 화를 내느냐? 얼굴빛이 달라지는 까닭이 무엇이냐? 7 네가 올바른 일을 하였다면, 어찌하여 얼굴빛이 달라지느냐? 네가 올바르지 못한 일을 하였으니, 죄가 너의 문에 도사리고 앉아서, 너를 지배하려고 한다. 너는 그 죄를 잘 다스려야 한다." 8 ○ 가인이 아우 아벨에게 말하였다. "우리, 들로 나가자." 그

하나님은 왜 아벨의 제사만 받으시고 가인의 것은 반기지 않으셨나요? 여기서는 그 내용을 분명히 다루고 있지 않습니다만, 신약성경 히브리서에는 아벨은 믿음으로 제사를 드렸고 가인은 그렇지 않았다고 나옵니다(히 11:4). 창세기 본문 자체에서는 그 이유를 전혀 설명하지 않아서 쉽게 판단할 수 없습니다. 오히려 창세기 본문은 그다음에 가인이 어떻게 행동하는가에 더 초점을 두고 있습니다. 그 이후 가인의 모습을 집중해 살펴보십시오. 가인의 제사를 받지 않았다고 해서 하나님과 가인의 모든 관계가 끝난 것이 아닙니다. 그러나 가인은 자신을 돌아보기보다 아벨을 비교 대상으로 여겨 그를 죽이는 데까지 나아갑니다.

들이 들에 있을 때에, 가인이 그의 아우 아벨을 쳐 죽였다. 9 주님께서 가인에게 물으셨다. "너의 아우 아벨이 어디에 있느냐?" 그가 대답하였다. "모릅니다. 제가 아우를 지키는 사람입니까?" 10 주님께서 말씀하셨다. "네가 무슨 일을 저질렀느냐? 너의 아우의 피가 땅에서 나에게 울부짖는다. 11 이제 네가 땅에서 저주를 받을 것이다. 땅이 그 입을 벌려서, 너의 아우의 피를 너의 손에서 받아 마셨다. 12 네가 밭을 갈아도, 땅이 이제는 너에게 효력을 더 나타내지 않을 것이다. 너는 이 땅 위에서 쉬지도 못하고, 떠돌아다니게 될 것이다." 13 가인이 주님께 말씀드렸다. "이 형벌은, 제가 짊어지기에 너무 무겁습니다. 14 오늘 이 땅에서 저를 쫓아내시니, 하나님을 뵙지도 못하고, 이 땅 위에서 쉬지도 못하고, 떠돌아다니게 될 것입니다. 그렇게 되면, 저를 만나는 사람마다 저를 죽이려고 할 것입니다." 15 주님께서 그에게 말씀하셨다. "그렇지 않다. 가인을 죽이는 자는 일곱 곱절로 벌을 받을 것이다." 주님께서는 가인에게 표를 찍어주셔서, 어느 누가 그를 만나더라도, 그를 죽이지 못하게 하셨다. 16 가인은 주님 앞을 떠나서, 에덴의 동쪽 놋 땅에서 살았다.

"나에게 상처를 입힌 남자를 내가 죽였다. 나를 상하게 한 젊은 남자를 내가 죽였다. 가인을 해친 벌이 일곱 곱절이면, 라멕을 해치는 벌은 일흔일곱 곱절이다"(23-24절). 라멕의 말은 너무나 당당해 보입니다. 그 말의 의미는 무엇인가요? 하나님께서는 가인이 죄로 인해 쫓겨나 낯선 땅에서 나그네로 살아갈 때 부당하게 죽지 않도록 약속을 주셨습니다. 그러나 가인의 후손으로 가면서 그들은 점점 번창하게 되었습니다. 그 후손인 라멕은 더 이상 나그네와 같은 처지가 아님에도 하나님께서 가인에게 주신 약속을 확대해 자신에게 조금만 피해를 줘도 77배로 갚겠다며 큰소리치고 위협합니다. 자신의 욕심과 욕망을 위해 하나님의 약속을 멋대로 사용한 대표적인 경우라고 볼 수 있습니다.

가인의 자손

17 ○ 가인이 자기 아내와 동침하니, 아내가 임신하여 에녹을 낳았다. 그때에 가인은 도시를 세우고, 그 도시를 자기 아들의 이름을 따서 에녹이라고 하였다. 18 에녹은 이랏을 낳고, 이랏은 므후야엘을 낳고, 므후야엘은 므드사엘을 낳고, 므드사엘은 라멕을 낳았다. 19 라멕은 두 아내와 함께 살았다. 한 아내의 이름은 아다이고, 또 한 아내의 이름은 씰라이다. 20 아다는 야발을 낳았는데, 그는 장막을 치고 살면서, 집짐승을 치는 사람의 조상이 되었다. 21 그의 아우의 이름은 유발인데, 유발은 수금을 타고 퉁소를 부는 모든 사람의 조상이 되었다. 22 또한 씰라는 두발가인이라는 아이를 낳았다. 그는 구리나 쇠를 가지고, 온갖 기구를 만드는 사람이다. 두발가인에게는 나아마라고 하는 누이가 있었다.

23 ○ 라멕이 자기 아내들에게 말하였다. "아다와 씰라는 내 말을 들어라. 라멕의 아내들은, 내가 말할 때에 귀를 기울여라. 나에게 상처를 입힌 남자를 내가 죽였다. 나를 상하게 한 젊은 남자를 내가 죽였다. 24 가인을 해친 벌이 일곱 곱절이

"주님의 이름을 불러 예배하기 시작하였다"(26절). 여기서 예배는 지금 교회에서 드리는 예배와 같은가요? 히브리어 본문으로는 "주님의 이름을 부르기 시작했다"인데, 이것을 한글 성경에서는 "예배하기 시작했다"를 넣어 설명하면서 옮겼습니다. 오늘의 예배와는 달리 고대의 예배는 하나님께 드리는 기도, 그리고 동물을 잡아 바치는 희생제사 혹은 곡식을 바치는 제사로 이루어집니다. 가인과 아벨도 나름대로 하나님께 제사를 드렸지만 그것은 개인적인 차원에서 이루어진 일로 여겨지는 반면, 셋과 에노스의 시대에 이르러 사람들이 하나님을 향해 기도하고 나름의 형식을 갖춰 동물을 잡아 드리는 공적인 제사를 시작했다는 의미로 이해할 수 있습니다.

면, 라멕을 해치는 벌은 일흔일곱 곱절이다."

셋과 에노스

25 ○ 아담이 다시 자기 아내와 동침하였다. 마침내, 그의 아내가 아들을 낳고 말하였다. "하나님이, 가인에게 죽은 아벨 대신에, 다른 씨를 나에게 허락하셨구나." 그의 아내는 아이의 이름을 셋이라고 하였다. 26 셋도 아들을 낳고, 아이의 이름을 에노스라고 하였다. 그때에 비로소, 사람들이 주님의 이름을 불러 예배하기 시작하였다.

{ 제5장 }

아담의 자손

1 아담의 역사는 이러하다. 하나님이 사람을 창조하실 때에, 하나님의 형상대로 사람을 만드셨다. 2 하나님은 그들을 남자

"낳았다 … 00년을 살고 죽었다"가 반복되는 족보가 등장합니다. 여기에 족보를 기록해둔 의미는 무엇인가요? 창세기는 훗날 이스라엘 나라도 없어지고 강대국의 식민지 신세가 되어 초라해졌을 때 지금과 같은 모습으로 완성된 책입니다. 창세기 곳곳에 있는 족보는 시간을 거슬러 올라가면 오늘날 우리의 뿌리가 하나님의 형상대로 지음받은 아담에까지 이른다는 것을 보여줍니다. 이를 통해 지금 우리의 모습은 작을지라도 하나님께서 처음 두셨던 뜻과 의도를 다시 돌아보면서, 하나님과 끊어진 집단이 아니라 하나님의 형상으로 지음받고 약속을 따라 살아가는 자신들을 회복하도록 촉구합니다.

와 여자로 창조하셨다. 그들을 창조하시던 날에, 하나님은 그들에게 복을 주시고, 그들의 이름을 '사람'이라고 하셨다.

3 ○ 아담은 백서른 살에 자기의 형상 곧 자기의 모습을 닮은 아이를 낳고, 이름을 셋이라고 하였다. 4 아담은 셋을 낳은 뒤에, 팔백 년을 살면서 아들딸을 낳았다. 5 아담은 모두 구백삼십 년을 살고 죽었다.

6 ○ 셋은 백다섯 살에 에노스를 낳았다. 7 셋은 에노스를 낳은 뒤에, 팔백칠 년을 살면서 아들딸을 낳았다. 8 셋은 모두 구백십이 년을 살고 죽었다.

9 ○ 에노스는 아흔 살에 게난을 낳았다. 10 에노스는 게난을 낳은 뒤에, 팔백십오 년을 살면서 아들딸을 낳았다. 11 에노스는 모두 구백오 년을 살고 죽었다.

12 ○ 게난은 일흔 살에 마할랄렐을 낳았다. 13 게난은 마할랄렐을 낳은 뒤에, 팔백사십 년을 살면서 아들딸을 낳았다. 14 게난은 모두 구백십 년을 살고 죽었다.

15 ○ 마할랄렐은 예순다섯 살에 야렛을 낳았다. 16 마할랄렐은 야렛을 낳은 뒤에, 팔백삼십 년을 살면서 아들딸을 낳았다. 17 마할랄렐은 모두 팔백구십오 년을 살고 죽었다.

아담 930년, 셋 912년, 에노스 905년 ⋯ 므두셀라 969년. 창세기에 언급된 사람의 수명이 황당하게 느껴집니다. 도저히 믿기지 않는 이런 이야기들은 어떤 의미가 있나요? 창세기와 비슷한 시기, 혹은 그보다 더 오래전에 지어진 고대 중동 지역의 문헌을 보면 중요한 등장인물이 몇 백 년을 넘어 만 년에 가까운 세월을 살았다고 나오기도 합니다. 그래서 긴 수명은 원래 하나님이 주신 복이었다고 볼 수 있습니다. 인간의 극심한 죄악으로 인한 홍수 이후 인간의 수명이 현격하게 줄어든다는 점에서도, 5장에 언급된 인간의 긴 수명은 홍수 이전 세대가 누렸던 어떤 평화로움과 복을 보여준다고 할 수 있습니다.

18 ○ 야렛은 백예순두 살에 에녹을 낳았다. 19 야렛은 에녹을 낳은 뒤에, 팔백 년을 살면서 아들딸을 낳았다. 20 야렛은 모두 구백육십이 년을 살고 죽었다.

21 ○ 에녹은 예순다섯 살에 므두셀라를 낳았다. 22 에녹은 므두셀라를 낳은 뒤에, 삼백 년 동안 하나님과 동행하면서 아들딸을 낳았다. 23 에녹은 모두 삼백육십오 년을 살았다. 24 에녹은 하나님과 동행하다가 사라졌다. 하나님이 그를 데려가신 것이다.

25 ○ 므두셀라는 백여든일곱 살에 라멕을 낳았다. 26 므두셀라는 라멕을 낳은 뒤에, 칠백팔십이 년을 살면서 아들딸을 낳았다. 27 므두셀라는 모두 구백육십구 년을 살고 죽었다.

28 ○ 라멕은 백여든두 살에 아들을 낳았다. 29 그는 아들의 이름을 노아라고 짓고 말하였다. "주님께서 저주하신 땅 때문에, 우리가 수고하고 고통을 겪어야 하는데, 이 아들이 우리를 위로할 것이다." 30 라멕은 노아를 낳은 뒤에, 오백아흔다섯 살을 살면서 아들딸을 낳았다. 31 라멕은 모두 칠백칠십칠 년을 살고 죽었다. 32 노아는 오백 살이 지나서, 셈과 함과 야벳을 낳았다.

에녹이라는 사람이 눈에 띕니다. "동행하다가 사라졌다"(23절)고 하는데, 동행과 사라짐의 의미가 궁금합니다. 이 구절은 정말 수수께끼 같고 특별한 구절입니다. 이 장에 나오는 다른 이들에 비해 에녹은 절반에도 못 미치는 세월을 보냈습니다. 그렇지만 그 절반도 안 되는 세월 동안 에녹은 하나님과 동행하는 삶을 살아서, '산다는 것'에서 진정으로 무엇이 중요하고 본질적인지를 잘 보여줍니다. 아울러 성경 본문은 이러한 에녹에 대해 호들갑을 떨며 치장하지 않고, 매우 담담하게 진술합니다. 일 년의 날짜와도 같은 365년 동안의 에녹의 삶에 대한 언급은 그 세월을 일 년처럼 하나님과 함께 걸어갔던 사람을 제시하며 우리 삶의 길이의 의미를 돌아보게 합니다.

{ 제6장 }

인류의 악행

1 사람들이 땅 위에 늘어나기 시작하더니, 그들에게서 딸들이 태어났다. 2 하나님의 아들들이 사람의 딸들의 아름다움을 보고, 저마다 자기들의 마음에 드는 여자를 아내로 삼았다. 3 주님께서 말씀하셨다. "생명을 주는 나의 영이 사람 속에 영원히 머물지는 않을 것이다. 사람은 살과 피를 지닌 육체요, 그들의 날은 백이십 년이다." 4 그 무렵에, 그 후에도 얼마 동안, 땅 위에는 네피림이라고 하는 거인족이 있었다. 그들은 하나님의 아들들과 사람의 딸들 사이에서 태어난 자식들이었다. 그들은 옛날에 있던 용사들로서 유명한 사람들이었다.

5 ㅇ 주님께서는, 사람의 죄악이 세상에 가득 차고, 마음에 생각하는 모든 계획이 언제나 악한 것뿐임을 보시고서, 6 땅 위에 사람 지으셨음을 후회하시며 마음 아파하셨다. 7 주님께서는 탄식하셨다. "내가 창조한 것이지만, 사람을 이 땅 위에서 쓸어버리겠다. 사람뿐 아니라, 짐승과 땅 위를 기어 다니는 것

초반부터 이해할 수 없는 이야기가 나옵니다. '하나님의 아들들'은 무엇이고, 그들이 사람의 딸들을 아내로 삼았다는 것은 또 무엇입니까? 구약에서 '하나님의 아들들'이 주로 천사와 같은 천상의 존재를 가리킨다는 점에서, 하나님의 아들들은 천상 존재, 사람의 딸들은 말 그대로 인간 여성을 가리킨다고 볼 수도 있습니다. 천상 존재와 인간의 결합을 통해 네피림이라는 특별한 후손이 생겼습니다. 네피림은 용사라지만, 이어지는 5절에서는 온 세상에 죄악이 가득해졌다고 선언합니다. 그 점에서 천상 존재와 사람의 결합으로 특별한 영웅들이 등장하지만, 그러한 세상은 도리어 죄악 가득한 세상임을 창세기 본문이 고발한다고 볼 수 있습니다.

과 공중의 새까지 그렇게 하겠다. 그것들을 만든 것이 후회되는구나." 8 그러나 노아만은 주님께 은혜를 입었다.

노아

9 ○ 노아의 역사는 이러하다. 노아는 그 당대에 의롭고 흠이 없는 사람이었다. 노아는 하나님과 동행하는 사람이었다. 10 노아는 셈과 함과 야벳, 이렇게 세 아들을 두었다.

11 ○ 하나님이 보시니, 세상이 썩었고, 무법천지가 되어 있었다. 12 하나님이 땅을 보시니, 썩어 있었다. 살과 피를 지니고 땅 위에서 사는 모든 사람들의 삶이 속속들이 썩어 있었다. 13 하나님이 노아에게 말씀하셨다. "땅은 사람들 때문에 무법천지가 되었고, 그 끝 날이 이르렀으니, 내가 반드시 사람과 땅을 함께 멸하겠다. 14 너는 잣나무로 방주 한 척을 만들어라. 방주 안에 방을 여러 칸 만들고, 역청을 안팎에 칠하여라. 15 그 방주는 이렇게 만들어라. 길이는 삼백 자, 너비는 쉰 자, 높이는 서른 자로 하고, 16 그 방주에는 지붕을 만들되, 한 자 치켜올려서 덮고, 방주의 옆쪽에는 출입문을 내고, 위층과 가운데층과 아

"사람 지으셨음을 후회하시며 마음 아파하셨다"(6절)는 것은 하나님도 후회를 하신다는 말인가요? '후회'를 불완전함으로 이해하는 것을 오히려 다시 생각해봐야 하지 않을까요? 하나님께서는 예측대로 행동하는 기계를 만드신 것이 아니라 그의 형상대로 온전한 자유를 가진 사람을 만드셨고, 사람들의 어리석은 선택으로 인한 죄악과 폭력 때문에 고통스러워하십니다. 하나님은 무정하고 무감각하신 존재가 아니며, 사람 위에 군림하면서 제멋대로 행하시는 분도 아닙니다. 지으신 사람으로 인해 슬퍼하고 괴로워하며 후회까지 하시는 분입니다. 그래서 하나님의 후회는 하나님의 살아계심, 그리고 사람을 향한 하나님의 사랑을 보여준다고 할 수 있습니다.

래층으로 나누어서 세 층으로 만들어라. 17 내가 이제 땅 위에 홍수를 일으켜서, 하늘 아래에서 살아 숨 쉬는 살과 피를 지닌 모든 것을 쓸어 없앨 터이니, 땅에 있는 것들은 모두 죽을 것이다. 18 그러나 너하고는, 내가 직접 언약을 세우겠다. 너는 아들들과 아내와 며느리들을 모두 데리고 방주로 들어가거라. 19 살과 피를 지닌 모든 짐승도 수컷과 암컷으로 한 쌍씩 방주로 데리고 들어가서, 너와 함께 살아남게 하여라. 20 새도 그 종류대로, 집짐승도 그 종류대로, 땅에 기어 다니는 온갖 길짐승도 그 종류대로, 모두 두 마리씩 너에게로 올 터이니, 살아남게 하여라. 21 그리고 너는 먹을 수 있는 모든 먹거리를 가져다가 쌓아두어라. 이것은, 너와 함께 있는 사람들과 짐승들의 먹거리가 될 것이다." 22 노아는 하나님이 명하신 대로 다 하였다. 꼭 그대로 하였다.

노아가 하나님에게 선택받은 이유를 보면 그는 완벽에 가까운 고매한 인물로 보입니다. 그렇다면 보통 사람은 하나님에게 선택받기 어려운 일 아닌가요? '의롭고 흠이 없다'는 말은 어떠한 잘못이나 죄악이 하나도 없다는 의미가 아닙니다. '의로움'의 근본은 '하나님의 말씀에 마음을 같이함'이라고 할 수 있습니다. 자신의 가능성으로 하나님의 말씀을 평가해버리지 않고, 그 말씀에 마음을 같이해 따르는 것이지요. 잘못을 단 하나도 저지르지 않아서 의롭고 흠이 없는 것이 아니라, 자신의 한계와 부족함 속에 머물러 있지 않고 하나님의 초대와 부르심, 명령에 따라 한 걸음 나아가는 것이 의로움이요, 흠 없음입니다. 그래서 개인의 능력이나 실력과는 상관없이 누구나 하나님께 의롭다 칭찬받을 수 있습니다.

노아의 방주 *Noah's Ark*, Rembrandt van Rijn, 1660, Holland

성경에 나오는 방주의 크기는 정말 모든 생물의 암수 한 쌍씩, 그리고 모든 먹거리를 수용할 수 있을 만한 규모였나요? 그게 가능한 일인가요? 어릴 때 그렇게도 컸던 집이 나중에 보면 작았던 경우, 그렇게 넓어 보였던 길이 실제로는 좁은 길이었던 경험이 있지 않습니까? 창세기는 그야말로 까마득한 옛날을 배경으로 하는, 적어도 2500년보다 더 오래전 옛날에 기록된 글입니다. 이 말은 창세기를 오늘날의 과학으로 풀이하거나 접근해서는 안 된다는 의미입니다. 창세기에 나온 것처럼 커다란 방주의 흔적을 찾으려는 모든 노력 역시 창세기 본문을 완전히 오해한 결과라고 할 수 있습니다. 창세기의 홍수 본문은 온 땅에 가득한 폭력, 그리고 죄악에 대한 하나님의 분노와 탄식, 반드시 죄악을 심판하시는 하나님 등 이러한 주제를 고대 사람들의 사고방식과 세계관에 맞춰 설명한 것입니다.

{ 제7장 }

홍수

1 주님께서 노아에게 말씀하셨다. "내가 보니, 이 세상에 의로운 사람이라고는 너밖에 없구나. 너는 식구들을 다 데리고, 방주로 들어가거라. 2 모든 정결한 짐승은 수컷과 암컷으로 일곱 쌍씩, 그리고 부정한 짐승은 수컷과 암컷으로 두 쌍씩, 네가 데리고 가거라. 3 그러나 공중의 새는 수컷과 암컷 일곱 쌍씩 데리고 가서, 그 씨가 온 땅 위에 살아남게 하여라. 4 이제 이레가 지나면, 내가 사십 일 동안 밤낮으로 땅에 비를 내려서, 내가 만든 생물을 땅 위에서 모두 없애버릴 것이다." 5 노아는 주님께서 명하신 대로 다 하였다.

6 ㅇ 땅 위에서 홍수가 난 것은, 노아가 육백 살 되던 해이다. 7 노아는 홍수를 피하려고, 아들들과 아내와 며느리들을 데리고, 함께 방주로 들어갔다. 8 정결한 짐승과 부정한 짐승과, 새와 땅 위를 기어 다니는 모든 것도, 9 하나님이 노아에게 명하신 대로, 수컷과 암컷 둘씩 노아에게로 와서, 방주로 들어갔

홍수 이야기가 매우 자세하게 기술되어 있습니다. 이 이야기는 역사적 사실로 봐야 하나요, 아니면 설화의 일부로 봐야 하나요? '역사적 사실'과 '설화' 같은 분류는 매우 현대적인 방식입니다. 몇 백 년 전만 해도 일식이나 월식 같은 현상은 대부분의 지역에서 신의 뜻을 보여주는 것이라 여겼다는 점을 생각하면, 아마도 지금으로부터 수천 년은 더 될 옛날 시대를 배경으로 한 내용을 실제 사실이냐 아니냐로 접근하는 것은 부적절합니다. 그리고 홍수 이야기는 고대 중동의 여러 문헌에 나옵니다. 이를 생각하면, 고대에 있었던 홍수에 대한 다양한 기억과 해석이 여러 문헌에 실린 것이고, 창세기 6-9장 역시 그에 대한 기억과 해석이라 할 수 있습니다.

다. 10 이레가 지나서, 홍수가 땅을 뒤덮었다.

11 ○ 노아가 육백 살 되는 해의 둘째 달, 그 달 열이렛날, 바로 그날에 땅속 깊은 곳에서 큰 샘들이 모두 터지고, 하늘에서는 홍수 문들이 열려서, 12 사십 일 동안 밤낮으로 비가 땅 위로 쏟아졌다. 13 바로 그날, 노아와, 노아의 세 아들 셈과 함과 야벳과, 노아의 아내와, 세 며느리가, 함께 방주로 들어갔다. 14 그들과 함께, 모든 들짐승이 그 종류대로, 모든 집짐승이 그 종류대로, 땅 위를 기어 다니는 모든 길짐승이 그 종류대로, 날개 달린 모든 날짐승이 그 종류대로, 방주로 들어갔다. 15 살과 피를 지닌 살아 숨 쉬는 모든 것들이 둘씩 노아에게 와서, 방주로 들어갔다. 16 하나님이 노아에게 명하신 대로, 살과 피를 지닌 살아 숨 쉬는 모든 것들의 수컷과 암컷이 짝을 지어 방주 안으로 들어갔다. 마지막으로 노아가 들어가니, 주님께서 몸소 문을 닫으셨다.

17 ○ 땅 위에서는 홍수가 사십 일 동안 계속되었다. 물이 불어나서, 방주가 땅에서 높이 떠올랐다. 18 물이 불어나서 땅에 크게 넘치니, 방주가 물 위로 떠다녔다. 19 땅에 물이 크게 불어나서, 온 하늘 아래에 있는 모든 높은 산들이 물에 잠겼다.

"정결한 짐승과 부정한 짐승"(8절)으로 나누어져 있습니다. 그 기준은 무엇이고, 차이는 무엇입니까? 창세기의 배경은 그야말로 까마득한 옛날이지만, 창세기가 지금과 같은 형태로 이루어져가는 것은 수백 년이 지나 모세, 여호수아와 더불어 애굽을 떠난 다음부터 최종적으로는 바벨론 포로기 이후입니다. 광야 생활에서부터 하나님께 드리는 제사 체계가 차근차근 정비되었고, 그 완성 역시 바벨론 포로에서 돌아온 이후입니다. 그래서 창세기에는 군데군데 훗날에 이루어진 변화가 반영되어 있고, 본문에 있는 정결한 짐승과 부정한 짐승의 구별도 그 예입니다. 이에 대한 내용은 레위기 11장과 신명기 14장에서 자세히 볼 수 있습니다.

20 물은 그 높은 산들을 잠그고도, 열다섯 자나 더 불어났다. 21 새와 집짐승과 들짐승과 땅에서 기어 다니는 모든 것과 사람까지, 살과 피를 지니고 땅 위에서 움직이는 모든 것들이 다 죽었다. 22 마른 땅 위에서 코로 숨을 쉬며 사는 것들이 모두 죽었다. 23 이렇게 주님께서는 땅 위에 사는 모든 생물을 없애 버리셨다. 사람을 비롯하여 짐승까지, 길짐승과 공중의 새에 이르기까지, 땅 위에서 모두 없애버리셨다. 다만 노아와 방주에 들어간 사람들과 짐승들만이 살아남았다. 24 물이 불어나서, 백오십 일 동안이나 땅을 뒤덮었다.

노아의 방주에 들어간 사람과 생물은 멸망으로부터 특별히 보존된 존재들처럼 보입니다. 왜 하나님은 전부 멸하지 않고 일부를 택해 보존하신 겁니까? 전지전능한 신이라면, 전부 없애고 다시 창조하는 것이 더 쉽지 않을까요? 노아와 같이 하나님을 신뢰하며 함께 걸어가는 이를 그렇게 없애버릴 수는 없겠지요. 노아와 그 가족을 살리신 것을 보면, 홍수 심판은 철저히 땅에 가득한 죄악에 대한 심판임을 알 수 있습니다. 6장 11절, 13절에 나오는 '무법천지'라는 표현의 원래 의미는 '폭력'입니다. 고대 중동에 존재하는 여러 홍수 이야기 가운데 오직 창세기만이 신이 내린 심판의 이유가 온 땅에 가득한 폭력임을 분명히 합니다. 그리고 언제든 마음에 들지 않을 때마다 모두 없애버리고 새로 시작한다면 그러한 신이야말로 변덕에 가득 찬 조물주일 테고, 그가 만든 피조물은 조물주의 장난감에 불과할 것 같습니다.

{ 제8장 }

홍수가 그치다

1 그때에 하나님이, 노아와 방주에 함께 있는 모든 들짐승과 집짐승을 돌아보실 생각을 하시고, 땅 위에 바람을 일으키시니, 물이 빠지기 시작하였다. 2 땅속의 깊은 샘들과 하늘의 홍수 문들이 닫히고, 하늘에서 내리는 비도 그쳤다. 3 땅에서 물이 줄어들고 또 줄어들어서, 백오십 일이 지나니, 물이 많이 빠졌다. 4 일곱째 달 열이렛날에, 방주가 아라랏산에 머물러 쉬었다. 5 물은 열째 달이 될 때까지 줄곧 줄어들어서, 그달 곧 열째 달 초하루에는 산봉우리들이 드러났다.

6 ○ 사십 일이 지나서, 노아는 자기가 만든 방주의 창을 열고서, 7 까마귀 한 마리를 바깥으로 내보냈다. 그 까마귀는 땅에서 물이 마르기를 기다리며, 이리저리 날아다니기만 하였다. 8 그는 또 비둘기 한 마리를 내보내서, 땅에서 물이 얼마나 빠졌는지를 알아보려고 하였다. 9 그러나 땅이 아직 모두 물속에 잠겨 있으므로, 그 비둘기는 발을 붙이고 쉴 만한 곳을 찾

'백오십 일, 열째 달, 사십 일, 이레…' 날짜를 의미하는 숫자들이 계속 언급되면서 이 내용에 사실성을 부여하는 것 같습니다. 이것은 무슨 의미인가요? 날짜의 변화는 시간의 진전을 말합니다. 그렇게 온 땅을 가득 채울 것 같은 엄청난 홍수였지만 영원하지는 않고, 날이 가면서 결국에 홍수도 멈추고 땅에 가득한 물도 빠지면서 다시 사람과 동물이 살아갈 수 있게 되었습니다. 우리를 그렇게 힘겹게 하던 고통의 순간도 어느샌가 모두 지나고 새로운 날이 오는 것처럼요. 노아 또한 방주 안에서 시간이 지나가기를 기다리며 새로운 날을 기다렸을 겁니다. 그것을 확인하듯 노아는 까마귀와 비둘기를 연이어 날려 보냅니다.

지 못하여, 그냥 방주로 돌아와서, 노아에게 왔다. 노아는 손을 내밀어 그 비둘기를 받아서, 자기가 있는 방주 안으로 끌어들였다. 10 노아는 이레를 더 기다리다가, 그 비둘기를 다시 방주에서 내보냈다. 11 그 비둘기는 저녁때가 되어서 그에게로 되돌아왔는데, 비둘기가 금방 딴 올리브 잎을 부리에 물고 있었으므로, 노아는 땅 위에서 물이 빠진 것을 알았다. 12 노아는 다시 이레를 더 기다리다가, 그 비둘기를 내보냈다. 그러나 이번에는 그 비둘기가 그에게로 다시 돌아오지 않았다.

13 ○ 노아가 육백한 살 되는 해 첫째 달, 곧 그달 초하룻날, 땅 위에서 물이 다 말랐다. 노아가 방주 뚜껑을 열고, 바깥을 내다보니, 땅바닥이 말라 있었다. 14 둘째 달, 곧 그달 스무이렛날에, 땅이 다 말랐다. 15 하나님이 노아에게 말씀하셨다. 16 "너는 아내와 아들들과 며느리들을 데리고 방주에서 나가거라. 17 네가 데리고 있는, 살과 피를 지닌 모든 생물들, 곧 새와 집짐승과 땅 위에서 기어 다니는 모든 길짐승을 데리고 나가거라. 그래서 그것들이 땅에서 생육하고 땅에서 번성하게 하여라." 18 노아는 아들들과 아내와 며느리들을 데리고 나왔다. 19 모든 짐승, 모든 길짐승, 모든 새, 땅 위를 기어 다니는

방주에서 나온 노아는 주님 앞에 제단을 쌓고, 제물을 골라서, 번제물을 바칩니다. 그가 맨 처음에 한 일은 어떤 의미를 가지고 있나요? 홍수라는 어마어마한 일을 겪고 살아남아 다시 땅으로 나온 노아는 하나님께 정결한 짐승으로 제사를 드렸습니다. 본디 제사는 자기 자신을 하나님께 드리는 것이라고 할 수 있습니다. 그런데 자기를 죽여서 바칠 수는 없으니, 자신을 상징하는 가축을 잡아서 대신 하나님께 드립니다. 가축으로 드리는 제사는 자신을 하나님께 드리면서 "하나님의 뜻을 따라 순종하며 살아가겠습니다"라는 다짐의 의미가 있고, 여기에는 생명을 보호하고 지키신 하나님께 감사하는 의미도 같이 들어 있습니다.

모든 것도, 그 종류대로 방주에서 바깥으로 나왔다.

노아가 제사를 드리다

20 ○ 노아는 주님 앞에 제단을 쌓고, 모든 정결한 집짐승과 정결한 새들 가운데서 제물을 골라서, 제단 위에 번제물로 바쳤다. 21 주님께서 그 향기를 맡으시고서, 마음속으로 다짐하셨다. "다시는 사람이 악하다고 하여서, 땅을 저주하지는 않겠다. 사람은 어릴 때부터 그 마음의 생각이 악하기 마련이다. 다시는 이번에 한 것같이, 모든 생물을 없애지는 않겠다. 22 땅이 있는 한, 뿌리는 때와 거두는 때, 추위와 더위, 여름과 겨울, 낮과 밤이 그치지 아니할 것이다."

노아는 제사를 드리고 주님은 중요한 다짐을 하셨다고 나옵니다(21절). 이것은 노아와 주님 사이에 어떤 교감이 있었다는 말인가요? 그랬을 것 같습니다. 오늘 우리도 예배하거나 기도할 때 혹은 성경을 읽을 때, 문득문득 하나님께서 마치 내 마음속에 무엇을 말씀하시는 것 같은 경험을 할 때가 있습니다. 오늘과 같은 과학 문명이 없고 일상의 모든 영역이 하나님이 거하시는 공간이라 여겼던 고대 사람들에게 하나님과의 교감은 오늘날보다 훨씬 강렬했을 것입니다. 노아는 자신의 삶과 감사를 담아 제사를 드렸고, 하나님은 노아를 기쁘게 받으셨습니다. 하나님께 드리는 제사 혹은 예배는 그저 따분하지만 불가피한 형식이 아니라, 하나님과의 사귐입니다.

{ 제9장 }

하나님이 노아와 언약을 맺으시다

1 하나님이 노아와 그의 아들들에게 복을 주시며 말씀하셨다. "생육하고 번성하여 땅에 충만하여라. 2 땅에 사는 모든 짐승과, 공중에 나는 모든 새와, 땅 위를 기어 다니는 모든 것과, 바다에 사는 모든 물고기가, 너희를 두려워하며, 너희를 무서워할 것이다. 내가 이것들을 다 너희 손에 맡긴다. 3 살아 움직이는 모든 것이 너희의 먹거리가 될 것이다. 내가 전에 푸른 채소를 너희에게 먹거리로 준 것같이, 내가 이것들도 다 너희에게 준다. 4 그러나 고기를 먹을 때에, 피가 있는 채로 먹지는 말아라. 피에는 생명이 있다. 5 생명이 있는 피를 흘리게 하는 자는, 내가 반드시 보복하겠다. 그것이 짐승이면, 어떤 짐승이든지, 그것에게도 보복하겠다. 사람이 같은 사람의 피를 흘리게 하면, 그에게도 보복하겠다. 6 사람은 하나님의 형상대로 지음을 받았으니, 누구든지 사람을 죽인 자는 죽임을 당할 것이다. 7 너희는 생육하고 번성하며 땅에 편만하여, 거기에서 번성하여라."

하나님이 노아와 그의 아들들에게 하신 말씀은 창세기 1장의 반복처럼 느껴집니다. 하나님의 명령과 당부는 어떤 의미가 있나요? 홍수로 인해 모든 인류가 심판을 받고 노아의 가족을 통해 새로운 출발을 하게 되었으니, 처음 사람에게 이르셨던 것처럼 생육하고 번성하라는 축복의 말씀을 다시 주신 것이라고 볼 수 있습니다. 아울러 홍수 심판의 원인은 온 땅에 무법천지(6:11), 즉 폭력이 가득했음을 상기시키며, 이제 하나님은 노아를 통해 시작되는 인류에게 다른 사람의 피를 흘리지 말라고 당부하십니다. 더 나아가 동물 역시 식용을 위한 목적이 아니라면 함부로 죽이지 말라고 촉구하십니다. 심판의 원인이 죄악이었으니, 새로운 인류에게 새로운 삶을 당부하십니다.

8 O 하나님이 노아와 그의 아들들에게 말씀하셨다. 9 "이제 내가 너희와 너희 뒤에 오는 자손에게 직접 언약을 세운다. 10 너희와 함께 있는 살아 숨 쉬는 모든 생물, 곧 너와 함께 방주에서 나온 새와 집짐승과 모든 들짐승에게도, 내가 언약을 세운다. 11 내가 너희와 언약을 세울 것이니, 다시는 홍수를 일으켜서 살과 피가 있는 모든 것들을 없애는 일이 없을 것이다. 땅을 파멸시키는 홍수가 다시는 일어나지 않을 것이다." 12 하나님이 말씀하셨다. "내가, 너희 및 너희와 함께 있는 숨 쉬는 모든 생물 사이에 대대로 세우는 언약의 표는, 13 바로 무지개이다. 내가 무지개를 구름 속에 둘 터이니, 이것이 나와 땅 사이에 세우는 언약의 표가 될 것이다. 14 내가 구름을 일으켜서 땅을 덮을 때마다, 무지개가 구름 사이에서 나타나면, 15 나는, 너희와 숨 쉬는 모든 짐승 곧 살과 피가 있는 모든 것과 더불어 세운 그 언약을 기억하고, 다시는 홍수를 일으켜서 살과 피가 있는 모든 것을 물로 멸하지 않겠다. 16 무지개가 구름 사이에서 나타날 때마다, 내가 그것을 보고, 나 하나님이, 살아 숨 쉬는 모든 것들 곧 땅 위에 있는 살과 피를 지닌 모든 것과 세운 영원한 언약을 기억하겠다." 17 하나님이 노아에게 말씀하셨다. "이것이, 내

왜 하나님은 사람과 언약을 하고 징표를 삼으셨나요? 굳이 사람을 상대로 그렇게 하시는 이유가 궁금합니다. 가령, 부모가 어린 자녀와 약속하는 장면을 생각해봅시다. 그처럼 우리가 누군가와 약속을 한다는 것은 상대방을 대등한 존재로 인정하고, 그리고 나 역시 내 마음대로 하지 않겠다는 다짐이 반영되어 있습니다. 하나님과 사람은 그야말로 그 영원함이나 능력이나 행함에 있어서 비교할 수 없는 큰 차이가 있습니다. 그럼에도 하나님은 사람과 언약을 맺으시며 사람을 하나님과 함께 약속하는 대등한 당사자로 세워주십니다. 그래서 이와 같은 언약 맺음은 하나님께서 사람을 존중하셨음을 보여주고, 우리에게 인간의 존엄에 대해 생각해보게 합니다.

가, 땅 위의 살과 피를 지닌 모든 것과 더불어 세운 언약의 표다."

노아와 그의 아들들

18 ○ 방주에서 나온 노아의 아들은 셈과 함과 야벳이다. 함은 가나안의 조상이 되었다. 19 이 세 사람이 노아의 아들인데, 이들에게서 인류가 나와서, 온 땅 위에 퍼져나갔다.

20 ○ 노아는, 처음으로 밭을 가는 사람이 되어서, 포도나무를 심었다. 21 한번은 노아가 포도주를 마시고 취하여, 자기 장막 안에서 아무것도 덮지 않고, 벌거벗은 채로 누워 있었다. 22 가나안의 조상 함이 그만 자기 아버지의 벌거벗은 몸을 보았다. 그는 바깥으로 나가서, 두 형들에게 알렸다. 23 셈과 야벳은 겉옷을 가지고 가서, 둘이서 그것을 어깨에 걸치고, 뒷걸음쳐 들어가서, 아버지의 벌거벗은 몸을 덮어드렸다. 그들은 아버지의 벌거벗은 몸을 보지 않으려고 얼굴을 돌렸다. 24 노아는 술에서 깨어난 뒤에, 작은아들이 자기에게 한 일을 알고서, 25 이렇게 말하였다. "가나안은 저주를 받을 것이다. 가장 천한 종이 되어서, 저의 형제들을 섬길 것이다."

방주에서 나온 노아는 전에 없던 실수를 합니다. 그리고 아들들을 저주하고요. 의롭고 흠이 없는 노아가 홍수 이후에 달라진 건가요? 사람은 누구나 연약하고 실수합니다. 하나님과 언약을 맺었다 해서 그와 같은 모습이 완전히 바뀌지는 않을 것입니다. 노아도 연약합니다. 그러나 세 아들은 아버지의 연약함을 다른 방식으로 대합니다. 이 사건은 우리가 다른 이의 연약함을 덮어주는 사람인지, 아니면 드러내서 비웃거나 조롱하는 사람인지 돌아보게 합니다. 어떤 부모라도 자식의 이런 잘못을 두고 저주까지 하는 경우는 드물 것입니다. 그리고 함의 잘못인데 그 아들 가나안을 저주한다는 점에서, 노아의 저주는 이 사건을 넘어선 무엇인가가 있다고 보는 것이 맞을 겁니다.

26 ○ 그는 또 말하였다. "셈의 주 하나님은 찬양받으실 분이시다. 셈은 가나안을 종으로 부릴 것이다. 27 하나님이 야벳을 크게 일으키셔서, 셈의 장막에서 살게 하시고, 가나안은 종으로 삼아서, 셈을 섬기게 하실 것이다."

28 ○ 홍수가 있은 뒤에도, 노아는 삼백오십 년을 더 살았다. 29 노아는 모두 구백오십 년을 살고 죽었다.

{ 제10장 }

노아의 자손(대상 1:5–23)

1 다음은 노아의 아들들의 족보이다. 노아의 아들은 셈과 함과 야벳이다. 홍수가 난 뒤에, 그들이 아들들을 낳았다.

2 ○ 야벳의 자손은 고멜과 마곡과 마대와 야완과 두발과 메섹과 디라스이다. 3 고멜의 자손은 아스그나스와 리밧과 도갈마이다. 4 야완의 자손은 엘리사와 스페인과 키프로스와 로도스이다. 5 이들에게서 바닷가 백성들이 지역과 언어와 종족과 부

노아의 아들들의 족보가 나옵니다. 이번에는 인물의 특징이 간략하게 기술되어 있습니다. 시간이 많이 흘러서 족보가 진화된 것인가요? 이 족보의 의미가 궁금합니다. 노아와 그 후손에게 생육하고 번성하라고 하나님께서 축복하셨고, 그에 이어 10장의 족보는 노아 이후 인류가 온 땅으로 흩어져 번성하며 살아가는 모습을 보여줍니다. 셈과 함과 야벳은 각각 세상 곳곳에 흩어져 살아갑니다. 10장은 11장 사건과 대조하기 위한 목적도 있습니다. 10장에서는 흩어져 살아가는 인류를 보여주는 반면, 11장은 흩어지지 않으려는 인류의 모습을 보여주기 때문입니다. 동시에 이 족보는 10장에 언급된 대로 종족과 언어와 지역과 부족의 변화를 담고 있습니다.

족을 따라서 저마다 갈라져나갔다.

6 ○ 함의 자손은 구스와 이집트와 리비아와 가나안이다. 7 구스의 자손은 쓰바와 하윌라와 삽다와 라아마와 삽드가이다. 라아마의 자손은 스바와 드단이다. 8 구스는 또 니므롯을 낳았다. 니므롯은 세상에 처음 나타난 장사이다. 9 그는 주님께서 보시기에도 힘이 센 사냥꾼이었다. 그래서 "주님께서 보시기에도 힘이 센 니므롯과 같은 사냥꾼"이라는 속담까지 생겼다. 10 그가 다스린 나라의 처음 중심지는, 시날 지방 안에 있는 바빌론과 에렉과 악갓과 갈레이다. 11 그는 그 지방을 떠나 앗시리아로 가서, 니느웨와 르호보딜과 갈라를 세우고, 12 니느웨와 갈라 사이에는 레센을 세웠는데, 그것은 아주 큰 성이다. 13 이집트는 리디아와 아남과 르합과 납두와 14 바드루스와 가슬루와 크레타를 낳았다. 블레셋이 바로 크레타에게서 나왔다.

15 ○ 가나안은 맏아들 시돈을 낳고, 그 아래로, 헷과 16 여부스와 아모리와 기르가스와 17 히위와 알가와 신과 18 아르왓과 스말과 하맛을 낳았다. 그 뒤에 가나안 족은 사방으로 퍼져나갔다. 19 가나안의 경계는 시돈에서 그랄을 지나서, 멀리 가사

노아의 자손이 세상 곳곳으로 뻗어나갔고, 그 결과 종족, 언어, 지역이 구분된 것처럼 보입니다. 여기에 인류학적인 의미를 부여할 수 있을까요? 흔히 노아의 아들들 가운데 셈은 황인종, 야벳은 백인종, 함은 흑인종이라고 이야기하곤 합니다. 그러나 그것은 성경 또는 성경 외 문헌에서 아무런 근거가 없는 이야기입니다. 당장함의 후손 가운데 가나안은 아프리카와는 무관하게 가나안 땅에 살고, 구스의 자손 가운데 니므롯 같은 이 역시 바벨론과 앗수르(10장에는 바빌론과 앗시리아로 표기되어 있습니다) 지역에 사는 것으로 되어 있습니다.

그래서 10장 내용은 고대인들이 이해했던 당시를 기준으로 온 땅에 사는 사람들의

에까지 이르렀고, 거기에서 소돔과 고모라와 아드마와 스보임을 지나서, 라사에까지 이르렀다. 20 이 사람들이 종족과 언어와 지역과 부족을 따라서 갈라져나간 함의 자손이다.

21 ○ 야벳의 형인 셈에게서도 아들딸이 태어났다. 셈은 에벨의 모든 자손의 조상이다. 22 셈의 자손은 엘람과 앗수르와 아르박삿과 룻과 아람이다. 23 아람의 자손은 우스와 훌과 게델과 마스이다. 24 아르박삿은 셀라를 낳고, 셀라는 에벨을 낳았다. 25 에벨은 두 아들을 낳았는데, 한 아들의 이름은, 그의 시대에 세상이 나뉘었다고 해서 벨렉이라고 하였다. 벨렉의 아우 이름은 욕단이다. 26 욕단은 알모닷과 셀렙과 하살마웻과 예라와 27 하도람과 우살과 디글라와 28 오발과 아비마엘과 스바와 29 오빌과 하윌라와 요밥을 낳았다. 이 사람들이 모두 욕단의 자손이다. 30 그들이 사는 곳은 메사에서 스발에 이르는 동쪽 산간지방이다. 31 이 사람들이 종족과 언어와 지역과 부족을 따라서 갈라져나간 셈의 자손이다.

32 ○ 이들이 각 종족의 족보를 따라 갈라져나간 노아의 자손 종족이다. 홍수가 난 뒤에, 이 사람들에게서 여러 민족이 나와서, 세상으로 퍼져나갔다.

갈래를 보여준다고 할 수 있습니다. 특히 니므롯과 연관된 내용은 앗수르와 바벨론 같은 나라의 기원을 보여준다는 점에서, 이와 같은 본문은 앗수르, 바벨론 시대를 지나온 사람들이 그들의 시대에 그렇게 강한 나라가 처음에 어떻게 비롯되었는지 설명하려는 의도에서 생겨났다고 볼 수 있습니다.

여기에 언급된 지역, 종족, 부족, 인물들은 이후 구약성경 곳곳에 등장하면서 이스라엘 역사와 이야기의 일부를 이룹니다. 세상에 퍼져나간 노아의 자손들의 면면에서 탐지되는 인류의 모습을 살펴보는 것은 매우 흥미로운 일입니다.

{ 제11장 }

바벨탑

1 처음에 세상에는 언어가 하나뿐이어서, 모두가 같은 말을 썼다. 2 사람들이 동쪽에서 이동하여 오다가, 시날 땅 한 들판에 이르러서, 거기에 자리를 잡았다. 3 그들은 서로 말하였다. "자, 벽돌을 빚어서, 단단히 구워내자." 사람들은 돌 대신에 벽돌을 쓰고, 흙 대신에 역청을 썼다. 4 그들은 또 말하였다. "자, 도시를 세우고, 그 안에 탑을 쌓고서, 탑 꼭대기가 하늘에 닿게 하여, 우리의 이름을 날리고, 온 땅 위에 흩어지지 않게 하자." 5 주님께서 사람들이 짓고 있는 도시와 탑을 보려고 내려오셨다. 6 주님께서 말씀하셨다. "보아라, 만일 사람들이 같은 말을 쓰는 한 백성으로서, 이렇게 이런 일을 하기 시작하였으니, 이제 그들은, 하고자 하는 것은 무엇이든지, 하지 못할 일이 없을 것이다. 7 자, 우리가 내려가서, 그들이 거기에서 하는 말을 뒤섞어서, 그들이 서로 알아듣지 못하게 하자." 8 주님께서 거기에서 그들을 온 땅으로 흩으셨다. 그래서 그들은 도시

바벨탑에서는 신의 이름으로 '주님', '우리'라는 단어들이 나옵니다. 이 말은 하나님과 같은 말인가요, 다른 말인가요? 창세기에서 주 하나님을 가리키는 표현과 같은 말이 여기에 쓰였고, 이는 창세기 처음부터 일관되게 하나님을 가리키는 표현입니다. 하나님께서 스스로를 복수형의 '우리'로 표현하시는 것은 앞부분에도 있습니다 (1:26; 3:22). 이와 같은 '우리'는 천사들 같은 하늘의 존재들이 하나님의 보좌 앞에 늘어서서 회의하는 광경을 배경으로 한 것입니다. 그래서 성경에 하나님을 가리키는 복수형이 쓰일 때는 '회의를 통한 결정'이라는 점에서 '하나님의 신중한 심사숙고' 같은 것을 생각하면 좋습니다.

세우는 일을 그만두었다. 9 주님께서 거기에서 온 세상의 말을 뒤섞으셨다고 하여, 사람들은 그곳의 이름을 바벨이라고 한다. 주님께서 거기에서 사람들을 온 땅에 흩으셨다.

셈의 자손(대상 1:24-27)

10 ○ 셈의 족보는 이러하다. 셈은, 홍수가 끝난 지 이 년 뒤, 백 살이 되었을 때에 아르박삿을 낳았다. 11 셈은 아르박삿을 낳은 뒤에, 오백 년을 더 살면서 아들딸을 낳았다.

12 ○ 아르박삿은 서른다섯 살에 셀라를 낳았다. 13 아르박삿은 셀라를 낳은 뒤에, 사백삼 년을 더 살면서 아들딸을 낳았다.

14 ○ 셀라는 서른 살에 에벨을 낳았다. 15 셀라는 에벨을 낳은 뒤에, 사백삼 년을 더 살면서 아들딸을 낳았다.

16 ○ 에벨은 서른네 살에 벨렉을 낳았다. 17 에벨은 벨렉을 낳은 뒤에, 사백삼십 년을 더 살면서 아들딸을 낳았다.

주님은 사람들을 흩으셨다고 했는데, 그렇다면 주님은 사람들이 하나가 되고 한 가지 일을 도모하는 것을 싫어하시나요? 이들을 흩으신 이유가 궁금합니다. 4절에서는 이들의 목적이 '이름을 날리고 흩어지지 않는 것'이라고 했습니다. 이를 위해 하필이면 하늘까지 닿을 만큼의 탑을 쌓았다는 것은 혹시라도 세상에 임할 또 다른 홍수에 대비하려는 목적도 보여준다고 할 수 있습니다. 이렇게 엄청난 탑을 쌓기 위해서는 반드시 무수히 많은 노예가 동원되었을 것입니다. '흩어져 살아감'이 모든 사람에게 다 나름의 영역이 있고 모두 대등하다는 것을 표현한다면, 함께 모여 만든 대단한 문명에 기반을 둔 탑 쌓기는 힘의 과시, 세력의 과시라고 할 수 있습니다. 온 땅이 무법천지여서 심판이 임했는데, 땅에 가득한 폭력과 힘이 지배하는 세상을 반성하고 돌아보기는커녕 더 큰 힘, 더 큰 문명을 동원해 탑을 지으려는 시도는 원인을 반성하지 않고 힘과 세력에 더 몰두하는 모습일 것입니다. 이렇게 해서 높여질 이름은 모두의 이름이 아니라 몇몇 지배자와 제국의 이름뿐이겠지요.

18 ㅇ 벨렉은 서른 살에 르우를 낳았다. 19 벨렉은 르우를 낳은 뒤에, 이백구 년을 더 살면서 아들딸을 낳았다.

20 ㅇ 르우는 서른두 살에 스룩을 낳았다. 21 르우는 스룩을 낳은 뒤에, 이백칠 년을 더 살면서 아들딸을 낳았다.

22 ㅇ 스룩은 서른 살에 나홀을 낳았다. 23 스룩은 나홀을 낳은 뒤에, 이백 년을 더 살면서 아들딸을 낳았다.

24 ㅇ 나홀은 스물아홉 살에 데라를 낳았다. 25 나홀은 데라를 낳은 뒤에, 백십구 년을 더 살면서 아들딸을 낳았다.

26 ㅇ 데라는 일흔 살에 아브람과 나홀과 하란을 낳았다.

데라의 자손

27 ㅇ 데라의 족보는 이러하다. 데라는 아브람과 나홀과 하란을 낳았다. 하란은 롯을 낳았다. 28 그러나 하란은 그가 태어난 땅 바빌로니아의 우르에서 아버지보다 먼저 죽었다. 29 아브람과 나홀이 아내를 맞아들였다. 아브람의 아내의 이름은 사래이고, 나홀의 아내의 이름은 밀가이다. 하란은 밀가와 이스가의 아버지이다. 30 사래는 임신을 하지 못하여서, 자식이 없었다.

셈의 족보는 "몇 살에 누구를 낳았다"라는 서술 형식을 취하고 있습니다. 이렇게 족보의 기술 방식이 다양한 까닭이 있나요? 말 그대로 '생육하고 번성'하는 모습을 보여 준다고 할 수 있습니다. 어떤 이들은 바벨탑과 같은 엄청난 위력을 과시하고자 하지만, 셈의 후예는 그 흩어져 거하는 땅에서 그리 인상적이지도 않게 그들의 삶을 살아가고 자식을 낳고 세월이 흐릅니다. 훨씬 평범해 보이는 이 모습을 통해 하나님의 축복이 일상이 된다고 말할 수도 있겠습니다. 아울러 12장부터 시작되는 아브람을 이해하는 데 도움이 되는 족보이기도 합니다. 셈-나홀-데라-아브람으로 이어지는 이 족보에 나오는 아브람 일가의 구성원들은 이후 창세기의 주요 장면에 계속 등장합니다.

31 ○ 데라는, 아들 아브람과, 하란에게서 난 손자 롯과, 아들 아브람의 아내인 며느리 사래를 데리고, 가나안 땅으로 오려고 바빌로니아의 우르를 떠나서, 하란에 이르렀다. 그는 거기에다가 자리를 잡고 살았다. 32 데라는 이백오 년을 살다가 하란에서 죽었다.

{ 제12장 }

하나님이 아브람을 부르시다

1 주님께서 아브람에게 말씀하셨다. "너는, 네가 살고 있는 땅과, 네가 난 곳과, 너의 아버지의 집을 떠나서, 내가 보여주는 땅으로 가거라. 2 내가 너로 큰 민족이 되게 하고, 너에게 복을 주어서, 네가 크게 이름을 떨치게 하겠다. 너는 복의 근원이 될 것이다. 3 너를 축복하는 사람에게는 내가 복을 베풀고, 너를 저주하는 사람에게는 내가 저주를 내릴 것이다. 땅에 사는 모든 민족이 너로 말미암아 복을 받을 것이다."

주님이 아브람에게 맨 처음에 하신 말씀은 아주 명령입니다. 그런데 신기하게도 아브람은 주님의 이 말씀을 그대로 따릅니다. 이렇게 전격적인 결단이 이루어진 배경이 궁금합니다. 정말 어떻게 이렇게 결단할 수 있는지 궁금합니다. 성경은 그에 대해 더 이상 아무런 정보를 전하지 않습니다. 아브람은 그의 하나님 여호와에 대해 알고 믿었을 것이며, 자신에게 나타나고 말씀하신 하나님에 대한 신뢰로 이와 같은 결단을 했을 것이라 짐작됩니다. 아울러 창세기가 기록된 후대의 사람들은 인간의 삶이 하나님의 약속을 붙잡고 믿음으로 걸어가는 길임을 되새기며 이와 같은 내용을 기록하고 보존했을 것입니다.

4 ○ 아브람은 주님께서 말씀하신 대로 길을 떠났다. 롯도 그와 함께 길을 떠났다. 아브람이 하란을 떠날 때에, 나이는 일흔다섯이었다. 5 아브람은 아내 사래와 조카 롯과 하란에서 모은 재산과 거기에서 얻은 사람들을 거느리고, 가나안 땅으로 가려고 길을 떠나서, 마침내 가나안 땅에 이르렀다. 6 아브람은 그 땅을 지나서, 세겜 땅 곧 모레의 상수리나무가 있는 곳에 이르렀다. 그때에 그 땅에는 가나안 사람들이 살고 있었다. 7 주님께서 아브람에게 나타나셔서 말씀하셨다. "내가 너의 자손에게 이 땅을 주겠다." 아브람은 거기에서 자기에게 나타나신 주님께 제단을 쌓아서 바쳤다. 8 아브람은 또 거기에서 떠나, 베델의 동쪽에 있는 산간지방으로 옮겨가서 장막을 쳤다. 서쪽은 베델이고 동쪽은 아이이다. 아브람은 거기에서도 제단을 쌓아서, 주님께 바치고, 주님의 이름을 부르며 예배를 드렸다. 9 아브람은 또 길을 떠나, 줄곧 남쪽으로 가서, 네겝에 이르렀다.

성경은 다시 한 사람에 주목합니다. 특별히 아브람이란 인물을 중심으로 이야기가 펼쳐지는 이유는 무엇인가요? 11장까지가 온 인류를 대상으로 한 이야기라면 12장부터는 아브람이라는 한 사람과 그 가족, 그의 후손을 중심으로 이야기가 펼쳐집니다. 그렇다고 하나님의 모든 관심사가 이 한 사람과 한 가족에만 머물러 있는 것은 아닙니다. 인류 전체를 대상으로 한 이야기는 홍수 이후의 사람들이 바벨탑 건설을 시도한 이야기로 이어졌고, 세상에 가득한 사람의 죄를 어찌할 것인가라는 탄식을 자아냅니다. 이제 하나님께서는 한 사람, 한 가족을 통해 인류를 향한 하나님의 사랑 제2막을 시작합니다. 그를 통해 땅의 모든 민족에게 복이 임하게 하시려는 목적입니다. 훗날에 쓰인 창세기는 자신들의 시작이 아브람이었으며 그를 통해 모든 민족에게 복이 임하게 하실 하나님의 뜻을 다시 되새기고 있습니다.

이집트로 간 아브람

10 ○ 그 땅에 기근이 들었다. 그 기근이 너무 심해서, 아브람은 이집트에서 얼마 동안 몸 붙여서 살려고, 그리로 내려갔다. 11 이집트에 가까이 이르렀을 때에, 그는 아내 사래에게 말하였다. "여보, 나는 당신이 얼마나 아리따운 여인인가를 잘 알고 있소. 12 이집트 사람들이 당신을 보고서, 당신이 나의 아내라는 것을 알면, 나는 죽이고 당신은 살릴 것이오. 13 그러니까 당신은 나의 누이라고 하시오. 그렇게 하여야, 내가 당신 덕분에 대접을 잘 받고, 또 당신 덕분에 이 목숨도 부지할 수 있을 거요." 14 아브람이 이집트에 이르렀을 때에, 이집트 사람들은 아브람의 아내를 보고, 매우 아리따운 여인임을 알았다. 15 바로의 대신들이 그 여인을 보고 나서, 바로 앞에서 그 여인을 칭찬하였다. 드디어 그 여인은 바로의 궁전으로 불려 들어갔다. 16 바로가 그 여인을 보고서, 아브람을 잘 대접하여주었다. 아브람은 양 떼와 소 떼와 암나귀와 수나귀와 남녀종과 낙타까지 얻었다.

이집트로 내려간 아브람의 처지는 궁색해 보입니다. 기근을 겪고 급기야 아내를 누이라 속이는 작전까지 짭니다. 거짓말을 한 이는 아브람인데, 오히려 바로에게 재앙이 닥칩니다. 그래도 주님은 공정한 분입니까? 하나님께서 가라고 하신 땅에서 처음 만난 상황이 기근이라는 점은 놀랍습니다. 믿음으로 걸어가는 삶이어서, 혹은 옳다 여기며 걸어가는 삶이어서 어쩌면 더욱 기근과 같은 곤경이 있는지도 모르겠습니다. 기근으로 애굽에 내려간 아브람은 아내를 누이라 속이기에 이릅니다. 여기에는 이렇게 속이지 않으면 여자를 빼앗기 위해 남편을 죽이는 고대 애굽과 도시의 나그네 대우가 배경에 있습니다(12:12; 20:11). 누이라고 하자 아브람의 아내를 데려갔는데, 여기서 당사자인 여성의 뜻을 전혀 물어보지 않습니다. 아브람의 거짓말도 문제겠지만, 거짓말을 하지 않으면 죽게 되는 폭력적인 세상을 생각하면, 그리고 어느 경우든 벼랑에 놓이게 된 사래를 생각하면, 바로에게 내린 재앙을 부당하다고 말할 수는 없겠습니다.

17 ○ 그러나 주님께서 아브람의 아내 사래의 일로 바로와 그 집안에 무서운 재앙을 내리셨으므로, 18 바로가 아브람을 불러서 꾸짖었다. "어찌하여 너는 나를 이렇게 대하느냐? 저 여인이 너의 아내라고, 왜 일찍 말하지 않았느냐? 19 어찌하여 너는 저 여인이 네 누이라고 해서 나를 속이고, 내가 저 여인을 아내로 데려오게 하였느냐? 자, 네 아내가 여기 있다. 데리고 나가거라." 20 그런 다음에 바로는 그의 신하들에게 명하여, 아브람이 모든 재산을 거두어서 그 아내와 함께 나라 밖으로 나가게 하였다.

{ 제13장 }

아브람과 롯이 따로 살림을 내다

1 아브람은 이집트를 떠나서, 네겝으로 올라갔다. 그는 아내를 데리고서, 모든 소유를 가지고 이집트를 떠났다. 조카 롯도 그와 함께 갔다.
2 ○ 아브람은 집짐승과 은과 금이 많은 큰 부자가 되었다. 3 그

아브람은 이동할 때마다 제단을 쌓고 예배를 드립니다. 그것은 무슨 의미가 있습니까? 그가 이전에는 알지 못하던 땅에 오직 하나님의 약속을 붙잡고 건너왔기에, 이후 아브람의 삶을 지탱한 것은 그를 부르신 여호와 하나님에 대한 신뢰였습니다. 아울러 그가 만일 어떤 땅을 얻고 한곳에 정착했더라면 그곳에 예배하는 장소를 마련했겠지만, 땅이 없었고 한곳에만 머물러 있을 수는 없었기에 그는 떠돌아다니는 곳 어디에서든 그의 하나님 여호와를 부르며 제단을 쌓고 하나님께 예배했습니다. 떠돌아다니는 삶은 힘겹지만, 그를 통해 하나님께서는 특정한 장소에 매이는 분이 아니라 하나님의 백성이 가는 곳 어디나 동행하며 함께하시는 분임을 깨닫게 됩니다.

는 네겝에서는 얼마 살지 않고 그곳을 떠나, 이곳저곳으로 떠돌아다니다가, 베델 부근에 이르렀다. 그곳은 베델과 아이 사이에 있는, 예전에 장막을 치고 살던 곳이다. 4 그곳은 그가 처음으로 제단을 쌓은 곳이다. 거기에서 아브람은 주님의 이름을 부르며, 예배를 드렸다. 5 아브람과 함께 다니는 롯에게도, 양 떼와 소 떼와 장막이 따로 있었다. 6 그러나 그 땅은 그들이 함께 머물기에는 좁았다. 그들은 재산이 너무 많아서, 그 땅에서 함께 머물 수가 없었다. 7 아브람의 집짐승을 치는 목자들과 롯의 집짐승을 치는 목자들 사이에, 다툼이 일어나곤 하였다. 그때에 그 땅에는, 가나안 사람들과 브리스 사람들도 살고 있었다.

8 ○ 아브람이 롯에게 말하였다. "너와 나 사이에, 그리고 너의 목자들과 나의 목자들 사이에, 어떠한 다툼도 있어서는 안 된다. 우리는 한 핏줄이 아니냐! 9 네가 보는 앞에 땅이 얼마든지 있으니, 따로 떨어져 살자. 네가 왼쪽으로 가면 나는 오른쪽으로 가고, 네가 오른쪽으로 가면 나는 왼쪽으로 가겠다." 10 롯이 멀리 바라보니, 요단 온 들판이, 소알에 이르기까지, 물이 넉넉한 것이 마치 주님의 동산과도 같고, 이집트 땅과도 같았다.

아브람은 재산 증식의 대가처럼 보입니다. 한곳에 정착해 편히 살 수 있는데, 그는 왜 정착하지 않고 계속 떠돌아다니는 건가요? 땅을 얻기 위해서는 구입해야 할 텐데, 하나님께서 그 땅을 주겠다고 약속하셨기에 아브람은 그 약속을 붙들고 떠돌며 지냈다고 여겨집니다. 이러한 아브람의 믿음에 대해 평가한 신약성경 히브리서 11장 8~10절을 읽어봅시다. 평생에 그가 구입한 땅은 자신의 아내를 묻고 자신이 묻힐 무덤 자리뿐이었습니다(창 23장). 아무리 많은 양과 소를 지녔다 할지라도 여전히 그가 여기저기를 떠돌아야 하는 나그네라는 점은 변하지 않습니다. 오늘날 '부자'라고 하면 무조건 땅과 건물을 지닌 사람인 것을 생각해보면, 그리고 고대일수록 땅의 중요성이 더 컸음을 생각하면, 아브람을 가리켜 '부유하다'고 말하는 것은 어폐가 있습니다.

아직 주님께서 소돔과 고모라를 멸망시키시기 전이었다. 11 롯은 요단의 온 들판을 가지기로 하고, 동쪽으로 떠났다. 이렇게 해서 두 사람은 따로 떨어져서 살게 되었다. 12 아브람은 가나안 땅에서 살고, 롯은 평지의 여러 성읍을 돌아다니면서 살다가, 소돔 가까이에 이르러서 자리를 잡았다. 13 소돔 사람들은 악하였으며, 주님을 거슬러서, 온갖 죄를 짓고 있었다.

아브람이 헤브론으로 옮기다

14 ○ 롯이 아브람을 떠나간 뒤에, 주님께서 아브람에게 말씀하셨다. "너 있는 곳에서 눈을 크게 뜨고, 북쪽과 남쪽, 동쪽과 서쪽을 보아라. 15 네 눈에 보이는 이 모든 땅을, 내가 너와 네 자손에게 아주 주겠다. 16 내가 너의 자손을 땅의 먼지처럼 셀 수 없이 많아지게 하겠다. 누구든지 땅의 먼지를 셀 수 있는 사람이 있다면, 너의 자손을 셀 수 있을 것이다. 17 내가 이 땅을 너에게 주니, 너는 가서, 길이로도 걸어보고, 너비로도 걸어보아라." 18 아브람은 장막을 거두어서, 헤브론의 마므레, 곧 상수리나무들이 있는 곳으로 가서, 거기에서 살았다. 거기

주님은 아브람에게 땅과 자손을 약속하십니다. 그것은 당시에 가장 중요한 문제였나요? 땅은 삶의 공간이니 과거에나 오늘에나 그야말로 사람에게 필수적인 것입니다. 무엇보다도 하나님께서 아브람에게 주신 삶을 실천하는 공간이니만큼, 살아갈 공간이 없다면 하나님의 명령을 따르는 삶 자체가 허망할 것입니다. 자손 역시 마찬가지입니다. 자손은 대대로 이어지는 하나님의 약속과 그 명령에 따른 삶의 주체입니다. 사람이 없다면 하나님과 동행하는 삶은 나 한 사람, 나의 시대에만 국한되겠지요. 그래서 땅과 자손은 하나님을 믿는 삶이 단지 마음이나 영혼, 내세에 관한 것이 아니라 구체적이고 실제적인 것임을 보여줍니다.

에서도 그는 주님께 제단을 쌓아서 바쳤다.

{ 제14장 }

아브람이 롯을 구하다

1 시날 왕 아므라벨과, 엘라살 왕 아리옥과, 엘람 왕 그돌라오멜
과, 고임 왕 디달의 시대에, 2 이 왕들이 소돔 왕 베라와, 고모라
왕 비르사와, 아드마 왕 시납과, 스보임 왕 세메벨과, 벨라 왕
곧 소알 왕과 싸웠다. 3 이 다섯 왕은 군대를 이끌고, 싯딤 벌판
곧 지금의 '소금 바다'에 모였다. 4 지난날에 이 왕들은 십이 년
동안이나 그돌라오멜을 섬기다가, 십삼 년째 되는 해에 반란을
일으켰던 것이다. 5 십사 년째 되는 해에는, 그돌라오멜이 자기
와 동맹을 맺은 왕들을 데리고 일어나서, 아스드롯가르나임에
서는 르바 사람을 치고, 함에서는 수스 사람을 치고, 사웨 기랴
다임에서는 엠 사람을 치고, 6 세일 산간지방에서는 호리 사람
을 쳐서, 광야 부근 엘바란까지 이르렀다. 7 그러고는, 쳐들어온

아브람은 전투를 불사하며 조카 롯을 구출해냅니다. 아브람과 롯의 관계가 매우 특
별해 보이는데, 그런 연유가 있나요? 롯은 그의 조카일 뿐 아니라 함께 낯선 땅으
로 건너왔던 '동역자'였기에 아브람은 자신이 가진 전부를 걸고 롯을 구출합니다.
사실 당시로서는 엄청난 국제 전쟁이 벌어진 셈인데, 이런 큰 전쟁에 아브람 같은
뜨내기가 끼어드는 것은 지극히 위험한 일이었을 겁니다. 그렇지만 어려움에 처한
롯을 모른 체하고 구해내지 않는다면, 아브람이 하나님을 순종하며 건너왔던 삶의
의미가 무엇인지 혼란스러워질 수밖에 없을 것입니다. 또 아브람은 자신에게 있는
그 많은 부와 사람들이 이 시기를 위한 것이라고 생각했을 수도 있겠습니다.

왕들은 방향을 바꿔서, 엔미스밧 곧 가데스로 가서, 아말렉 족의 온 들판과 하사손다말에 사는 아모리 족까지 쳤다.

8 ○ 그래서 소돔 왕과 고모라 왕과 아드마 왕과 스보임 왕과 벨라 왕 곧 소알 왕이 싯딤 벌판으로 출전하여, 쳐들어온 왕들과 맞서서 싸웠다. 9 이 다섯 왕은, 엘람 왕 그돌라오멜과 고임 왕 디달과 시날 왕 아므라벨과 엘라살 왕 아리옥, 이 네 왕을 맞아서 싸웠다. 10 싯딤 벌판은 온통 역청 수렁으로 가득 찼는데, 소돔 왕과 고모라 왕이 달아날 때에, 그들의 군인들 가운데서 일부는 그런 수렁에 빠지고, 나머지는 산간지방으로 달아났다. 11 그래서 쳐들어온 네 왕은 소돔과 고모라에 있는 모든 재물과 먹거리를 빼앗았다.

12 ○ 아브람의 조카 롯도 소돔에 살고 있었는데, 그들은 롯까지 사로잡아 가고, 그의 재산까지 빼앗았다.

13 ○ 거기에서 도망쳐 나온 사람 하나가 히브리 사람 아브람에게 와서, 이 사실을 알렸다. 그때에 아브람은 아모리 사람 마므레의 땅, 상수리나무들이 있는 곳에서 살고 있었다. 마므레는 에스골과는 형제 사이이고, 아넬과도 형제 사이이다. 이

아브람이 멜기세덱과 나눈 대화, 또 소돔 왕과 나눈 대화가 함축하고 있는 의미는 무엇인가요? 아브람은 롯을 구출하기 위해 전쟁에 뛰어들었지만, 롯과 함께 끌려갔던 수많은 소돔 사람도 함께 구출할 수 있었습니다. 이처럼 하나님의 사람의 행동은 자신과 주변 친척만이 아니라 세상 많은 이들에게 유익을 끼칩니다. 그는 하나님의 제사장 멜기세덱에게 자신이 얻은 전리품의 십분의 일을 바칩니다. 본문에 명확히 표현되지는 않았지만, 십분의 일을 바치는 행위는 자신에게 주어진 모든 것이 하나님께로부터 온 것임을 인정하고 표현한 행동이라고 볼 수 있습니다. 아울러 전쟁에 함께 참여한 이들에 대한 마땅한 사례를 제외하고는 나머지 전리품 모두를 소돔 사람들에게 돌려줍니다. 이를 통해 그의 참여는 경제적 이익 때문이 아니라 사람에 대한 열심임을 보여줍니다.

들은 아브람과 동맹을 맺은 사람들이다. 14 아브람은 자기 조카가 사로잡혀 갔다는 말을 듣고, 집에서 낳아 훈련시킨 사병 삼백열여덟 명을 데리고 단까지 쫓아갔다. 15 그날 밤에 그는 자기의 사병들을 몇 패로 나누어서 공격하게 하였다. 그는 적들을 쳐부수고, 다마스쿠스 북쪽 호바까지 뒤쫓았다. 16 그는 모든 재물을 되찾고, 그의 조카 롯과 롯의 재산도 되찾았으며, 부녀자들과 다른 사람들까지 되찾았다.

멜기세덱이 아브람을 축복하다

17 ○ 아브람이 그돌라오멜과 그와 동맹을 맺은 왕들을 쳐부수고 돌아온 뒤에, 소돔 왕이 아브람을 맞아서, 사웨 벌판 곧 왕의 벌판으로 나왔다. 18 그때에 살렘 왕 멜기세덱은 빵과 포도주를 가지고 나왔다. 그는 가장 높으신 하나님의 제사장이다. 19 그는 아브람에게 복을 빌어주었다. "천지의 주재, 가장 높으신 하나님, 아브람에게 복을 내려주십시오. 20 아브람은 들으시오. 그대는, 원수들을 그대의 손에 넘겨주신 가장 높으신 하나님을 찬양하시오."
○ 아브람은 가지고 있는 모든 것에서 열의 하나를 멜기세덱에

빵과 포도주, 하나님의 제사장 등 뭔가 특별해 보이는 것들과 함께 언급되어 있는 살렘 왕 멜기세덱은 누구인가요? 멜기세덱은 살렘의 왕이면서 가장 높으신 하나님의 제사장으로 소개됩니다. 아브람은 그가 얻은 물자의 십분의 일을 멜기세덱에게 바치는 상징적인 행동을 통해, 자신의 승리가 자신의 힘으로 된 것이 아니라 하나님께로부터 온 것임을 고백했다고 볼 수 있습니다. 멜기세덱의 가계나 족보에 대한 아무런 언급이 없다는 점에서, 멜기세덱은 사람이 만든 질서나 제도가 아니라 오직 하나님께로부터 비롯된 제사장을 상징하는 말(시 110:4)로 쓰였고, 바로 이 점에서 예수 그리스도는 멜기세덱을 이은 제사장이라고 고백됩니다(히 5:10~11; 6:20; 7:1~25).

게 주었다. 21 소돔 왕이 아브람에게 말하였다. "사람들은 나에게 돌려주시고, 물건은 그대가 가지시오." 22 아브람이 소돔 왕에게 말하였다. "하늘과 땅을 지으신 가장 높으신 주 하나님께, 나의 손을 들어서 맹세합니다. 23 그대의 것은 실오라기 하나나 신발 끈 하나라도 가지지 않겠습니다. 그러므로 그대는, 그대 덕분에 아브람이 부자가 되었다고는 절대로 말할 수 없을 것입니다. 24 나는 아무것도 가지지 않겠습니다. 다만 젊은이들이 먹은 것과, 나와 함께 싸우러 나간 사람들 곧 아넬과 에스골과 마므레에게로 돌아갈 몫만은 따로 내놓아서, 그들이 저마다 제 몫을 가질 수 있게 하시기 바랍니다."

{ 제15장 }

하나님이 아브람과 언약을 맺으시다

1 이런 일들이 일어난 뒤에, 주님께서 환상 가운데 아브람에게 말씀하셨다. "아브람아, 두려워하지 말아라. 나는 너의 방패다.

아브람에게 주님은 많은 것을 보장하고 약속해주십니다. 주님이 전폭적으로 아브람을 편애하신 이유는 무엇인가요? 아브람은 개인이라기보다 대표적이고 상징적인 인물로 볼 수 있습니다. 그는 정복과 지배, 약탈과 확장이 일상이던 시대, 그래서 나그네의 여인을 마음대로 데려가던 시대에, 하나님의 약속을 붙잡고 낯선 땅으로 옮겨온 나그네입니다. 그래서 아브람은 떠돌이 나그네를 상징하기도 하고, 하나님의 말씀이라는 올바른 가치를 붙잡고 힘겹더라도 그 길을 걸어가는 사람을 상징하기도 합니다. 아브람에 대한 하나님의 돌보심은 나그네를 사랑하시는 하나님, 진리를 따라 걸어가기를 선택한 사람을 사랑하시는 하나님을 보여줍니다.

네가 받을 보상이 매우 크다." 2 아브람이 여쭈었다. "주 나의 하나님, 주님께서는 저에게 무엇을 주시렵니까? 저에게는 자식이 아직 없습니다. 저의 재산을 상속받을 자식이라고는 다마스쿠스 녀석 엘리에셀뿐입니다. 3 주님께서 저에게 자식을 주지 않으셨으니, 이제, 저의 집에 있는 이 종이 저의 상속자가 될 것입니다." 아브람이 이렇게 말씀드리니, 4 주님께서 그에게 말씀하셨다. "그 아이는 너의 상속자가 아니다. 너의 몸에서 태어날 아들이 너의 상속자가 될 것이다." 5 주님께서 아브람을 데리고 바깥으로 나가서 말씀하셨다. "하늘을 쳐다보아라. 네가 셀 수 있거든, 저 별들을 세어보아라." 그러고는 주님께서 아브람에게 말씀하셨다. "너의 자손이 저 별처럼 많아질 것이다." 6 아브람이 주님을 믿으니, 주님께서는 아브람의 그런 믿음을 의로 여기셨다. 7 ○ 하나님이 아브람에게 말씀하셨다. "나는 주다. 너에게 이 땅을 주어서 너의 소유가 되게 하려고, 너를 바빌로니아의 우르에서 이끌어내었다." 8 아브람이 여쭈었다. "주 나의 하나님, 우리가 그 땅을 차지하게 될 것을 제가 어떻게 알 수 있습니까?" 9 주님께서 말씀하셨다. "나에게 삼 년 된 암송아지 한 마리와 삼 년 된

아브람이 주님께 드리는 제사 내용은 중동의 문화적 특징들을 보여주는 것인가요? 특별한 의미가 있어요? 소와 염소, 양과 비둘기 등을 제물로 드리는 모습은 당시 세계에서 흔히 볼 수 있는 제사 형태입니다. 특히 제물 가운데 새를 제외하고 모두 둘로 쪼개는 것은 고대의 언약 체결 관행입니다. 그렇게 쪼갠 제물 사이로 계약이나 언약을 맺는 두 당사자가 걸어갑니다. 둘 중 누구라도 언약을 지키지 않을 경우 이 쪼개진 제물처럼 "둘로 쪼개질 것"을 의미했다고 여겨집니다. 놀랍게도 하나님을 상징하는 타오르는 횃불은 쪼갠 제물 사이로 지나가지만, 정작 아브람은 지나가지 않습니다. 그래서 이 모습은 하나님께서 일방적으로 아브람을 지키고 인도하시겠다고 선언하는 '무조건적인 언약'을 보여준다고 할 수 있습니다.

암염소 한 마리와 삼 년 된 숫양 한 마리와 산비둘기 한 마리와 집비둘기 한 마리씩을 가지고 오너라." 10 아브람이 이 모든 희생제물을 주님께 가지고 가서, 몸통 가운데를 쪼개어, 서로 마주 보게 차려놓았다. 그러나 비둘기는 반으로 쪼개지 않았다. 11 솔개들이 희생제물의 위에 내려왔으나, 아브람이 쫓아버렸다.

12 ○ 해가 질 무렵에, 아브람이 깊이 잠든 가운데, 깊은 어둠과 공포가 그를 짓눌렀다. 13 주님께서 아브람에게 말씀하셨다. "너는 똑똑히 알고 있거라. 너의 자손이 다른 나라에서 나그네살이를 하다가, 마침내 종이 되어서, 사백 년 동안 괴로움을 받을 것이다. 14 그러나 너의 자손을 종살이하게 한 그 나라를 내가 반드시 벌할 것이며, 그다음에 너의 자손이 재물을 많이 가지고 나올 것이다. 15 그러나 너는 오래오래 살다가, 고이 잠들어 묻힐 것이다. 16 너의 자손은 사 대째가 되어서야 이 땅으로 돌아올 것이다. 아모리 사람들의 죄가 아직 벌을 받을 만큼 이르지는 않았기 때문이다."

17 ○ 해가 지고, 어둠이 짙게 깔리니, 연기 나는 화덕과 타오

처음엔 아브람에 대한 축복의 이야기가 나오고, 나중에는 400년의 종살이 이야기가 나옵니다. 굳이 종살이를 겪지 않게 해도 될 텐데, 왜 그런 시나리오를 만드신 것인가요? 땅을 주겠다고 약속하셨지만, 16절에서 보듯이 아직 그 땅에 살고 있는 사람들의 죄악이 심판으로 몰아낼 만큼은 아니었습니다. 자신이 선택한 백성에게 땅을 주기 위해 멀쩡하게 살고 있는 다른 사람의 땅을 빼앗는 것은 사람이라도 납득하기 어려운 이기적인 행동이겠지요. 땅의 약속이 성취되기까지는 꽤 긴 시간이 걸립니다. 그 기간 동안 아브람의 자손이 종살이를 하도록 정하셨다기보다는, 이후에 일어날 일을 미리 알리신 것이라고 볼 수 있습니다. 자신의 백성이 종살이까지 하는 어려움을 겪는데도 그 땅 백성의 죄가 심하지 않다는 이유로 긴 시간을 지나게 하시는 하나님의 모습은 신앙을 앞세워 사사롭게 이익을 취하려는 오늘 우리의 모습과는 꽤 대조적입니다.

르는 햇불이 갑자기 나타나서, 쪼개놓은 희생제물 사이로 지나갔다. 18 바로 그날, 주님께서 아브람과 언약을 세우시고 말씀하셨다. "내가 이 땅을, 이집트강에서 큰 강 유프라테스에 이르기까지를 너의 자손에게 준다. 19 이 땅은 겐 사람과 그니스 사람과 갓몬 사람과 20 헷 사람과 브리스 사람과 르바 사람과 21 아모리 사람과 가나안 사람과 기르가스 사람과 여부스 사람의 땅을 다 포함한다."

{ 제16장 }

하갈과 이스마엘

1 아브람의 아내 사래는 아이를 낳지 못하였다. 그에게는 하갈이라고 하는 이집트 사람 여종이 있었다. 2 사래가 아브람에게 말하였다. "주님께서 나에게 아이를 가지지 못하게 하시니, 당신은

아브람이 정말 하나님을 믿었다면 아내의 종 하갈에게서 자식을 보려는 사래의 말을 거부해야 하는 거 아닌가요? 그래도 아브람은 믿음이 있다고 말할 수 있나요? 고대에는 이렇게 여주인이 자신의 여종을 남편에게 권해 자손을 잇게 하는 경우가 종종 있었다고 합니다. 아브람의 몸에서 날 자가 있다는 말씀(15:4)의 약속이었기에, 어쩌면 아브람은 사래가 아닌 다른 여인을 통해서도 가능하다고 생각했을 수 있습니다. 하나님께서 말씀하신다 해도 사람이 기계나 로봇처럼 움직이는 존재가 아니니, 아브람의 행동은 나름대로의 판단이었을 수 있습니다. 그렇지만 이 행동에는 분명 하나님의 약속을 굳게 붙잡지 못한 마음도 있었을 것 같습니다. 그러나 창세기 본문은 그러한 아브람의 모습을 두고 크게 책망하거나 문제시하지는 않아 보입니다. 사람이라는 존재의 연약함을 하나님께서도 아시는 것이겠지요.

나의 여종과 동침하십시오. 하갈의 몸을 빌려서, 집안의 대를 이어갈 수 있기를 바랍니다." 아브람은 사래의 말을 따랐다. 3 아브람의 아내 사래가 자기의 여종 이집트 사람 하갈을 데려다가 자기 남편 아브람에게 아내로 준 때는, 아브람이 가나안 땅에서 살아온 지 십 년이 지난 뒤이다. 4 아브람이 하갈과 동침하니, 하갈이 임신하였다. 하갈은 자기가 임신한 것을 알고서, 자기의 여주인을 깔보았다. 5 사래가 아브람에게 말하였다. "내가 받는 이 고통은, 당신이 책임을 지셔야 합니다. 나의 종을 당신 품에 안겨주었더니, 그 종이 자기가 임신한 것을 알고서, 나를 멸시합니다. 주님께서 당신과 나 사이를 판단하여주시면 좋겠습니다." 6 아브람이 사래에게 말하였다. "여보, 당신의 종이니, 당신 마음대로 할 수 있지 않소? 당신이 좋을 대로 그에게 하기 바라오." 사래가 하갈을 학대하니, 하갈이 사래 앞에서 도망하였다.

7 ○ 주님의 천사가 사막에 있는 샘 곁에서 하갈을 만났다. 그 샘은 수르로 가는 길옆에 있다. 8 천사가 물었다. "사래의 종 하갈아, 네가 어디서 와서, 어디로 가는 길이냐?" 하갈이 대답하였다. "나의 여주인 사래에게서 도망하여 나오는 길입니다."

가나안 땅에 들어와서 10년이 지나도록 주님이 약속한 후손은 없었고, 결국 아브람은 하갈을 취하는데요(3절). 10년이라는 기다림의 시간은 너무 긴 거 아닌가요? 아브람이 하갈을 취한 후에도 15년은 더 지나서야 사래를 통해 이삭을 낳게 됩니다. 결국 75세에 자손의 약속을 받은 이래 25년의 세월이 걸립니다. 대개 하나님께서 주시는 약속에는 사람이 버티기 쉽지 않은 시간이 걸리는 경우가 많습니다. 이와 같은 기간은 내 힘이나 능력으로 살 수 없음을 깨닫는 기간이며, 하나님께서 우리의 능력이 되심을 고백하는 기간이기도 합니다. 자신의 힘으로는 안 되지만 하나님의 능력으로는 가능하다는 것을 깨달은 이들은 이제 자신의 부족함이나 다른 사람의 강함에 좌우되지 않고 하나님의 약속과 함께 살아갈 것이기 때문입니다.

9 주님의 천사가 그에게 말하였다. "너의 여주인에게로 돌아가서, 그에게 복종하면서 살아라." 10 주님의 천사가 그에게 또 일렀다. "내가 너에게 많은 자손을 주겠다. 자손이 셀 수도 없을 만큼 불어나게 하겠다." 11 주님의 천사가 그에게 또 일렀다. "너는 임신한 몸이다. 아들을 낳게 될 터이니, 그의 이름을 이스마엘이라고 하여라. 네가 고통 가운데서 부르짖는 소리를 주님께서 들으셨기 때문이다. 12 너의 아들은 들나귀처럼 될 것이다. 그는 모든 사람과 싸울 것이고, 모든 사람 또한 그와 싸울 것이다. 그는 자기의 모든 친족과 대결하며 살아가게 될 것이다." 13 하갈은 "내가 여기에서 나를 보시는 하나님을 뵙고도, 이렇게 살아서, 겪은 일을 말할 수 있다니!" 하면서, 자기에게 말씀하신 주님을 "보시는 하나님"이라고 이름 지어서 불렀다. 14 그래서 그 샘 이름도 브엘라해로이라고 지어서 부르게 되었다. 그 샘은 지금도 가데스와 베렛 사이에 그대로 있다.

15 ㅇ 하갈과 아브람 사이에서 아들이 태어나니, 아브람은, 하갈이 낳은 그 아들의 이름을 이스마엘이라고 지었다. 16 하갈과 아브람 사이에 이스마엘이 태어날 때에, 아브람의 나이는 여든여섯이었다.

하나님이 하갈의 아들에게 하신 말씀은 과연 축복인가요? 하갈은 매우 감격하는 것처럼 보입니다. 하나님은 하갈 또한 예쁘게 보신 건가요? 하갈이 어떻게 해서 아들을 낳게 되었든, 하갈과 그 아들을 있어서는 안 될 존재라고 할 수는 없습니다. 하나님께서 허락하신 생명을 누구도 천시하거나 죄악시해서는 안 될 것입니다. 하나님께서는 어려움에 처한 하갈 모자의 힘겨움을 들으시고 살 길을 열어주셨습니다. 또 아브람을 나그네살이로 부르시며 큰 축복을 약속하셨습니다. 훗날에는 애굽에서 종살이하는 이스라엘의 부르짖음을 듣고 건져내실 것입니다. 이처럼 하나님께서는 고통받는 이들, 힘겹고 가난한 이들의 부르짖음에 아주 민감하게 반응하십니다.

{ 제17장 }

할례 : 언약의 표

1 아브람의 나이 아흔아홉이 되었을 때에, 주님께서 그에게 나타나셔서 말씀하셨다. "나는 전능한 하나님이다. 나에게 순종하며, 흠 없이 살아라. 2 나와 너 사이에 내가 몸소 언약을 세워서, 너를 크게 번성하게 하겠다." 3 아브람이 얼굴을 땅에 대고 엎드려 있는데, 하나님이 그에게 말씀하셨다. 4 "나는 너와 언약을 세우고 약속한다. 너는 여러 민족의 조상이 될 것이다. 5 내가 너를 여러 민족의 아버지로 만들었으니, 이제부터는 너의 이름이 아브람이 아니라 아브라함이다. 6 내가 너를 크게 번성하게 하겠다. 너에게서 여러 민족이 나오고, 너에게서 왕들도 나올 것이다. 7 내가 너와 세우는 언약은, 나와 너 사이에 맺는 것일 뿐 아니라, 너의 뒤에 오는 너의 자손과도 대대로 세우는 영원한 언약이다. 이 언약을 따라서, 나는, 너의 하나

주님은 아브람과 사래의 이름을 바꾸십니다. 이 개명(改名)의 배경과 의미가 궁금합니다. 우리의 이름은 우리가 누구인지를 알려주는 것으로, '정체성'이라고 말할 수 있습니다. 아브람의 새 이름 '아브라함'은 '여러 민족의 아버지'라는 의미를 지닙니다. 사래의 새 이름 '사라'는 '여주인'이며, '여러 민족의 어머니'를 나타냅니다. 비록 현재 그들에겐 자녀가 하나도 없는 현실이지만, 하나님께서는 아브라함과 사라를 '여러 민족의 아버지이며 어머니'로 규정하십니다. 그의 현재 모습이 전부가 아니라 이 새로운 이름에 담긴 의미가 진정한 그의 모습이라고 할 수 있습니다. 누가 이 한 사람을 보고 그만큼 생각할 수 있었을까요? 그래서 하나님께서 보시는 나, 그리고 나 스스로 혹은 다른 사람이 보는 나는 꽤 간격이 큽니다. 바뀐 이름은 이들의 정체성을 말해주며, 스스로를 과소평가하지 말아야 한다는 것을 알려줍니다.

님이 될 뿐만 아니라, 뒤에 오는 너의 자손의 하나님도 될 것이다. 8 네가 지금 나그네로 사는 이 가나안 땅을, 너와 네 뒤에 오는 자손에게 영원한 소유로 모두 주고, 나는 그들의 하나님이 될 것이다."

9 ○ 하나님이 또 아브라함에게 말씀하셨다. "너는 나와 세운 언약을 잘 지켜야 하고, 네 뒤에 오는 너의 자손도 대대로 이 언약을 잘 지켜야 한다. 10 너희 가운데서, 남자는 모두 할례를 받아야 한다. 이것은 너와 네 뒤에 오는 너의 자손과 세우는 나의 언약, 곧 너희가 모두 지켜야 할 언약이다. 11 너희는 포피를 베어서, 할례를 받게 하여라. 이것이 나와 너희 사이에 세우는 언약의 표이다. 12 대대로 너희 가운데서, 남자는 모두 난 지 여드레 만에 할례를 받아야 한다. 너희의 집에서 태어난 종들과 너희가 외국인에게 돈을 주고서 사온 종도, 비록 너희의 자손은 아니라 해도, 마찬가지로 할례를 받아야 한다. 13 집에서 태어난 종과 외국인에게 돈을 주고서 사온 종도, 할례를 받아야 한다. 그렇게 하여야만, 나의 언약이 너희 몸에 영원한 언약으

하나님의 제안으로 아브라함과 하나님 사이에 매우 중요한 약속 관계가 생깁니다. 그 증거는 문서나 서명이 아닌 사람의 몸에 할례라는 형식으로 새겨집니다. 이것은 오늘의 이스라엘과 어떤 관계가 있나요? 오늘날 남자아이의 성기에 행하는 포경수술을 고대 이스라엘에서는 할례라는 특별한 의미를 가진 의식으로 여겼습니다. 특히 성기에 행한 까닭은 이를 통해 자손의 번창이 있기 때문일 것입니다. 자신의 몸 일부를 잘라내는 의식은 하나님 앞에 나 자신을, 그리고 자손으로 상징되는 나의 미래를 드린다는 의미라고 볼 수 있습니다. 그래서 실제로는 몸에 이런 의식을 행하지만, 근본적으로 할례의 의미는 "나 자신을 잘라서 하나님께 드립니다"라고 볼 수 있습니다. 그렇게 자신을 하나님께 드린 이들이 하나님의 백성입니다. 할례 의식은 아브라함의 자손인 이스라엘이 하나님의 백성임을 고백하고 증언하는 예식입니다.

로 새겨질 것이다. 14 할례를 받지 않은 남자 곧 포피를 베지 않은 남자는 나의 언약을 깨뜨린 자이니, 그는 나의 백성에게서 끊어진다."

15 ㅇ 하나님이 아브라함에게 또 말씀하셨다. "너의 아내 사래를 이제 사래라고 하지 말고, 사라라고 하여라. 16 내가 그에게 복을 주어, 너에게 아들을 낳아주게 하겠다. 내가 너의 아내에게 복을 주어서, 여러 민족의 어머니가 되게 하고, 백성들을 다스리는 왕들이 그에게서 나오게 하겠다." 17 아브라함은 얼굴을 땅에 대고 엎드려, 웃으면서 혼잣말을 하였다. "나이 백 살 된 남자가 아들을 낳는다고? 또 아흔 살이나 되는 사라가 아이를 낳을 수 있을까?" 18 아브라함은 하나님께 아뢰었다. "이스마엘이나 하나님께서 주시는 복을 받으면서 살기를 바랍니다." 19 하나님이 말씀하셨다. "아니다. 너의 아내 사라가 너에게 아들을 낳아줄 것이다. 아이를 낳거든, 이름을 이삭이라고 하여라. 내가 그와 언약을 세울 것이니, 그 언약은, 그의 뒤에 오는 자손에게도, 영원한 언약이 될 것이다. 20 내가 너의 말을 들었으니, 내가 반드시 이스마엘에게 복을 주어서, 그가 자식을 많이 낳게 하고, 그 자손이 크게 불어나게 할

22절을 읽으면 마치 하나님과 아브라함이 대면하고 대화를 나누는 것처럼 보입니다. 신화적인 느낌이 강하게 느껴지는데, 이런 요소들을 이스라엘의 건국신화로 볼수 있나요? 오늘날 우리는 '신화'라는 말을 들으면 사실이 아닌 꾸며낸 이야기라는 이미지를 갖지만, 수천 년 전의 사람들에게 '신화'는 오늘날 우리의 '과학'만큼이나 타당하고 합리적인 이야기였을 것입니다. 아브람이 아브라함으로 바뀌고 할례 예식을 행함으로써 아브라함의 자손이라는 뚜렷한 정체성이 생겨났습니다. 그런 점에서, 이와 같은 본문은 이스라엘의 출발을 설명하는 '건국신화'와 같은 것으로 볼 수도 있습니다. 다만 여느 건국신화와 달리, 창세기 본문은 이들을 신격화하거나 대단

것이다. 그에게서 열두 명의 영도자가 나오게 하고, 그가 큰 나라를 이루게 하겠다. 21 그러나 나는 내년 이맘때에, 사라가 너에게 낳아줄 아들 이삭과 언약을 세우겠다." 22 하나님은 아브라함에게 말씀을 다 하시고, 그를 떠나서 올라가셨다.

23 ○ 바로 그날에 아브라함은, 자기 아들 이스마엘과, 집에서 태어난 모든 종과, 돈을 주고 사온 모든 종 곧 자기 집안의 모든 남자와 함께, 하나님이 말씀하신 대로, 포피를 베어서 할례를 받았다. 24 아브라함이 포피를 베어서 할례를 받은 것은, 그의 나이 아흔아홉 살 때이고, 25 그의 아들 이스마엘이 포피를 베어서 할례를 받은 것은, 이스마엘의 나이 열세 살 때이다. 26 아브라함과 그의 아들 이스마엘은 같은 날에 할례를 받았다. 27 집에서 태어난 종과, 외국인에게서 돈을 주고 사온 종과, 아브라함 집안의 모든 남자가 아브라함과 함께 할례를 받았다.

한 인물로 높이지 않는다는 점이 크게 다릅니다. 도리어 이들은 실수하고 잘못하며 의심하고 때로는 어리석은 선택을 하기도 합니다. 그러나 하나님께서는 이렇게 평범하고 불완전한 사람들을 찾고 부르고 인도하시며 하나님의 사람으로 세워가십니다. 그래서 이 건국신화는 이스라엘을 넘어 연약하고 부족한 하나님의 사람 우리 모두의 건국신화이기도 합니다.

{ 제18장 }

아브라함이 아들을 약속받다

1 주님께서 마므레의 상수리나무 곁에서 아브라함에게 나타나셨다. 한창 더운 대낮에, 아브라함은 자기의 장막 어귀에 앉아 있었다. 2 아브라함이 고개를 들고 보니, 웬 사람 셋이 자기의 맞은쪽에 서 있었다. 그는 그들을 보자, 장막 어귀에서 달려나가서, 그들을 맞이하며, 땅에 엎드려서 절을 하였다. 3 아브라함이 말하였다. "손님들께서 저를 좋게 보시면, 이 종의 곁을 그냥 지나가지 마시기 바랍니다. 4 물을 좀 가져오라고 하셔서, 발을 씻으시고, 이 나무 아래에서 쉬시기 바랍니다. 5 손님들께서 잡수실 것을, 제가 조금 가져오겠습니다. 이렇게 이 종에게로 오셨으니, 좀 잡수시고, 기분이 상쾌해진 다음에 길을 떠나시기 바랍니다." 그들이 대답하였다. "좋습니다. 정 그렇게 하라고 하시면, 사양하지 않겠습니다." 6 아브라함이 장막 안으로 뛰어 들어가서, 사라에게 말하였다. "빨리 고운 밀가루

자신을 찾아온 이들을 대하는 아브라함의 모습은 나그네를 대하는 중동의 문화적 특징 같습니다. 그럼에도 불구하고 길손에 대한 대접치고는 다소 과한 것처럼 보이는데, 아브라함은 그들의 존재를 알고 그런 것인가요? 천사인 줄 알고 대접했다면 하나도 칭찬할 것이 없겠지요. 누구라도 자신 앞에 하나님이 등장하면 두려울 것이고 겸손할 것이며 신중할 것입니다. 정말 어려운 것은 보기에 초라하고 별것 아닌 사람, 특히 여기저기를 떠도는 나그네와 같은 이를 겸손하고 신중하게 정성껏 대접하는 일일 것입니다. 그래서 예수님께서는 나그네와 배고픈 사람, 가난한 사람을 대접한 것이 주님을 대접한 것이라고 선언하기도 하셨습니다(마 25:34-40). 나그네를 대접하다가 자기들도 모르는 사이에 천사를 대접한 사람을 이야기하는 히브리서 말씀(히 13:2)은 분명히 아브라함을 가리키는 것일 겁니다.

세 스아를 가지고 와서, 반죽을 하여 빵을 좀 구우시오." 7 아브라함이 집짐승 떼가 있는 데로 달려가서, 기름진 좋은 송아지 한 마리를 끌어다가, 하인에게 주니, 하인이 재빨리 그것을 잡아서 요리하였다. 8 아브라함이 엉긴 젖과 우유와 하인이 만든 송아지 요리를 나그네들 앞에 차려놓았다. 그들이 나무 아래에서 먹는 동안에, 아브라함은 서서, 시중을 들었다.

9 ○ 그들이 아브라함에게 물었다. "댁의 부인 사라는 어디에 있습니까?" 아브라함이 대답하였다. "장막 안에 있습니다." 10 그때에 주님께서 말씀하셨다. "다음 해 이맘때에, 내가 반드시 너를 다시 찾아오겠다. 그때에 너의 아내 사라에게 아들이 있을 것이다." 사라는, 아브라함이 등지고 서 있는 장막 어귀에서 이 말을 들었다. 11 아브라함과 사라는 이미 나이가 많

천사를 대접하는 아브라함 *Abraham Entertaining the Angels*,
Rembrandt van Rijn, 1656, Holland

은 노인들이고, 사라는 월경마저 그쳐서, 아이를 낳을 나이가 지난 사람이다. 12 그러므로 사라는 "나는 기력이 다 쇠진하였고, 나의 남편도 늙었는데, 어찌 나에게 그런 즐거운 일이 있으랴!" 하고, 속으로 웃으면서 중얼거렸다. 13 그때에 주님께서 아브라함에게 말씀하셨다. "어찌하여 사라가 웃으면서 '이 늙은 나이에 내가 어찌 아들을 낳으랴?' 하느냐? 14 나 주가 할 수 없는 일이 있느냐? 다음 해 이맘때에, 내가 다시 너를 찾아오겠다. 그때에 사라에게 아들이 있을 것이다." 15 사라는 두려워서 거짓말을 하였다. "저는 웃지 않았습니다." 그러나 주님께서 말씀하셨다. "아니다. 너는 웃었다."

아브라함이 소돔을 위하여 빌다

16 ○ 그 사람들이 떠나려고 일어서서, 소돔이 내려다보이는 데로 갔다. 아브라함은 그들을 바래다주려고, 함께 얼마쯤 걸었다. 17 그때에 주님께서 말씀하셨다. "내가 앞으로 하려고 하는 일을, 어찌 아브라함에게 숨기랴? 18 아브라함은 반드시 크고 강한 나라를 이룰 것이며, 땅 위에 있는 나라마다, 그

주님의 말씀(17-19절)은 아주 감격할 만한 이야기들입니다. 하나님이 특별히 아브라함을 선택하신 까닭은 무엇입니까? 18절은 하나님께서 아브라함을 처음 부르실 때 하신 12장 1-2절을 요약한 것입니다. 그에 이어 19절은 아브라함을 부르신 까닭을 '옳고 바른 일'을 행하게 하려는 목적이라고 설명합니다. 아브라함과 그의 후손만을 건지는 것이 목적이 아니라, 아브라함과 그 자손을 부르셔서 그들이 옳고 바른 일을 행하며 살아가게 하고 그를 통해 땅의 모든 사람이 하나님의 복을 받게 하려는 것이 아브라함과 그 후손을 부르신 까닭입니다. 처음부터 아브라함은 모든 사람을 위해 옳고 바른 일을 행하는 사람으로 부름받았습니다.

로 말미암아 복을 받게 될 것이다. 19 내가 아브라함을 선택한 것은, 그가 자식들과 자손을 잘 가르쳐서, 나에게 순종하게 하고, 옳고 바른 일을 하도록 가르치라는 뜻에서 한 것이다. 그의 자손이 아브라함에게 배운 대로 하면, 나는 아브라함에게 약속한 대로 다 이루어주겠다." 20 주님께서 또 말씀하셨다. "소돔과 고모라에서 들려오는 저 울부짖는 소리가 너무 크다. 그 안에서 사람들이 엄청난 죄를 저지르고 있다. 21 이제 내가 내려가서, 거기에서 벌어지는 모든 악한 일이 정말 나에게까지 들려온 울부짖음과 같은 것인지를 알아보겠다."

22 ○ 그 사람들은 거기에서 떠나서 소돔으로 갔으나, 아브라함은 주님 앞에 그대로 서 있었다. 23 아브라함이 주님께 가까이 가서 아뢰었다. "주님께서 의인을 기어이 악인과 함께 쓸어버리시렵니까? 24 그 성 안에 의인이 쉰 명이 있으면, 어떻게 하시겠습니까? 그래도 주님께서는 그 성을 기어이 쓸어버리시렵니까? 의인 쉰 명을 보시고서도, 그 성을 용서하지 않으시렵니까? 25 그처럼 의인을 악인과 함께 죽게 하시는 것은, 주님

소돔과 고모라의 멸망 직전, 아브라함은 의인의 수를 들어 주님을 설득하려고 합니다. 이 이야기는 인간이 하나님을 설득할 수 있다는 것을 보여주는 것인가요, 아니면 의인의 중요성을 보여주는 것인가요? 이 내용에는 하나님께서 심판을 선포하실 때 그것을 당연한 것처럼, 마치 숙명이나 운명처럼 받아들이지 말라고 말해줍니다. 하나님께서 말씀하신다고 해서 정해진 운명으로 여겨버리면 정말로 그런 멸망이 닥쳐올 것입니다. 그런 말씀을 들었을 때 사람의 마땅한 태도는 어떻게든 이제까지의 잘못된 삶을 고치고 바로잡으려는 노력이겠지요. 아브라함은 소돔에 임할 멸망을 들을 때, 아무리 그 성읍이 잘못했다 하더라도 하나님께서 불쌍히 여겨주시기를 구하고 억울한 죽음이 없도록 기도합니다. 하나님께서 그것을 모르실 리 없겠지만, 아브라함의 노력은 인간인 우리가 해야 할 일이 있다는 점을 알려줍니다.

께서 하실 일이 아닙니다. 의인을 악인과 똑같이 보시는 것도, 주님께서 하실 일이 아닌 줄 압니다. 세상을 심판하시는 분께서는 공정하게 판단하셔야 하지 않겠습니까?" 26 주님께서 대답하셨다. "소돔 성에서 내가 의인 쉰 명만을 찾을 수 있으면, 그들을 보아서라도 그 성 전체를 용서하겠다." 27 아브라함이 다시 아뢰었다. "티끌이나 재밖에 안 되는 주제에, 제가 주님께 감히 아룁니다. 28 의인이 쉰 명에서 다섯이 모자란다고 하면, 어떻게 하시겠습니까? 다섯이 모자란다고, 성 전체를 다 멸하시겠습니까?" 주님께서 대답하셨다. "내가 거기에서 마흔다섯 명만 찾아도, 그 성을 멸하지 않겠다." 29 아브라함이 다시한번 주님께 아뢰었다. "거기에서 마흔 명만 찾으시면, 어떻게 하시겠습니까?" 주님께서 대답하셨다. "그 마흔 명을 보아서, 내가 그 성을 멸하지 않겠다." 30 아브라함이 또 아뢰었다. "주님! 노하지 마시고, 제가 말씀드리는 것을 허락하여주시기 바랍니다. 거기에서 서른 명만 찾으시면, 어떻게 하시겠습니까?" 주님께서 대답하셨다. "거기에서 서른 명만 찾아도, 내가 그 성을 멸하지 않겠다." 31 아브라함이 다시 아뢰었다. "감히 주님께 아룁니다. 거기에서 스무 명만 찾으시면, 어떻게 하시겠습

소돔 성의 죄는 무엇이었기에 도시 전체가 멸망에 이르게 되었나요? 소돔 사람들은 자신들의 성읍에 들른 나그네를 짓밟으려고 했습니다. 성폭행의 대상이 여성이든 남성이든, 모든 성폭행이나 성추행, 성희롱에는 권력 관계가 전제되어 있습니다. 즉 힘 있는 자가 힘 없고 약한 이를 상대로 권력을 노골적으로 휘두르거나 암묵적으로 이용해 상대방을 자기 욕심대로 유린하는 것입니다. '소돔과 고모라에서 들려오는 저 울부짖는 소리'(18:20)는 바로 짓밟힌 이들의 부르짖음을 가리킵니다. 그렇게 약자가 쓰러지는데도 누구 한 사람 그를 불쌍히 여기지 않았고 오히려 모두 동참했기에 소돔은 완전한 멸망에 처하게 됩니다.

니까?" 주님께서 대답하셨다. "스무 명을 보아서라도, 내가 그성을 멸하지 않겠다." 32 아브라함이 또 아뢰었다. "주님! 노하지 마시고, 제가 한 번만 더 말씀드리게 허락하여주시기 바랍니다. 거기에서 열 명만 찾으시면, 어떻게 하시겠습니까?" 주님께서 대답하셨다. "열 명을 보아서라도, 내가 그 성을 멸하지않겠다." 33 주님께서는 아브라함과 말씀을 마치신 뒤에 곧 가시고, 아브라함도 자기가 사는 곳으로 돌아갔다.

{ 제19장 }

소돔의 죄

1 저녁때에 두 천사가 소돔에 이르렀다. 롯이 소돔 성 어귀에앉아 있다가, 그들을 보고 일어나서 맞으며, 얼굴을 땅에 대고엎드려 청하였다. 2 "두 분께서는 가시는 길을 멈추시고, 이 종

롯이 맞아들인 천사들, 그리고 그들을 상관하려고 몰려든 도시의 남자들. 이 이야기는 소돔이라는 도시의 특징과 어떤 연관성이 있나요? 13장 10절을 보면 소돔은 매우 풍요로운 땅이었다고 합니다. 그리고 소돔을 언급한 또 다른 구약성경의 본문인에스겔서 16장 49절 역시 소돔이 부유했다고 전합니다. 그들은 넉넉하고 모자람이전혀 없었는데, 그들이 사는 성에 들른 나그네에게 매우 비정하고 잔인했습니다. 그들의 부유함이 가난한 떠돌이 나그네를 하찮게 여기며 짓밟아도 상관없다고 여기도록 만들었던 것도 같습니다. 나그네를 짓밟되 상관하겠다, 즉 성폭행하겠다는 욕심까지 드러낸 점도 놀랍습니다. 상대방의 동의 없이 진행하려는 성관계를 표현하는 가장 적절한 말이 성폭행이겠지요. 나그네를 돌보지 않고 다수의 힘을 휘둘러 폭력을 행사하려는 남자들은 소돔의 당시 상태를 단적으로 보여줍니다.

의 집으로 오셔서, 발을 씻고, 하룻밤 머무르시기 바랍니다. 내일 아침에 일찍 일어나셔서, 길을 떠나시기 바랍니다." 그들이 대답하였다. "아닙니다. 우리는 그냥 길에서 하룻밤을 묵을 생각입니다." 3 그러나 롯이 간절히 권하므로, 마침내 그들이 롯을 따라서 집으로 들어갔다. 롯이 그들에게, 누룩 넣지 않은 빵을 구워서 상을 차려주니, 그들은 롯이 차려준 것을 먹었다. 4 그들이 잠자리에 들기 전에, 소돔 성 각 마을에서, 젊은이 노인 할 것 없이 모든 남자가 몰려와서, 그 집을 둘러쌌다. 5 그들은 롯에게 소리쳤다. "오늘 밤에 당신의 집에 온 그 남자들이 어디에 있소? 그들을 우리에게로 데리고 나오시오. 우리가 그 남자들과 상관 좀 해야 하겠소." 6 롯은 그 남자들을 만나려고 바깥으로 나가서는, 뒤로 문을 걸어 잠그고, 7 그들을 타일렀다. "여보게들, 제발 이러지 말게. 이건 악한 짓일세. 8 이것 보게, 나에게 남자를 알지 못하는 두 딸이 있네. 그 아이들을 자네들에게 줄 터이니, 그 아이들을 자네들 좋을 대로 하게. 그러나 이 남자들은 나의 집에 보호받으러 온 손님들이니까, 그들에게는 아무 일도 저지르지 말게." 9 그러자 소돔의 남자들

남자들에게 딸을 내어주겠다는 롯의 발언은 충격적입니다. 당시의 관습이나 문화라고 봐야 하나요? 여자와 남자가 동등하게 소중하고 귀중한 존재라고 생각하는 요즘에도 간혹 성차별적인 모습이 나타나곤 하는데, 지금으로부터 수천 년 전 고대에는 그런 차별과 계급에 따른 질서가 더욱 가혹했다고 여겨집니다. 자신이 머무는 곳에 찾아온 나그네를 환대하며 보호하고자 하는 롯의 진실한 마음이 나그네의 명예를 위해서라면 자신의 딸이 희생되어도 괜찮다는 당대의 성차별적인 문화와 맞물려서 딸을 내어주겠다는 발언까지 이르렀습니다. 롯의 이러한 행동은 결코 오늘 우리가 따라야 할 행동이 아니겠지만, 나그네의 곤경을 모른 체하지 않고 어떻게든 지키려고 했던 그 마음은 기억해야 하겠습니다.

이 롯에게 비켜서라고 소리를 지르고 나서 "이 사람이, 자기도 나그네살이를 하는 주제에, 우리에게 재판관 행세를 하려고 하는구나. 어디, 그들보다 당신이 먼저 혼 좀 나보시오" 하면서, 롯에게 달려들어 밀치고, 대문을 부수려고 하였다. 10 안에 있는 두 사람이, 손을 내밀어 롯을 안으로 끌어들인 다음에, 문을 닫아걸고, 11 그 집 대문 앞에 모여든 남자들을 젊은이 노인 할 것 없이 모두 쳐서, 그들의 눈을 어둡게 하여, 대문을 찾지 못하게 하였다.

롯이 소돔을 떠나다

12 ○ 그 두 사람이 롯에게 말하였다. "식구들이 여기에 더 있습니까? 사위들이나, 아들들이나, 딸들이나, 딸린 가족들이 이 성 안에 더 있습니까? 그들을 다 성 바깥으로 데리고 나가십시오. 13 우리는 지금 이곳을 멸하려고 합니다. 이 성 안에 있는 사람들을 규탄하는 크나큰 울부짖음이 주님 앞에 이르렀으므로, 주님께서 소돔을 멸하시려고 우리를 보내셨습니다." 14 롯

롯과 그 가족이 소돔에서 살아날 수 있었던 것은 순전히 아브라함 때문인가요? 하나님은 다른 사람으로 인해 그 사람에게 예외를 적용하신다는 말인가요? 그렇다면 과연 하나님은 공정하신 분인가요? 아브라함의 기도는 의인 열 명만 있어도 소돔을 멸망시키지 말아 달라는 기도였습니다. 소돔에 가득한 죄악에도 불구하고 하나님께서 그 의인 몇 사람을 보시고 성읍을 용서해달라는 기도였지요. 그렇지만 아브라함의 기도와 무관하게 롯을 비롯한 의인은 그의 의로운 삶으로 인해 생명을 얻고 누릴 것입니다. 아브라함을 비롯한 인간의 풍성한 생명과 삶을 기뻐하시는 하나님께서는 어디서든 어떤 현실에서든 의인을 지키고 보호하실 것이며, 때로 의인이라 부르기 부끄러운 이들도 건지고 인도하실 것입니다.

이 나가서, 자기 딸들과 약혼한 사윗감들에게 이 사실을 알렸다. 롯이 그들에게 말하였다. "서두르게. 이 성을 빠져나가야 하네. 주님께서 이 성을 곧 멸하실 걸세." 그러나 그의 사윗감들은 그가 농담을 한다고 생각하였다.

15 ○ 동틀 무렵에 천사들이 롯을 재촉하여 말하였다. "서두르시오. 여기에 있는 부인과 두 딸을 데리고, 여기를 떠나시오. 꾸물거리고 있다가는, 이 성이 벌을 받을 때에, 함께 죽고 말 것이오." 16 그런데도 롯이 꾸물거리자, 그 두 사람은 롯과 그의 아내와 두 딸의 손을 잡아끌어서, 성 바깥으로 안전하게 대피시켰다. 주님께서 롯의 가족에게 자비를 베푸신 것이다. 17 그 두 사람이 롯의 가족을 성 바깥으로 이끌어내자마자, 그 가운데 한 사람이 롯의 가족에게 말하였다. "어서 피하여 목숨을 건지시오. 뒤를 돌아보거나, 들에 머무르거나 하지 말고, 저 산으로 도피하시오. 그렇게 하지 않으면, 죽고 말 것이오." 18 이때에 롯이 그들에게 말하였다. "다른 길을 말씀해주시기 바랍니다. 19 두 분께서는 이 종을 좋게 보시고, 저에게 크나큰 은혜를 베푸셔서, 저의 목숨을 구해주셨습니다. 그러나 제가 저 산까지

롯과 두 딸은 소알 성으로 피해 목숨을 부지하는데요. 소돔, 고모라, 소알 등 당시의 성은 어떤 규모로 이해해야 하나요? 소알은 '작다'라는 히브리어 동사에서 파생된 단어로 '작음'을 의미합니다. 크기가 아주 작았다기보다는 천사가 롯에게 도망가라고 한 산보다 가까웠기 때문에 롯이 그리로 가겠다고 했을 것입니다. 13장 10절에 따르면, 소돔과 고모라, 소알 지역은 매우 풍요롭고 비옥한 곳이었습니다. 그런데 14장을 보면 소돔과 고모라, 소알(14장 2절에 따르면, 소알의 원래 이름은 벨라입니다)과 같은 도시는 국제적인 전쟁에 휘말리기도 합니다. 이로 보건대 이 지역은 매우 비옥하고 풍요롭고 나름 세력이 강한 지역이었다고 볼 수 있습니다. 아마도 그 가운데 소알은 소돔과 고모라에 비해서는 규모가 작았을 것이라고 여겨집니다.

도피해 가다가는 이 재난을 피하지 못하고, 죽게 될까 두렵습니다. 20 보십시오, 저기 작은 성이 하나 있습니다. 저 성이면 가까워서 피할 만합니다. 그러니, 그리로 피하게 하여주십시오. 아주 작은 성이 아닙니까? 거기로 가면, 제 목숨이 안전할 것입니다." 21 그 사람이 롯에게 말하였다. "좋소. 내가 그 청을 들어주겠소. 저 성은 멸하지 않겠소. 22 당신네가 거기에 이르기까지는, 내가 아무 일도 하지 않을 터이니, 빨리 그리로 가시오." 롯이 그 성을 '작다'고 하였으므로, 사람들은 그 성의 이름을 소알이라고 하였다.

소돔과 고모라가 멸망하다

23 ㅇ 롯이 소알에 이르렀을 때에, 해가 떠올라서 땅을 비췄다. 24 주님께서 하늘 곧 주님께서 계신 곳으로부터, 소돔과

소돔과 고모라의 멸망 *The Destruction of Sodom and Gomorrah*,
from Illustrations of the Bible, John Martin, 1832, England

고모라에 유황과 불을 소나기처럼 퍼부으셨다. 25 주님께서는 그 두 성과, 성 안에 사는 모든 사람과, 넓은 들과, 땅에 심은 채소를 다 엎어 멸하셨다. 26 롯의 아내는 뒤를 돌아보았으므로, 소금 기둥이 되었다.

27 ○ 다음 날 아침에 아브라함이 일찍 일어나서, 주님을 모시고 서 있던 그곳에 이르러서, 28 소돔과 고모라와 넓은 들이 있는 땅을 내려다보니, 거기에서 솟아오르는 연기가 마치 옹기 가마에서 나는 연기와 같았다.

29 ○ 하나님은, 들에 있는 성들을 멸하실 때에, 아브라함을 기억하셨다. 그래서 하나님은, 롯이 살던 그 성들을 재앙으로 뒤엎으실 때에, 롯을 그 재앙에서 건져주신 것이다.

모압과 암몬의 기원

30 ○ 롯은 소알에 사는 것이 두려워서, 두 딸을 데리고 소알을 떠나, 산으로 들어가서, 숨어서 살았다. 롯은 두 딸들과 함께 같은 굴에서 살았다. 31 하루는 큰딸이 작은딸에게 말하였다. "우리 아버지는 늙으셨고, 아무리 보아도 이 땅에는 세상

롯의 두 딸이 자발적으로 아버지와 동침하는 내용은 보기 참 불편합니다. 이 자연스러운 근친상간은 어떻게 이해해야 하나요? 물론 친딸들이 아버지와 동침할 것을 결정하고 실행에 옮긴다는 이 이야기는 매우 충격적입니다. 이들로부터 모압과 암몬 족속이 시작되었다는 것이지요. 이와 같은 본문은 성경이 다루는 역사 내내 이스라엘 인근에서 존재했던 모압과 암몬이 어떻게 생겨났는지를 설명하는 데 그 목적이 있습니다. 애초에 롯이 소돔 인근 지역을 선택한 까닭이 그 땅의 풍요로움이었음을 생각하면, 롯 가족의 참혹한 마지막 모습은 자신에게 유리한 것만을 선택한 사람들에게 마침내 닥쳐온 결과를 보여줍니다.

풍속대로 우리가 결혼할 남자가 없다. 32 그러니 우리가 아버지께 술을 대접하여 취하시게 한 뒤에, 아버지 자리에 들어가서, 아버지에게서 씨를 받도록 하자." 33 그날 밤에 두 딸은 아버지에게 술을 대접하여 취하게 한 뒤에, 큰딸이 아버지 자리에 들어가서 누웠다. 그러나 아버지는, 큰딸이 와서 누웠다가 일어난 것을 전혀 알아차리지 못하였다. 34 이튿날, 큰딸이 작은딸에게 말하였다. "어젯밤에는 내가 우리 아버지와 함께 누웠다. 오늘 밤에도 우리가 아버지께 술을 대접하여 취하시게 하자. 그리고 이번에는 네가 아버지 자리에 들어가서, 아버지에게서 씨를 받아라." 35 그래서 그날 밤에도 두 딸은 아버지에게 술을 대접하여 취하게 하였고, 이번에는 작은딸이 아버지 자리에 들어가 누웠다. 그러나 이번에도 그는, 작은딸이 와서 누웠다가 일어난 것을 전혀 알아차리지 못하였다. 36 롯의 두 딸이 드디어 아버지의 아이를 가지게 되었다. 37 큰딸은 아들을 낳고, 아기 이름을 모압이라고 하였으니, 그가 바로 오늘날 모압 사람의 조상이다. 38 작은딸도 아들을 낳고, 아기 이름을 벤암미라고 하였으니, 그가 바로 오늘날 암몬 사람의 조상이다.

모압과 암몬은 훗날 이스라엘과 어떤 관계를 형성하나요? 롯으로부터 탄생한 모압과 암몬은 아브라함의 자손과 여러 친척 관계입니다. 그래서 훗날 이스라엘이 애굽에서 가나안 땅에 들어갈 때, 수많은 이방 민족과 전쟁해 이겼지만 롯의 자손인 모압과 암몬과는 싸우지 말라는 하나님의 명령을 듣습니다(신 2:9, 19). 성경에서 가장 아름다운 이야기 가운데 하나인 룻기의 주인공 룻은 모압 여인이기도 합니다(룻 1:4). 그러나 이후 역사에서 모압과 암몬은 줄기차게 이스라엘의 대적입니다. 예언자들은 이스라엘과 전쟁하며 다투었던 열방에 대해서도 예언했는데, 그러한 예언에 대부분 모압과 암몬을 향한 심판 선포가 포함됩니다(예, 사 15-16장; 렘 48:1-49:6; 겔 25:1-11).

{ 제20장 }

아브라함과 아비멜렉

1 아브라함은 마므레에서 네겝 지역으로 옮겨가서, 가데스와 수르 사이에서 살았다. 아브라함은 그랄에 잠시 머문 적이 있는데, 2 거기에서 아브라함이 자기 아내 사라를 사람들에게 자기 누이라 소개하였으므로, 그랄 왕 아비멜렉이 사람을 보내서, 사라를 데려갔다. 3 그런데 그날 밤에 하나님이 꿈에 아비멜렉에게 나타나셔서 말씀하셨다. "네가 이 여자를 데려왔으니, 너는 곧 죽는다. 이 여자는 남편이 있는 여자다." 4 아비멜렉은, 아직 그 여인에게 가까이하지 않았으므로, 주님께 이렇게 아뢰었다. "주님, 주님께서 의로운 한 민족을 멸하시렵니까? 5 아브라함이 저에게, 이 여인은 자기 누이라고 하지 않았습니까? 또 이 여인도 아브라함을 오라버니라고 말하지 않았습니까? 저는 깨끗한 마음으로 떳떳하게 이 일을 하였습니다." 6 하나님이 꿈에 또 그에게 말씀하셨다. "그렇다. 나는, 네가 깨끗한 마음으로 이렇게 한 줄을 잘 안다. 그러므로 내가

아브라함과 사라는 실제로는 이복 남매인데 부부로 살았습니다. 당시 중근동에서는 이렇게 근친 간에 결혼하는 문화가 보편적이었나요? 아브라함이 아비멜렉에게 사라가 자신의 이복누이라고 말하는 것(12절)을 보면, 당시 문화에서 그와 같은 근친 결합은 그렇게 문제되지 않았던 것 같습니다. 나중 일이지만, 야곱 같은 경우는 자매를 동시에 아내로 삼기도 하고 여러 명의 아내를 두기도 합니다. 현대를 사는 우리에게는 매우 낯설고 이해하기 어려운 일이지만, 고대에서는 드문 경우가 아니었다고 볼 수 있습니다. 하지만 모세에게서 시작된 율법(레위기 18장, 20장)에서는 이와 같은 결합을 단호하게 금지합니다.

너를 지켜서, 네가 나에게 죄를 짓지 못하도록 한 것이다. 그 여인을 건드리지 못하게 한 이유도 바로 여기에 있다. 7 이제 그 여인을 남편에게로 돌려보내어라. 그의 남편은 예언자이므로, 너에게 탈이 나지 않게 하여달라고 기도할 것이고, 너는 살 것이다. 그러나 그 여인을 돌려보내지 않으면, 너와 너에게 속한 사람들이 틀림없이 다 죽을 줄 알아라."

8 ○ 다음 날 아침에 아비멜렉은 일찍 일어나서, 신하들을 다 불렀다. 그들은 왕에게 일어난 일을 다 듣고서, 매우 두려워하였다. 9 아비멜렉은 아브라함을 불러들여서, 호통을 쳤다. "당신은 어찌하여 우리에게 이렇게 하였소? 내가 당신에게 무슨 잘못을 저질렀기에, 나와 내 나라가 이 크나큰 죄에 빠질 뻔하게 하였느냐 말이오? 당신은 나에게 해서는 안 될 일을 한 거요." 10 아비멜렉이 또 아브라함에게 말하였다. "도대체 어째서 이런 일을 저지른단 말이오?" 11 아브라함이 대답하였다. "이곳에서는 사람들이 아무도 하나님을 두려워하지 않으니까, 나의 아내를 빼앗으려고 할 때에는, 사람들이 나를 죽일 것이

아브라함이 다시 한번 아내를 누이라 해서 겪은 사건이 시사하는 바는 무엇인가요? 가장 쉽게는 사람이 같은 실수를 반복한다는 점입니다. 좀 더 중요한 사실이 있다면, 처음 아내를 누이라고 말했던 12장의 경우 애굽에 내려가서, 20장에서는 블레셋 그랄이라는 곳에서 비슷한 일이 벌어졌다는 점입니다. 두 경우 모두 애굽의 왕이나 그랄의 왕은 사라의 뜻을 전혀 묻지 않고 데려가 버립니다. 11절을 보면, 만일 아브라함이 남편이라고 했더라면 그랄 사람은 남편인 아브라함을 죽이고 사라를 데려갔을 것 같습니다. 결국 아브라함 같은 뜨내기 나그네가 애굽이든 그랄이든 좀 더 살 만한 문명과 도시 안으로 들어가면 그 순간부터 나그네에게 있는 여성은 약탈당할 위험에 처하게 됩니다. 19장에 나온 소돔 이야기와 마찬가지로, 아내를 누이라 속인 사건은 나그네를 학대하고 짓밟는 도시와 문명을 고발한다고 볼 수 있습니다.

라고 생각하였습니다. 12 그러나 사실을 말씀드리면, 나의 아내가 나의 누이라는 것이 틀린 말은 아닙니다. 아내는 나와는 어머니는 다르지만 아버지는 같은 이복누이이기 때문입니다. 13 하나님이 나를, 아버지 집에서 떠나서 여러 나라로 두루 다니게 하실 때에, 내가 아내에게 부탁한 말이 있습니다. '우리가 어느 곳으로 가든지, 사람들이 나를 두고서 묻거든, 그대는 나를 오라버니라고 하시오. 이것이 그대가 나에게 베풀 수 있는 은혜요' 하고 말한 바 있습니다." 14 아비멜렉이 아브라함에게 양 떼와 소 떼와 남종과 여종을 선물로 주고, 아내 사라도 아브라함에게 돌려보냈다. 15 아비멜렉이 아브라함에게 말하였다. "나의 땅이 당신 앞에 있으니, 원하는 곳이 어디이든지, 가서, 거기에서 자리를 잡으시오." 16 그리고 사라에게는 이렇게 말하였다. "나는 그대의 오라버니에게 은 천 세겔을 주었소. 이것은, 그대와 함께 있는 여러 사람에게서 그대가 받은 부끄러움을 조금이나마 덜어보려는 나의 성의의 표시요. 그대가 결백하다는 것을, 모두가 알게 될 것이오." 17 아브라함이 하나님께 기도하니, 하나님이, 아비멜렉과 그의 아내와 그의 여종들이 다시 아이를 가질 수 있도록 태를 열어주셨다. 18 아비

여자의 태를 열고 닫는 것은 전적으로 하나님이 하시는 일이라고 봐야 하나요? 그렇습니다. 비가 오고 바람이 부는 것도 믿음의 눈으로 보자면 하나님께서 행하시는 일입니다. 충분히 사람의 논리로 설명할 수 있고 과학적으로 다룰 수 있지만 과학이 다루는 것은 "어떻게?"이고, 신앙으로 접근하는 것은 "왜?"라고 볼 수 있습니다. 출산을 하나님께서 주신 것으로 이해하는 것은 미개한 관점이 아니라, 도리어 우리에게 있는 생명이 얼마나 소중한지를 알려주는 관점입니다. 우리를 둘러싼 모든 일을 하나님의 손길로 이해하게 될 때, 우리는 그 모든 일을 허락하신 하나님의 뜻 앞에 겸손해지고 주어진 것을 소중히 여기게 됩니다.

멜렉이 아브라함의 아내 사라를 데려간 일로, 주님께서는 전에 아비멜렉 집안의 모든 여자의 태를 닫으셨었다.

{ 제21장 }

이삭이 태어나다

1 주님께서는 말씀하신 대로 사라를 돌보셨다. 사라에게 약속하신 것을 주님께서 그대로 이루시니, 2 사라가 임신하였고, 하나님이 아브라함에게 약속하신 바로 그때가 되니, 사라와 늙은 아브라함 사이에서 아들이 태어났다. 3 아브라함은 사라가 낳아준 아들에게 이삭이라는 이름을 지어주었다. 4 이삭이 태어난 지 여드레 만에, 아브라함은, 하나님이 분부하신 대로, 그 아기에게 할례를 베풀었다. 5 아브라함이 아들 이삭을 보았을 때에, 그의 나이는 백 살이었다. 6 사라가 혼자서 말하였다. "하나님이 나에게 웃음을 주셨구나. 나와 같은 늙은이가

하갈은 이방 사람인 데다가 아브라함의 본처도 아닙니다. 그런데도 하나님이 하갈이나 그의 아들을 각별히 챙기는 이유는 무엇인가요? 하나님께서 아브라함을 부르신 것은 아브라함과 그 후손만 복 주시기 위해서가 아니라 그를 통해 땅에 사는 모든 민족이 복을 받게 하시려는 목적이 있습니다(12:3). 아브라함과 사라, 이삭을 통해 하나님의 백성의 역사를 만들어가시지만, 하갈과 이스마엘 역시 하나님께서 사랑하시는 사람임은 당연합니다. 특히 고통받는 어린아이와 그로 인해 가슴이 끊어질 듯 괴로워하는 어머니의 안타까운 기도를 하나님께서는 반드시 들으실 것입니다. 하갈과 이스마엘을 돌보시는 하나님의 모습은 이제 예수 그리스도를 통해 온 인류를 사랑과 진리 안으로 부르실 하나님을 미리 보여준다고 말할 수 있습니다.

아들을 낳았다고 하면, 듣는 사람마다 나처럼 웃지 않을 수 없겠지." 7 그는 말을 계속하였다. "사라가 자식들에게 젖을 물리게 될 것이라고, 누가 아브라함에게 말할 엄두를 내었으랴? 그러나 내가 지금, 늙은 아브라함에게 아들을 낳아주지 않았는가!"

하갈과 이스마엘이 쫓겨나다

8 ○ 아기가 자라서, 젖을 떼게 되었다. 이삭이 젖을 떼는 날에, 아브라함이 큰 잔치를 벌였다. 9 그런데 사라가 보니, 이집트 여인 하갈과 아브라함 사이에서 태어난 아들이 이삭을 놀리고 있었다. 10 사라가 아브라함에게 말하였다. "저 여종과 그 아들을 내보내십시오. 저 여종의 아들은 나의 아들 이삭과 유산을 나누어 가질 수 없습니다." 11 그러나 아브라함은, 그 아들도 자기 아들이므로, 이 일로 마음이 몹시 괴로웠다. 12 하나님이 그에게 말씀하셨다. "그 아들과 그 어머니인 여종의 일로 너무 걱정하지 말아라. 이삭에게서 태어나는 사람이 너의 씨가 될 것이니, 사라가 너에게 말한 대로 다 들어주어라. 13 그러나

성경은 경전인 줄 알았는데, 창세기 초반에 근친상간이나 동성애 같은 이야기들이 많이 등장합니다. 그래서 읽기에 적잖은 불편감이 있습니다. 종교적인 책과는 거리가 멀어 보이는데, 성경은 왜 이런 이야기들을 제외시키지 않고 모두 담아내고 있나요? 성경은 하나님을 믿는 믿음으로 처음 시작한 사람들을 영웅으로 미화하거나 치장하지 않습니다. 그들은 모두 인간적인 결함이 있습니다. 그래서 이후 수천년 동안 사람들은 아브라함과 같은 이들을 보며 공감할 수 있었고, 그런 연약함에도 불구하고 그들을 인도하고 이끄시는 하나님을 깨닫게 됩니다. 이상하지요? 하나님의 사람의 약함을 통해 도리어 하나님이 어떤 분인지 드러나게 되니까요. 무엇

여종에게서 난 아들도 너의 씨니, 그 아들은 그 아들대로, 내가 한 민족이 되게 하겠다." 14 다음 날 아침에 일찍, 아브라함은 먹거리 얼마와 물 한 가죽부대를 가져다가, 하갈에게 주었다. 그는 먹거리와 마실 물을 하갈의 어깨에 메워주고서, 그를 아이와 함께 내보냈다. 하갈은 길을 나서서, 브엘세바 빈 들에서 정처 없이 헤매고 다녔다.

15 ○ 가죽부대에 담아온 물이 다 떨어지니, 하갈은 아이를 덤불 아래에 뉘어놓고서 16 "아이가 죽어가는 꼴을 차마 볼 수가 없구나!" 하면서, 화살 한 바탕 거리만큼 떨어져서, 주저앉았다. 그 여인은 아이 쪽을 바라보고 앉아서, 소리를 내어 울었다. 17 하나님이 그 아이가 우는 소리를 들으셨다. 하늘에서 하나님의 천사가 하갈을 부르며 말하였다. "하갈아, 어찌 된 일이냐? 무서워하지 말아라. 아이가 저기에 누워서 우는 저 소리를 하나님이 들으셨다. 18 아이를 안아 일으키고, 달래어라. 내가 저 아이에게서 큰 민족이 나오게 하겠다." 19 하나님이 하갈의 눈을 밝히시니, 하갈이 샘을 발견하고, 가서, 가죽부대에 물을 담아다가 아이에게 먹였다.

20 ○ 그 아이가 자라는 동안에, 하나님이 그 아이와 늘 함께

보다 그들은 힘이 있는 제국을 건설하거나 대단히 부유한 사람이 아니라, 언제라도 목숨에 위협을 받고 아내가 위태로워지는 나그네였습니다. 그래서 아브라함 이야기는 나그네와 같은 이들의 보호자가 되시는 하나님을 증언합니다. 오늘도 하나님께서는 약하고 힘겹고 떠도는 나그네와 같은 모든 이들의 친구요, 보호자가 되실 것입니다. 그래서 성경을 읽는 오늘의 사람들은 부족하고 연약한 사람들을 통해 공감을 느끼고 깨달음을 얻습니다. 그것은 성경이 오늘날까지 사랑받는 이유이기도 합니다.

하갈과 이스마엘을 쫓아내는 아브라함 *Abraham Casting out Hagar and
Ishmael,* Rembrandt van Rijn, 1637, Holland

계시면서 돌보셨다. 그는 광야에 살면서, 활을 쏘는 사람이 되었다. 21 그가 바란 광야에서 살 때에, 그의 어머니가 그에게 이집트 땅에 사는 여인을 데려가서, 아내로 삼게 하였다.

아브라함과 아비멜렉의 협약

22 ○ 그 무렵에 아비멜렉과 그의 군사령관 비골이 아브라함에게 말하였다. "하나님은, 당신이 무슨 일을 하든지, 당신을 도우십니다. 23 이제 여기 하나님 앞에서, 당신이 나와 나의 아이들과 나의 자손을 속이지 않겠다고 맹세하십시오. 당신이 나그네살이를 하는 우리 땅에서, 내가 당신에게 한 것처럼, 당신도 나와 이 땅 사람들에게 친절을 베풀어주시기 바랍니다." 24 아브라함이 말하였다. "맹세합니다."

25 ○ 이렇게 말하고 나서, 아브라함은, 아비멜렉의 종들이 우물을 빼앗은 것을 아비멜렉에게 항의하였다. 26 그러나 아비멜렉은 이렇게 말하였다. "누가 그런 일을 저질렀는지, 나는

아브라함은 중요한 순간마다 예배를 드렸다고 나와 있는데, 그렇다면 아비멜렉과의 우물 다툼 또한 특별한 의미가 있는 건가요? 아브라함은 그가 지닌 힘으로 주변 사람들을 굴복시키지 않았습니다. 사실 그는 나그네였기에 자주 어려움을 겪었고, 스스로의 힘으로 판 우물까지도 원래 블레셋 사람의 땅이라며 빼앗기기도 했습니다(25절). 수고해서 판 우물을 빼앗기는 지경에 이르러서도 보복하기보다 자신의 길을 걸어간 아브라함의 모습을 보고, 도리어 블레셋의 아비멜렉은 아브라함을 찾아와 서로 해치지 말고 평화롭게 공존하자고 제안합니다. 자신의 영역에 찾아온 나그네를 대접하며, 보복보다는 함께 살아갈 길을 추구하는 아브라함의 모습이 아비멜렉으로 하여금 힘과 힘의 대결 논리를 넘어서게 한 것 같기도 합니다. 사실 하나님을 믿는 사람들의 능력은 세력이나 숫자가 아니라 오직 진리와 평화를 끝까지 추구하는 데 있겠지요.

모릅니다. 당신도 그런 말을 여태까지 나에게 하지 않았습니다. 나는 그 일을 겨우 오늘에 와서야 들었습니다." 27 아브라함이 양과 소를 끌고 와서, 아비멜렉에게 주고, 두 사람이 서로 언약을 세웠다. 28 아브라함이 양 떼에서 새끼 암양 일곱 마리를 따로 떼어놓으니, 29 아비멜렉이 아브라함에게 물었다. "새끼 암양 일곱 마리를 따로 떼어놓은 까닭이 무엇입니까?" 30 아브라함이 대답하였다. "내가 이 우물을 파놓은 증거로, 이 새끼 암양 일곱 마리를 드리려고 합니다." 31 이 두 사람이 여기에서 이렇게 맹세를 하였으므로, 그곳을 브엘세바라고 한다. 32 아브라함과 아비멜렉이 브엘세바에서 언약을 세운 다음에, 아비멜렉과 그의 군사령관 비골은 블레셋 사람의 땅으로 돌아갔다. 33 아브라함은 브엘세바에 에셀나무를 심고, 거기에서, 영생하시는 주 하나님의 이름을 부르며 예배를 드렸다. 34 아브라함은 오랫동안 블레셋 족속의 땅에 머물러 있었다.

{ 제22장 }

이삭을 바치라고 명하시다

1 이런 일이 있은 지 얼마 뒤에, 하나님이 아브라함을 시험해 보시려고, 그를 부르셨다. "아브라함아!" 하고 부르시니, 아브라함은 "예, 여기에 있습니다" 하고 대답하였다. 2 하나님이 말씀하셨다. "너의 아들, 네가 사랑하는 외아들 이삭을 데리고 모리아 땅으로 가거라. 내가 너에게 일러주는 산에서 그를 번제물로 바쳐라." 3 아브라함이 다음 날 아침에 일찍이 일어나서, 나귀의 등에 안장을 얹었다. 그는 두 종과 아들 이삭에게도 길을 떠날 준비를 시켰다. 번제에 쓸 장작을 다 쪼개어 가지고서, 그는 하나님이 그에게 말씀하신 그곳으로 길을 떠났다. 4 사흘 만에 아브라함은 고개를 들어서, 멀리 그곳을 바라볼 수 있었다. 5 그는 자기 종들에게 말하였다. "내가 이 아이

아무리 시험이라지만 자기 자식을 바치라는 하나님의 명령을 이해할 수가 없습니다. 무엇 때문에 그렇게 잔인한 명령을 내리신 건가요? 성경에서 가장 어려운 본문이라고 말할 수 있는 이 사건에 대해, 대개 "내가 하나님보다 더 사랑하는 것은 없는지 시험하신다"는 취지로 설명하곤 합니다. 이는 인간의 모든 사랑을 하나님께서 독차지하려 하신다는 의미라기보다는, 내게 소중한 것을 지키느라 다른 중요하고 꼭 필요한 것을 내팽개치는 일이 없게 하려는 뜻으로 생각할 수 있습니다. 내 가족의 유익을 위해 남의 가족의 피해를 개의치 않는 일이 지금도 허다하니까요. 아마도 아브라함은 하나님께서 주셨으니 하나님께서 책임지실 것이라고 굳게 믿었을 수 있습니다. 고대 중동에서는 신을 향한 정성의 표현으로 이렇게 아들을 죽여 바치는 경우가 드물지 않았다고 합니다. 그리고 결국 하나님께서는 참으로 황급하게(11절에서 아브라함을 잇달아 두 번 부른 것에서 하나님의 황급함을 볼 수 있습니다) 아브라함을 말리셔서 이삭을 살리셨습니다.

아브라함의 희생제사 *Abraham's Sacrifice*, Rembrandt van Rijn, 1655, Holland

와 저리로 가서, 예배를 드리고 너희에게로 함께 돌아올 터이니, 그동안 너희는 나귀와 함께 여기에서 기다리고 있거라." 6 아브라함은 번제에 쓸 장작을 아들 이삭에게 지우고, 자신은 불과 칼을 챙긴 다음에, 두 사람은 함께 걸었다. 7 이삭이 그의 아버지 아브라함에게 말하였다. 그가 "아버지!" 하고 부르자, 아브라함이 "얘야, 왜 그러느냐?" 하고 대답하였다. 이삭이 물었다. "불과 장작은 여기에 있습니다마는, 번제로 바칠 어린 양은 어디에 있습니까?" 8 아브라함이 대답하였다. "얘야, 번제로 바칠 어린 양은 하나님이 손수 마련하여주실 것이다." 두 사람이 함께 걸었다.

9 ㅇ 그들이, 하나님이 말씀하신 그곳에 이르러서, 아브라함은 거기에 제단을 쌓고, 제단 위에 장작을 벌려놓았다. 그런 다음에 제 자식 이삭을 묶어서, 제단 장작 위에 올려놓았다. 10 그는 손에 칼을 들고서, 아들을 잡으려고 하였다. 11 그때에 주님의 천사가 하늘에서 "아브라함아, 아브라함아!" 하고 그를 불렀다. 아브라함이 대답하였다. "예, 여기 있습니다." 12 천사가

아브라함은 말씀을 들은 다음 날 즉각 실행에 옮기려 합니다. 이삭은 아버지의 처사에 왜 아무 말 없이 따른 것인가요? 장작을 질 정도의 나이라면 너끈히 반항도 할 수 있었을 텐데요. 이 역시 본문이 상세히 말하지 않으니 상상의 영역일 것 같습니다. 아마도 이삭 역시 하나님을 신뢰하고 아버지 아브라함을 신뢰한 것일 수 있겠지요. 집을 떠나 하나님께서 지시하신 모리아 땅까지의 사흘은 아브라함에게 참으로 고통스러운 시간이었을 것입니다. 그리고 자신을 태우게 될 장작을 이삭이 지고 올라가는 모습도 특별합니다. 많은 사람들은 이 이삭의 모습에서 나무 십자가를 지신 예수 그리스도를 떠올리기도 합니다. 그래서 사흘의 고민과 괴로움, 묵묵히 아들을 데리고 떠난 아브라함, 아버지의 명대로 끝까지 장작을 지고 심지어 묶이기까지 하면서도 그리 반항한 것 같아 보이지 않는 이삭까지⋯. 한두 가지로 설명할 수 없는 이 본문은 우리에게 계속 이런저런 생각을 하게 합니다.

말하였다. "그 아이에게 손을 대지 말아라! 그 아이에게 아무 일도 하지 말아라! 네가 너의 아들, 너의 외아들까지도 나에게 아끼지 아니하니, 네가 하나님 두려워하는 줄을 내가 이제 알았다." 13 아브라함이 고개를 들고 살펴보니, 수풀 속에 숫양 한 마리가 있는데, 그 뿔이 수풀에 걸려 있었다. 가서 그 숫양을 잡아다가, 아들 대신에 그것으로 번제를 드렸다. 14 이런 일이 있었으므로, 아브라함이 그곳 이름을 여호와이레라고 하였다. 오늘날까지도 사람들은 '주님의 산에서 준비될 것이다'는 말을 한다.

15 ○ 주님의 천사가 하늘에서 두 번째로 아브라함을 불러서, 16 말하였다. "주님의 말씀이다. 내가 친히 맹세한다. 네가 이렇게 너의 아들까지, 너의 외아들까지 아끼지 않았으니, 17 내가 반드시 너에게 큰 복을 주며, 너의 자손이 크게 불어나서, 하늘의 별처럼, 바닷가의 모래처럼 많아지게 하겠다. 너의 자손은 원수의 성을 차지할 것이다. 18 네가 나에게 복종하였으니, 세상 모든 민족이 네 자손의 덕을 입어서, 복을 받게 될 것이다." 19 아브라함이 그의 종들에게로 돌아왔다. 그들은 브엘

아브라함이 아들까지 바치려 했다는 사실을 높이 평가해 하나님은 큰 축복을 하십니다. 하나님은 인간의 행위에 따라 축복과 형벌을 주시는 분인가요? 인간의 행위에 따라 복과 벌을 주신다기보다는 인간을 주체적으로 세우신다고 표현하는 것이 맞겠지요. 인간이 어떻게 행하든 그저 인간에게 복을 주고 지키신다면 우리는 지극히 무능하고 게으르고 안일했을 것입니다. 하나님께서 사람에게 무엇을 명령하시는 것은 사람 스스로 하나님을 신뢰하며 무엇을 행하고 따르기를 원하시기 때문입니다. 하나님께서는 입력한 대로 움직이는 기계를 만드신 것이 아니라 하나님의 명령에 따라 순종하든 그렇지 않고 거부하든 자유로운 뜻을 지닌 존재로 사람을 만드셨습니다. 그래서 사람의 행위에 따라 복을 주신다는 표현은 인간의 존엄함에 대한 또 다른 표현이라고 볼 수 있습니다.

세바 쪽으로 길을 떠났다. 아브라함은 브엘세바에서 살았다.

나홀의 자손

20 ㅇ 이런 일이 있은 지 얼마 뒤에, 아브라함은 밀가가 자식들을 낳았다는 말을 들었다. 밀가와 아브라함의 동생 나홀 사이에서 아들들이 태어났는데, 21 맏아들은 우스이고, 그 아래로 부스와 (아람의 아버지) 그므엘과 22 게셋과 하소와 빌다스와 이들랍과 브두엘과 같은 동생들이 태어났다. 23 브두엘은 리브가의 아버지이다. 이 여덟 형제는 아브라함의 동생 나홀과 그 아내 밀가 사이에서 태어났다. 24 나홀의 첩 르우마도 데바와 가함과 다하스와 마아가 등 네 형제를 낳았다.

{ 제23장 }

아브라함이 사라의 장지를 사다

1 사라는 백 년 하고도 스물일곱 해를 더 살았다. 이것이 그가 누린 햇수이다. 2 그는 가나안 땅 기럇아르바 곧 헤브론에서 눈을 감았다. 아브라함이 가서, 사라를 생각하면서, 곡을 하며 울었다. 3 아브라함은 죽은 아내 옆에서 물러나와서, 헷 사람 에게로 가서 말하였다. 4 "나는 여러분 가운데서 나그네로, 떠돌이로 살고 있습니다. 죽은 나의 아내를 묻으려고 하는데, 무덤으로 쓸 땅을 여러분들에게서 좀 살 수 있게 해주시기를 바랍니다." 5 헷 족속 사람들이 아브라함에게 대답하였다. 6 "어른께서는 우리가 하는 말을 들어보시기 바랍니다. 어른은, 하나님이 우리 가운데 세우신 지도자이십니다. 우리의 묘지에서 가장 좋은 곳을 골라서 고인을 모시기 바랍니다. 어른께서 고인의 묘지로 쓰시겠다고 하면, 우리 가운데서 그것이 자기의 못자리라고 해서 거절할 사람은 없습니다." 7 아브라함이 일어

충분한 자산가이자 하나님이 번성을 보장해준 인물인데도, 아브라함은 왜 자신을 나그네, 떠돌이라고 표현했나요? 아브라함에게 양과 소가 얼마나 많이 있었든 결국 그는 한 뼘의 땅도 소유하지 못한 사람입니다. 사실 오늘날에도 조금이라도 돈을 번 유명 인사들이 반드시 건물이나 땅을 사는 것에 비교하면 쉽게 이해할 수 있습니다. 결국 가나안 땅에서는 땅이 없는 나그네인지라 언제든 아내를 빼앗길 위험에 처했고, 수고해서 파놓은 우물 역시 자신의 땅이 아니라는 이유 하나로 단번에 빼앗기곤 했습니다. 그리고 이 땅에서 떠나라고 요구하면 하루아침에 모든 것을 접고 이동해야 하는 신세이기도 합니다. 나그네와 떠돌이라는 말은 아브라함이 어떤 처지에 있었는지를 단적으로 보여줍니다.

나서, 그 땅 사람들, 곧 헷 사람들에게 큰절을 하고, 8 그들에게 말하였다. "여러분이, 내가 나의 아내를 이곳에다 묻을 수 있게 해주시려면, 나의 청을 들어주시고, 나를 대신해서, 소할의 아들 에브론에게 말을 전해주시기 바랍니다. 9 그가 자기의 밭머리에 가지고 있는 막벨라 굴을 나에게 팔도록 주선하여주시기 바랍니다. 값은 넉넉하게 쳐서 드릴 터이니, 내가 그 굴을 사서, 여러분 앞에서 그것을 우리 묘지로 삼도록 해주시기 바랍니다." 10 헷 사람 에브론이 마침 헷 사람들 틈에 앉아 있다가, 이 말을 듣고, 성문 위에 마을 회관에 앉아 있는 모든 헷 사람들이 듣는 데서 아브라함에게 대답하였다. 11 "그러실 필요가 없습니다. 제가 드리는 말씀을 들어보시기 바랍니다. 제가 그 밭을 드리겠습니다. 거기에 있는 굴도 드리겠습니다. 나의 백성이 보는 앞에서, 제가 그것을 드리겠습니다. 거기에다가 돌아가신 부인을 안장하시기 바랍니다." 12 아브라함이 다시 한번 그 땅 사람들에게 큰절을 하고, 13 그들이 듣는 데서 에브론에게 말하였다. "좋게 여기신다면, 나의 말을 들으시기 바랍니다. 그 밭값을 드리겠습니다. 저에게서 그 값을 받으셔

아브라함이 굳이 아내의 장지를 구입하고 돈을 치른 까닭은 무엇인가요? 헤브론은 땅으로는 아브라함의 첫 번째 소유지인가요? 아브라함은 자신이 그 땅의 나그네라는 사실을 긴 인생 경험을 통해 충분히 인식하고 있었을 것입니다. 좋을 때는 거저 그 땅을 쓰라고 말하지만, 사람의 인심과 마음이라는 것은 하루아침에 바뀔 수 있습니다. 아브라함은 일을 제대로 매듭짓고 있습니다. 하나님께서 가나안 땅을 주신다고 약속하셨기에 그는 상당한 재력이 있음에도 땅을 구입하지 않았습니다. 헤브론에 있는 막벨라 굴 지역은 아브라함이 자신의 돈으로 구입한 유일한 땅이지만, 이 가문 대대로 죽은 자가 묻히는 땅일 뿐 산 자의 땅은 아니었습니다. 참으로 아브라함은 약속을 믿고 그 땅에서 나그네 길을 마다하지 않고 걸어간 사람이었습니다.

야만, 내가 나의 아내를 거기에 묻을 수 있습니다." 14 에브론이 아브라함에게 대답하였다. 15 "저의 말을 들어보시기 바랍니다. 그 땅값을 친다면, 은 사백 세겔은 됩니다. 그러나 어른과 저 사이에 무슨 거래를 하겠습니까? 거기에다가 그냥 돌아가신 부인을 안장하시기 바랍니다." 16 아브라함은 에브론의 말을 따라서, 헷 사람들이 듣는 데서, 에브론이 밝힌 밭값으로, 상인들 사이에서 통용되는 무게로 은 사백 세겔을 달아서, 에브론에게 주었다.

17 ○ 그래서 마므레 근처 막벨라에 있는 에브론의 밭, 곧 밭과 그 안에 있는 굴, 그리고 그 밭 경계 안에 있는 모든 나무가, 18 마을 법정에 있는 모든 헷 사람이 보는 앞에서 아브라함의 것이 되었다. 19 그렇게 하고 나서, 비로소 아브라함은 자기 아내 사라를 가나안 땅 마므레 근처 곧 헤브론에 있는 막벨라 밭 굴에 안장하였다. 20 이렇게 하여, 헷 사람들은 그 밭과 거기에 있는 굴 묘지를 아브라함의 소유로 넘겨주었다.

{ 제24장 }

이삭의 아내

1 아브라함은 이제 나이가 많은 노인이 되었다. 주님께서는, 아브라함이 하는 일마다 복을 주셨다. 2 아브라함이 자기 집 모든 소유를 맡아보는 늙은 종에게 말하였다. "너의 손을 나의 다리 사이에 넣어라. 3 나는 네가, 하늘의 하나님, 땅의 하나님 이신 주님을 두고서 맹세하기를 바란다. 너는 나의 아들의 아내가 될 여인을, 내가 살고 있는 이곳 가나안 사람의 딸들에게서 찾지 말고, 4 나의 고향, 나의 친척이 사는 곳으로 가서, 거기에서 나의 아들 이삭의 아내 될 사람을 찾겠다고 나에게 맹세하여라." 5 그 종이 아브라함에게 물었다. "며느님이 되실 여인이 저를 따라오지 않겠다고 거절하면, 어떻게 해야 합니까? 제가 주인어른의 아드님을 데리고, 주인께서 나오신 그 고향으로 가야 합니까?" 6 아브라함이 그에게 말하였다. "절대로 나의 아들을 그리로 데리고 가지 말아라. 7 주 하늘의 하나님이 나를 나의 아버지 집, 내가 태어난 땅에서 떠나게 하시고,

아브라함이 늙은 종에게 이삭의 아내를 찾아오게 하는 방식이 당시에는 보편적인 것이었나요? 그런 방식이 흔했다기보다는, 어떤 모험을 하거나 어려움을 겪으며 마침내 아름다운 아내를 얻는 이야기가 고대에 흔했다고 말할 수 있습니다. 그런데 그렇게 어떤 여인을 만났을 때 그녀가 자기 살던 곳을 떠나 이 늙은 종과 함께 가나안 땅 아브라함이 사는 곳까지 와야 한다는 점에서 그것은 쉽지 않은 여정이라고 할 수 있습니다. 그럼에도 이같이 진행하는 것은 하나님께서 그를 부르시고 번성케 하신다는 약속을 굳게 붙잡았기 때문입니다. 같은 동족 출신이어야 한다는 점은 아마도 아브라함과 같은 하나님을 경외하는 사람이어야 했기 때문일 것입니다.

나에게 말씀하시며, 나에게 맹세하여 이르시기를 '내가 이 땅을 너의 씨에게 주겠다' 하셨다. 그러니 주님께서 천사를 너의 앞에 보내셔서, 거기에서 내 아들의 아내 될 사람을 데려올 수 있도록 도와주실 것이다. 8 그 여인이 너를 따라오려고 하지 않으면, 너는 나에게 한 이 맹세에서 풀려난다. 다만 나의 아들을 그리로 데리고 가지만은 말아라." 9 그래서 그 종은 손을 주인 아브라함의 다리 사이에 넣고, 이 일을 두고 그에게 맹세하였다.

10 ㅇ 그 종은 주인의 낙타 가운데서 열 마리를 풀어서, 주인이 준 온갖 좋은 선물을 낙타에 싣고 길을 떠나서, 아람나하라임을 거쳐서, 나홀이 사는 성에 이르렀다. 11 그는 낙타를 성 바깥에 있는 우물곁에서 쉬게 하였다. 해가 뉘엿뉘엿 지고 있었다. 여인들이 물을 길으러 나오는 때였다. 12 그는 기도하였다. "주님, 나의 주인 아브라함을 보살펴주신 하나님, 오늘 일이 잘되게 하여주십시오. 나의 주인 아브라함에게 은총을 베풀어주십시오. 13 제가 여기 우물곁에 서 있다가, 마을 사람의 딸들이 물을 길으러 나오면, 14 제가 그 가운데서 한 소녀에게 '물동이를 기울여서, 물을 한 모금 마실 수 있게 하여달라' 하

종이 이삭의 아내를 알아보기 위해 우물가에서 드렸던 기도는 우연을 하나님의 방식으로 받아들일 수 있는, 다소 위험한 결과론적인 방식 아닌가요? 창세기는 수천 년 전을 배경으로 한다는 점을 잊지 말아야겠습니다. 그리고 '저 마을에 들어가서 세 번째로 만나는 여성' 같은 식이라면 무모하겠지만, '마을 우물가에서 물을 청했을 때 낙타가 마실 물까지 배려하는 여성'은 분명히 의미가 있습니다.

한 사람의 신앙은 무엇으로 확인할 수 있을까요? 앞에서도 본 대로, 창세기에는 낯선 나그네를 어떻게 대할 것인가라는 주제가 들어 있습니다. 소돔과 고모라는 나그네를 짓밟는 자들이고, 애굽과 블레셋에서는 나그네의 여성을 빼앗아갑니다. 그러

겠습니다. 그때에 그 소녀가 '드십시오. 낙타들에게도 제가 물을 주겠습니다' 하고 말하면, 그가 바로 주님께서 주님의 종 이삭의 아내로 정하신 여인인 줄로 알겠습니다. 이것으로써 주님께서 저의 주인에게 은총을 베푸신 줄을 알겠습니다."

15 ○ 기도를 미처 마치기도 전에, 리브가가 물동이를 어깨에 메고 나왔다. 그의 아버지는 브두엘이고, 할머니는 밀가이다. 밀가는 아브라함의 동생 나홀의 아내로서, 아브라함에게는 제수뻘이 되는 사람이다. 16 그 소녀는 매우 아리땁고, 지금까지 어떤 남자도 가까이하지 아니한 처녀였다. 그 소녀가 우물로 내려가서, 물동이에 물을 채워 가지고 올라올 때에, 17 그 종이 달려나가서, 그 소녀를 마주 보고 말하였다. "이 물동이에 든 물을 좀 마시게 해주시오." 18 그렇게 하니, 리브가가 "할아버지, 드십시오" 하면서, 급히 물동이를 내려, 손에 받쳐 들고서, 그 노인에게 마시게 하였다. 19 소녀는 이렇게 물을 마시게 하고 나서, "제가 물을 더 길어다가, 낙타들에게도, 실컷 마시게 하겠습니다" 하고 말하면서, 20 물동이에 남은 물을 곧 구유에 붓고, 다시 우물로 달려가서, 더 많은 물을 길어왔다. 그 처녀는, 노인이 끌고 온 모든 낙타들에게 먹일 수 있을 만큼, 물을

나 롯과 아브라함은 나그네를 환대했습니다. 그래서 이 종은 낯선 나그네를 어떻게 환대하는가를 신붓감의 기준으로 삼았습니다. 나그네를 환대하는 여성, 그것이 하나님을 경외한다는 것의 실질적인 의미라고 이해할 수 있습니다. 롯이나 아브라함처럼 하나님의 사람들은 당대의 사람들과 다른 기준을 가지고 있었고, 어떠한 상황에서도 하나님의 말씀을 믿고 따르며 살아갔습니다.

넉넉히 길어다 주었다. 21 그렇게 하는 동안에 노인은, 이번 여행길에서 주님께서 모든 일을 과연 잘되게 하여주시는 것인지를 알려고, 그 소녀를 말없이 지켜보고 있었다.

22 ○ 낙타들이 물 마시기를 그치니, 노인은, 반 세겔 나가는 금 코걸이가 하나와 십 세겔 나가는 금팔찌 두 개를 소녀에게 주면서 23 물었다. "아가씨는 뉘 댁 따님이시오? 아버지 집에, 우리가 하룻밤 묵어갈 수 있는 방이 있겠소?" 24 소녀가 노인에게 대답하였다. "저의 아버지는 함자가 브두엘이고, 할머니는 함자가 밀가이고, 할아버지는 함자가 나홀입니다." 25 소녀는 말을 계속하였다. "우리 집에는, 겨와 여물도 넉넉하고, 하룻밤 묵고 가실 수 있는 방도 있습니다." 26 일이 이쯤 되니, 아브라함의 종은 머리를 숙여서 주님께 경배하고 27 "나의 주인 아브라함을 보살펴주신 하나님, 주님을 찬양합니다. 나의 주인에게 주님의 인자와 성실을 끊지 않으셨으며, 주님께서 저의 길을 잘 인도하여주셔서, 나의 주인의 동생 집에 무사히 이르게 하셨습니다" 하고 찬양하였다.

28 ○ 소녀가 달려가서, 어머니 집 식구들에게 이 일을 알렸다. 29 리브가에게는 라반이라고 하는 오라버니가 있는데, 그

아브라함은 며느리 될 사람을 아버지 집, 친족에게서 구합니다. 이와 같은 선택이 의미하는 것은 무엇인가요? 아브라함이 보낸 종을 만난 친족 여인이 그를 따라 아브라함이 살고 있는 가나안 땅으로 오지 않겠다고 하면 결혼이 성립되지 않는다는 점에서 볼 때, 그저 핏줄이 중요했던 것이 아니라 하나님께서 약속하신 땅에서 살아가는 삶이 중요했음을 알 수 있습니다. 그러므로 친족 결혼은 핏줄이나 인종, 민족의 문제를 넘어, 하나님의 약속을 붙잡고 살아가는 가족의 일원이 됨을 의미한다고 볼 수 있습니다. 아브라함과 그 후손은 그들끼리만 살아가는 폐쇄적이고 배타적인 공동체라기보다, 하나님의 약속을 따라 살아가는 신앙 공동체를 상징합니다.

가 우물가에 있는 그 노인에게 급히 달려왔다. 30 그는, 자기 동생이 코걸이와 팔찌를 하고 있는 것을 보고, 또 노인이 누이에게 한 말을 누이에게서 전해 듣고, 곧바로 달려나와서, 우물가에 낙타와 함께 있는 노인을 만났다. 31 라반이 그에게 말하였다. "어서 들어가시지요. 할아버지는 주님께서 주시는 복을 받으신 분이십니다. 어찌하여 여기 바깥에 서계십니까? 방이 준비되어 있고, 낙타를 둘 곳도 마련되어 있습니다." 32 노인은 그 집으로 들어갔다. 라반은 낙타의 짐을 부리고, 낙타에게 겨와 여물을 주고, 노인과 그의 동행자들에게 발 씻을 물을 주었다. 33 그런 다음에, 노인에게 밥상을 차려드렸다. 그런데 노인이 말하였다. "제가 드려야 할 말씀을 드리기 전에는, 밥상을 받을 수 없습니다." 라반이 대답하였다. "말씀하시지요." 34 ○ 노인이 말하였다. "저는 아브라함 어른의 종입니다. 35 주님께서 나의 주인에게 크게 복을 주셔서, 주인은 큰 부자가 되셨습니다. 주님께서는 우리 주인에게 양 떼와 소 떼, 은과 금, 남종과 여종, 낙타와 나귀를 주셨습니다. 36 주인마님 사라는 노년에 이르러서, 주인어른과의 사이에서 아들을 낳으셨는데, 주인어른께서는 모든 재산을 아드님께 주셨습니다. 37 주인어

장차 이삭의 아내가 될 리브가는 어떤 인물인가요? 나그네의 요청을 따라 물을 주었을 뿐 아니라, 그가 이끌고 온 낙타에게까지 마실 물을 제공했다는 점에서, 리브가는 창세기에서 줄기차게 등장하는 '나그네 환대'의 전형적인 모범을 보여줍니다. 아울러 그 종이 일러준 말을 따라 아브라함 가족과의 결혼이 정해지고 그녀가 이제까지 살던 부모님 슬하를 떠나야 했을 때, 리브가는 주저하지 않고 낯설고 새로운 길을 향해 벌떡 일어납니다. 하나님의 부르심을 따라 낯선 곳으로 나아가는 아브라함에서부터 요셉까지 이르는 창세기의 또 다른 중요한 주제인데, 리브가는 바로 그 모습, 믿음으로 용기 있게 나선 하나님의 사람을 상징합니다.

른께서 저더러 말씀하시기를 '너는, 내 아들의 아내가 될 여인을, 내가 사는 가나안 땅에 있는 사람의 딸들에게서 찾지 말고, 38 나의 아버지 집, 나의 친족에게로 가서, 나의 며느릿감을 찾아보겠다고 나에게 맹세하여라' 하셨습니다. 39 그래서 제가 주인어른에게 여쭙기를 '며느님이 될 규수가 저를 따라오지 않겠다고 하면, 어떻게 해야 합니까?' 하였습니다. 40 주인어른은 '내가 섬기는 주님께서 천사를 너와 함께 보내셔서, 너의 여행 길에서 모든 일이 다 잘되게 해주실 것이며, 네가 내 아들의 아내 될 처녀를, 나의 친족, 나의 아버지 집에서 데리고 올 수 있게 도와주실 것이다. 41 네가 나의 친족에게 갔을 때에, 그들이 딸을 주기를 거절하면, 나에게 한 이 맹세에서 너는 풀려난다. 그렇다. 정말로 네가 나에게 한 이 맹세에서 네가 풀려난다' 하고 말씀하셨습니다.

42 ○ 제가 오늘 우물에 이르렀을 때에, 저는 이렇게 기도하였습니다. '주님, 나의 주인 아브라함을 보살펴주신 하나님, 주님께서 원하시면, 제가 오늘 여기에 와서, 하는 일이 잘 이루어지게 하여주십시오. 43 제가 여기 우물곁에 서 있다가, 처녀가 물을 길으러 오면, 그에게 항아리에 든 물을 좀 마시게 해달라

중요한 임무를 맡고 떠나는 종에게, 또 결혼을 위해 떠나는 딸에게 남은 사람들은 복을 빌어줍니다. 이렇게 복을 빌어주는 행위는 당시 중동 지역의 문화적인 특징으로 이해해야 하나요? 어느 시대 어느 문화에서건 새로 시작하는 가정에, 또 먼 길을 떠나는 자녀에게 복을 빌어주며 격려할 것입니다. 그와 같은 자연스러운 인지상정이 창세기에서도 나타납니다.

특히 24장에 등장하는 모든 이들은 함께 살아가는 삶에서 벌어지는 일상에 대해 매우 진지하고 신중하게 임합니다. 아브라함은 종에게 모든 것을 맡겨 보내고, 종은 그 일을 참으로 신중하게 진행합니다. 난데없이 나타난 낯선 사람으로부터 친척

고 말하고, 44 그 처녀가 저에게 마시라고 하면서, 물을 더 길어다가 낙타들에게도 마시게 하겠다고 말하면, 그가 바로 주님께서 내 주인의 아들의 아내로 정하신 처녀로 알겠습니다' 하고 기도하였습니다.

45 ㅇ 그런데 제가 마음속에 기도를 다 마치기도 전에, 리브가가 물동이를 어깨에 메고 나왔습니다. 그는 우물로 내려가서, 물을 긷고 있었습니다. 그래서 제가 그에게 '마실 물을 좀 주시오' 하였더니, 46 물동이를 어깨에서 곧바로 내려놓고 '드십시오. 낙타들에게도 제가 물을 주겠습니다' 하고 말하였습니다. 그래서 제가 물을 마셨습니다. 따님께서는 낙타에게도 물을 주었습니다. 47 제가 따님에게 '뉘 댁 따님이시오?' 하고 물었더니, 따님께서는 '아버지는 함자가 브두엘이고, 할아버지는 함자가 나홀이고, 할머니는 함자가 밀가입니다' 하고 말하였습니다. 저는 따님의 코에는 코걸이를 걸어주고, 팔에는 팔찌를 끼워주었습니다. 48 일이 이쯤 된 것을 보고, 저는 머리를 숙여서 주님께 경배하고, 제 주인 아브라함을 보살펴주신 주 하나님을 찬양하였습니다. 주님은 저를 바른길로 인도하셔서, 주인 동생의 딸을 주인 아들의 신붓감으로 만날 수 있게 하여

에 관한 이야기를 들은 라반과 그의 가족 역시 하나님께서 이 일을 하신다고 받아들였으며(50절). 리브가는 지체하지 않고 용감하게 새로운 곳으로 나아갑니다. 남은 가족이 리브가를 위해 할 수 있는 전부는 진심으로 그녀를 위해 복을 빌어주며 보내는 일일 것입니다.

주셨습니다. 49 이제 어른들께서 저의 주인에게 인자하심과 진실하심을 보여주시려거든, 저에게 그렇게 하겠다고 말씀을 해주시고, 그렇게 하지 못하시겠거든, 못 하겠다고 말씀을 해주시기 바랍니다. 그렇게 하셔야, 저도 어떻게 결정을 내려야 할지를 생각해볼 수 있을 것입니다."

50 ○ 라반과 브두엘이 대답하였다. "이 일은 주님이 하시는 일입니다. 우리로서는 좋다거나 나쁘다거나 말할 수가 없습니다. 51 여기에 리브가가 있으니, 데리고 가서, 주님이 지시하신 대로, 주인 아들의 아내로 삼으십시오."

52 ○ 아브라함의 종은 그들이 하는 말을 듣고서, 땅에 엎드려 주님께 경배하고, 53 금은 패물과 옷가지들을 꺼내서 리브가에게 주었다. 그는 또 값나가는 선물을 리브가의 오라버니와 어머니에게도 주었다. 54 종과 그 일행은 비로소 먹고 마시고, 그날 밤을 거기에서 묵었다. 다음 날 아침에 모두 일어났을 때에, 아브라함의 종이 말하였다. "이제 주인에게로 돌아가겠습니다. 떠나게 해주십시오." 55 리브가의 오라버니와 어머니는 "저 애를 다만 며칠이라도, 적어도 열흘만이라도, 우리와 함께 더 있다가 떠나게 해주십시오" 하고 간청하였다. 56 그러나 아

62절을 읽으면 이삭은 아브라함과 떨어져 살고 있는 것으로 보입니다. 왜 그는 늙은 아비와 같이 살지 않은 건가요? 이상하게도 종은 자신을 먼 곳으로 보낸 아브라함에게 이 모든 상황을 보고하는 것이 아니라 이삭에게 보고하며, 이삭을 일러 '나의 주인'이라고 표현합니다(65~66절). 자연스럽게 본문을 읽으면 이미 이때 아브라함은 죽었을 것으로 여겨집니다.

25장 첫머리에 다시 아브라함이 나오긴 하지만, 아마도 이삭의 아내를 얻는 이야기가 먼저 제시되고, 다음에 아브라함의 마지막 이야기가 다뤄진 것으로 이해할 수 있습니다. 아브라함은 헤브론에서 살다가 죽었고, 이삭은 브엘라해로이에 살다

브라함의 종은 그들에게 이렇게 대답하였다. "저를 더 붙잡지 말아 주십시오. 주님께서 이미 저의 여행을 형통하게 하셨으니, 제가 여기에서 떠나서, 저의 주인에게로 갈 수 있게 해주시기 바랍니다." 57 그들이 말하였다. "아이를 불러다가 물어 봅시다." 58 그들이 리브가를 불러다 놓고서 물었다. "이 어른과 같이 가겠느냐?" 리브가가 대답하였다. "예, 가겠습니다." 59 그래서 그들은 누이 리브가와 그의 유모를 아브라함의 종과 일행에게 딸려 보내면서, 60 리브가에게 복을 빌어주었다. "우리의 누이야, 너는 천만 인의 어머니가 되어라. 너의 씨가 원수의 성을 차지할 것이다."

61 ㅇ 리브가와 몸종들은 준비를 마치고, 낙타에 올라앉아서, 종의 뒤를 따라나섰다. 그래서 아브라함의 종은 리브가를 데리고서, 길을 떠날 수 있었다.

62 ㅇ 그때에 이삭은 이미 브엘라해로이에서 떠나서, 남쪽 네겝 지역에 가서 살고 있었다. 63 어느 날 저녁에 이삭이 산책을 하려고 들로 나갔다가, 고개를 들고 보니, 낙타 행렬이 한 떼 오고 있었다. 64 리브가는 고개를 들어서 이삭을 보고, 낙타에서 내려서 65 아브라함의 종에게 물었다. "저 들판에서 우

가(25:11) 그곳을 떠나 네겝 지방에 살았다는 언급(24:62) 역시 24장의 사건이 25장에 있는 아브라함의 죽음보다 나중 사건임을 알려줍니다. 그러니까 아브라함은 죽기 직전 종을 보내 이삭의 아내를 구하도록 했고, 얼마 후에 세상을 떠났으며, 아버지의 모든 것을 이어받은 이삭은 브엘라해로이에 살다가 네겝 지방으로 옮겼고, 아브라함의 종은 이 소식을 알고서 리브가와 함께 곧바로 이삭에게 찾아온 것으로 볼 수 있습니다.

리를 맞으러 오는 저 남자가 누굽니까?" 그 종이 대답하였다. "나의 주인입니다." 그러자 리브가는 너울을 꺼내서, 얼굴을 가렸다. 66 그 종이 이제까지의 모든 일을 이삭에게 다 말하였다. 67 이삭은 리브가를 어머니 사라의 장막으로 데리고 들어가서, 그를 아내로 맞아들였다. 이렇게 해서, 리브가는 이삭의 아내가 되었으며, 이삭은 그를 사랑하였다. 이삭은 어머니를 여의고 나서, 위로를 받았다.

{ 제25장 }

아브라함의 다른 자손

1 아브라함이 다시 아내를 맞아들였는데, 그의 이름은 그두라이다. 2 그와 아브라함 사이에서 시므란과 욕산과 므단과 미디안과 이스박과 수아가 태어났다. 3 욕산은 스바와 드단을 낳았다. 드단의 자손에게서 앗수르 사람과 르두시 사람과 르움미 사람이 갈라져 나왔다. 4 미디안의 아들은 에바와 에벨과 하

아브라함은 많은 자손을 얻지만 모든 재산을 이삭에게만 물려줍니다. 이것은 오히려 자손 간 갈등을 유발하는 요소가 되지 않았을까요? 아브라함이 재산을 이삭에게 물려주었다는 언급과 더불어 다른 아들들에게도 한몫씩 주었다는 언급이 6절에 뒤따릅니다. 이와 같은 관습은 고대 시대의 장자 선호 배경에서 비롯되었을 것이며, 심지어 지금도 이와 같은 풍습이 일부 남아 있기도 합니다. 창세기의 독자와 청중은 기본적으로 지금으로부터 수천 년 전 사람들이었기에 그 시대의 풍습으로 표현했다고 볼 수 있습니다. 재산으로 인한 갈등은 정작 창세기에 언급되지 않는다는 점도 이 같은 풍습이 당시 사람들에게는 큰 문제가 없음을 짐작하게 합니다.

녹과 아비다와 엘다아인데, 이들은 모두 그두라의 자손이다. 5 아브라함은 자기 재산을 모두 이삭에게 물려주고, 6 첩들에게서 얻은 아들들에게도 한몫씩 나누어주었는데, 그가 죽기 전에 첩들에게서 얻은 아들들을 동쪽 곧 동방 땅으로 보내어서, 자기 아들 이삭과 떨어져서 살게 하였다.

아브라함이 세상을 떠나다

7 ○ 아브라함이 누린 햇수는 모두 백일흔다섯 해이다. 8 아브라함은 자기가 받은 목숨대로 다 살고, 아주 늙은 나이에 기운이 다하여서, 숨을 거두고 세상을 떠나, 조상들이 간 길로 갔다. 9 그의 아들 이삭과 이스마엘이 그를 막벨라 굴에 안장하였다. 그 굴은 마므레 근처, 헷 사람 소할의 아들 에브론의 밭에 있다. 10 그 밭은 아브라함이 헷 사람에게서 산 것이다. 바로 그곳에서 아브라함은 그의 아내 사라와 합장되었다. 11 아브라함이 죽은 뒤에, 하나님은 아브라함의 아들 이삭에게 복을 주셨다. 그때에 이삭은 브엘라해로이 근처에서 살고 있었다.

아브라함의 죽음이나 이스마엘의 죽음에 대해 "조상에게 돌아갔다"는 표현을 쓰고 있는데, 이것은 이스라엘 사람들의 죽음에 대한 이해와 관련이 있나요? 구약성경은 자신의 삶을 모두 살고 나서 맞이하는 죽음을 전혀 부정적으로 표현하지 않습니다. 조상에게 돌아갔다고 해서 구약성경이 먼저 세상을 떠난 조상들이 모여 있는 어떤 특별한 공간 같은 것에 초점을 맞춘 것은 전혀 아닙니다. 이와 같은 표현은 그저 이전의 조상들이 그러했듯이 아브라함도 죽었음을 말하는 관용적인 말투입니다. 다만 자신에게 주어진 날보다 이르게 죽음을 맞이하는 것은 괴롭고 탄식할 일이었기에, 자신의 삶을 다 살고 조상에게 돌아갔다는 진술은 복된 삶을 표현합니다.

이스마엘의 자손

12 O 사라의 여종인 이집트 사람 하갈과 아브라함 사이에서 태어난 아들 이스마엘의 족보는 이러하다. 13 이스마엘의 아들들의 이름을 태어난 순서를 따라서 적으면, 다음과 같다. 이스마엘의 맏아들은 느바욧이다. 그 아래는 게달과 앗브엘과 밉삼과 14 미스마와 두마와 맛사와 15 하닷과 데마와 여두르와 나비스와 게드마가 있다. 16 이 열둘은 이스마엘이 낳은 아들의 이름이면서, 동시에 마을과 부락의 이름이며, 또한 이 사람들이 세운 열두 지파의 통치자들의 이름이기도 하다. 17 이스마엘은 모두 백서른일곱 해를 누린 뒤에, 기운이 다하여서 숨을 거두고, 세상을 떠나 조상에게로 돌아갔다. 18 그의 자손은

야곱과 에서 *Jacob and Esau*, Jacob Jordaens, 1650–1660, Flanders

모두 하윌라로부터 수르 지방에 이르는 그 일대에 흩어져서 살았다. 수르는 이집트의 동북쪽 경계 부근 앗시리아로 가는 길에 있다. 그들은 모든 형제들과는 적대감을 가지고 살았다.

에서와 야곱이 태어나다

19 ○ 다음은 아브라함의 아들 이삭의 족보이다. 아브라함이 이삭을 낳았고, 20 이삭은 마흔 살 때에 리브가와 결혼하였다. 리브가는 밧단아람의 아람 사람인 브두엘의 딸이며, 아람 사람인 라반의 누이이다. 21 이삭은 자기 아내가 임신하지 못하므로, 아내가 아이를 가지게 해달라고 주님께 기도하였다. 주님께서 이삭의 기도를 들어주시니, 그의 아내 리브가가 임신하게 되었다. 22 그런데 리브가는 쌍둥이를 배었는데, 그 둘이 태 안에서 서로 싸웠다. 그래서 리브가는 "이렇게 괴로워서야, 내가 어떻게 견디겠는가?" 하면서, 이 일을 알아보려고 주님께로 나아갔다. 23 주님께서 그에게 대답하셨다. "두 민족이 너의 태 안에 들어 있다. 너의 태 안에서 두 백성이 나뉠 것이다. 한 백성이 다른 백성보다 강할 것이다. 형이 동생을 섬길 것이다."

성경은 아브라함의 족보뿐만 아니라 이스마엘의 족보도 소상히 밝혀둡니다. 거기에 나오는 '적대감'(18절)이란 단어가 보여주는 배경은 무엇인가요? 그 부분은 16장 12절에서 이스마엘의 훗날과 연관해 주어졌던 말씀을 고스란히 이 자리에도 옮겨 온 것입니다. 여호와께서 보낸 천사가 했던 말을 다시금 재확인하면서, 이스마엘 자손과 이삭의 자손들 사이에 훗날 존재할 갈등을 보여줍니다. 창세기가 다룬 내용은 아주 옛날 일이지만, 창세기가 지금과 같은 형태로 완성된 것은 아브라함이나 이삭, 이스마엘 때로부터 천 년도 더 지난 시기이며, 그렇게 훗날에 존재하던 이스마엘 후손과의 갈등을 이와 같은 표현이 설명해줍니다.

24 ○ 달이 차서, 몸을 풀 때가 되었다. 태 안에는 쌍둥이가 들어 있었다. 25 먼저 나온 아이는 살결이 붉은 데다가 온몸이 털투성이어서, 이름을 에서라고 하였다. 26 이어서 동생이 나오는데, 그의 손이 에서의 발뒤꿈치를 잡고 있어서, 이름을 야곱이라고 하였다. 리브가가 이 쌍둥이를 낳았을 때에, 이삭의 나이는 예순 살이었다.

에서가 맏아들의 권리를 팔다

27 ○ 두 아이가 자라, 에서는 날쌘 사냥꾼이 되어서 들에서 살고, 야곱은 성격이 차분한 사람이 되어서, 주로 집에서 살았다. 28 이삭은 에서가 사냥해온 고기에 맛을 들이더니 에서를 사랑하였고, 리브가는 야곱을 사랑하였다.

29 ○ 한번은, 야곱이 죽을 끓이고 있는데, 에서가 허기진 채 들에서 돌아와서, 30 야곱에게 말하였다. "그 붉은 죽을 좀 빨리 먹자. 배가 고파 죽겠다." 에서가 '붉은' 죽을 먹고 싶어 하였다고 해서, 에서를 에돔이라고도 한다. 31 야곱이 대답하였다. "형은 먼저, 형이 가진 맏아들의 권리를 나에게 파시오."

에서는 왜 맏아들의 권리를 가볍게 여겼나요? 이 에피소드는 아주 유명합니다. 에서가 가진 맏아들의 권리를 야곱이 팥죽 한 그릇에 사들인 것이지요. 하지만 에서는 이렇게 맏아들의 권리를 넘긴다는 한마디 말로 그것이 실제로 넘어간다고는 생각하지 않았을 것 같습니다. 실제로 27장에 보면, 여전히 에서는 맏아들의 권리를 지니고 있습니다. 배가 고픈 나머지 당장 눈앞에 먹음직한 팥죽이 있자, 에서는 야곱이 요구하는 대로 맏아들의 권리를 넘긴다고 말해버립니다. 자신이 하는 말의 의미, 그리고 그렇게 내뱉은 말이 어떤 결과를 가져올지 깊이 생각하지 않았다는 점에서, 형 에서는 상당히 경솔했습니다.

32 에서가 말하였다. "이것 봐라, 나는 지금 죽을 지경이다. 지금 나에게 맏아들의 권리가 뭐 그리 대단한 거냐?" 33 야곱이 말하였다. "나에게 맹세부터 하시오." 그러자 에서가 야곱에게 맏아들의 권리를 판다고 맹세하였다. 34 야곱이 빵과 팥죽 얼마를 에서에게 주니, 에서가 먹고 마시고, 일어나서 나갔다. 에서는 이와 같이 맏아들의 권리를 가볍게 여겼다.

{ 제26장 }

이삭이 그랄에서 살다

1 일찍이 아브라함 때에 그 땅에 흉년이 든 적이 있는데, 이삭 때에도 그 땅에 흉년이 들어서, 이삭이 그랄의 블레셋 왕 아비멜렉에게로 갔다. 2 주님께서 이삭에게 나타나셔서, 말씀하셨다. "이집트로 가지 말아라. 내가 너에게 살라고 한 이 땅에서 살아라. 3 네가 이 땅에서 살아야, 내가 너를 보살피고, 너에게 복을 주겠다. 이 모든 땅을, 내가 너와 너의 자손에게 주겠다. 내가 너의 아버지 아브라함에게 맹세한 약속을 이루어서, 4 너의 자손이 하늘의 별처럼 많아지게 하고, 그들에게 이 땅을 다 주겠다. 이 세상 모든 민족이 네 씨의 덕을 입어서, 복을 받게 하겠다. 5 이것은, 아브라함이 나의 말에 순종하고, 나의 명령과 나의 계명과 나의 율례와 나의 법도를 잘 지켰기 때문이다." 6 ㅇ 그래서 이삭은 그랄에 그대로 머물러 있었다. 7 그곳 사람들이 이삭의 아내를 보고서, 그에게 물었다. "그 여인이 누구요?" 이삭이 대답하였다. "그는 나의 누이요." 이삭은 "그는

이삭이 아내를 누이라고 속인 사건은 그의 아버지 아브라함이 했던 일과 비슷합니다. 이런 이야기가 반복해서 나오는 이유는 무엇인가요? 아브라함과 이삭이 나그네로 남의 땅에서 살아가는 한, 이와 같은 일은 반복될 수밖에 없습니다. 자신들의 땅에 나그네가 들어올 때 사람들은 그 나그네를 짓밟고 나그네와 함께 있는 여자를 닥치는 대로 빼앗아갑니다. 소돔 사람들이 그러했고, 애굽과 그랄 사람이 그러하며, 나중에 34장에 가면 세겜 사람이 그러한 것을 볼 수 있습니다. 이렇게 반복된 사건을 통해 나그네로 대표되는 약자를 유린하는 세상을 잘 볼 수 있습니다. 우리 사는 세상은 우리 땅에 흘러 들어온 나그네, 난민을 어떻게 대해왔을까요?

나의 아내요" 하고 말하기가 무서웠다. 이삭은, 리브가가 예쁜 여자이므로, 그곳 사람들이 리브가를 빼앗으려고 자기를 죽일지도 모른다고 생각하였기 때문이다. 8 이삭이 그곳에 자리를 잡고 산 지 꽤 오래된 어느 날, 블레셋 왕 아비멜렉은, 이삭이 그 아내 리브가를 애무하는 것을 우연히 창으로 보게 되었다. 9 아비멜렉은 이삭을 불러들여서 나무랐다. "그는 틀림없이 당신의 아내인데, 어쩌려고 당신은 그를 누이라고 말하였소?" 이삭이 대답하였다. "저 여자 때문에 제가 혹시 목숨을 잃을지도 모른다고 생각하였기 때문입니다." 10 아비멜렉이 말하였다. "어쩌려고 당신이 우리에게 이렇게 하였소? 하마터면, 나의 백성 가운데서 누구인가가 당신의 아내를 건드릴 뻔하지 않았소? 괜히 당신 때문에 우리가 죄인이 될 뻔하였소." 11 아비멜렉은 모든 백성에게 경고를 내렸다. "이 남자와 그 아내를 건드리는 사람은 사형을 받을 것이다."

12 ○ 이삭이 그 땅에서 농사를 지어서, 그해에 백 배의 수확을 거두어들였다. 주님께서 그에게 복을 주셨기 때문이다. 13 그는 부자가 되었다. 재산이 점점 늘어서, 아주 부유하게 되었다.

이삭은 유목민이 아니라 농부였나요? 농사를 지어서 백 배의 수확을 낼 정도였으면 본업이 농부처럼 보입니다. 아브라함 이래 요셉에 이르기까지 그들이 농사짓는다는 유일한 언급이 이곳입니다. 기본적으로 아브라함의 후손은 떠돌이 유목민입니다. 다만 한동안 머물게 된 곳에서 농사를 짓는 경우도 있었지만, 본문에서 보듯이 자주 이동해야 하고 종종 쫓겨나기도 한다는 점에서 오랜 시간이 필요한 농사는 땅이 없는 이들에게 적합하지 않은 형태입니다. 이삭이 농사지어 큰 결실을 거두었다는 언급은 이삭이 어디로 가든 하나님께서 그와 함께하셨음을 보여주는 표현입니다. 동시에 그럼에도 불구하고 그가 쫓겨나게 되었을 때 그 모든 결실에 전혀 개의치 않고 더 척박한 땅으로 옮겨갔음을 보여주는 장치이기도 합니다.

14 그가 양 떼와 소 떼, 남종과 여종을 많이 거느리게 되니, 블레셋 사람들이 그를 시기하기 시작하였다. 15 그래서 그들은 이삭의 아버지 아브라함 때에 아브라함의 종들이 판 모든 우물을 막고, 흙으로 메워버렸다. 16 아비멜렉이 이삭에게 말하였다. "우리에게서 떠나가시오. 이제 당신은 우리보다 훨씬 강하오."
17 ○ 이삭은 그곳을 떠나서, 그랄 평원에다가 장막을 치고서, 거기에 자리를 잡고 살았다. 18 이삭은 자기 아버지 아브라함 때에 팠던 우물들을 다시 팠다. 이 우물들은, 아브라함이 죽자, 블레셋 사람들이 메워버린 것들이다. 이삭은 그 우물들을 그의 아버지 아브라함이 부르던 이름 그대로 불렀다. 19 이삭의 종들이 그랄 평원에서 우물을 파다가, 물이 솟아나는 샘줄기를 찾아냈다. 20 샘이 터지는 바람에, 그랄 지방 목자들이 그 샘줄기를 자기들의 것이라고 주장하면서, 이삭의 목자들과 다투었다. 우물을 두고서 다투었다고 해서, 이삭은 이 우물을 에섹이라고 불렀다. 21 이삭의 종들이 또 다른 우물을 팠는데, 그랄 지방 목자들이 또 시비를 걸었다. 그래서 이삭은 그 우물 이름을 싯나라고 하였다. 22 이삭이 거기에서 옮겨서, 또 다른 우물을 팠는데, 그때에는 아무도 시비를 걸지 않았다. 그래서

유목민에게 우물은 중요한 생존 수단으로 보입니다. 브엘세바에서 이삭은 주님을 만나고 아버지 아브라함과 같은 축복을 받습니다. 그전까지 이삭은 주님을 몰랐던 건가요? 2절에 주님께서 이삭에게 약속과 격려를 해주시는 것을 볼 수 있으니, 이삭은 이미 주님을 잘 알고 있었겠지요. 우물과 같은 귀중한 것을 이삭이 노력해 얻었지만, 그랄 사람들은 자신의 땅에서 난 물이니 자신들의 것이라고 우겨댑니다. 이삭은 그들과 싸우기보다 계속해서 그 우물을 넘겨주고 새로운 우물을 팝니다. 이와 같은 경험을 통해 이삭은 어디든 자신이 가는 곳마다 하나님께서 우물이 나게 하실 것임을 깨달았을 것입니다. 하나님께서는 이러한 이삭의 삶을 격려하고 축복하십니다.

그는 "이제 주님께서 우리가 살 곳을 넓히셨으니, 여기에서 우리가 번성하게 되었다" 하면서, 그 우물 이름을 르호봇이라고 하였다.

23 ○ 이삭은 거기에서 브엘세바로 갔다. 24 그날 밤에 주님께서 그에게 나타나셔서 말씀하셨다. "나는 너의 아버지 아브라함을 보살펴준 하나님이다. 내가 너와 함께 있으니, 두려워하지 말아라. 내가 나의 종 아브라함을 보아서, 너에게 복을 주고, 너의 자손의 수를 불어나게 하겠다." 25 이삭이 그곳에 제단을 쌓고, 주님의 이름을 부르며 예배하였다. 그는 거기에 장막을 치고, 그의 종들은 거기에서도 우물을 팠다.

이삭과 아비멜렉의 협약

26 ○ 아비멜렉이 친구 아훗삿과 군사령관 비골을 데리고, 그랄에서 이삭에게로 왔다. 27 이삭이 그들에게 물었다. "당신들이 나를 미워하여 이렇게 쫓아내고서, 무슨 일로 나에게 왔습니까?" 28 그들이 대답하였다. "우리는 주님께서 당신과 함께 계심을 똑똑히 보았습니다. 그래서 우리는, 우리와 당신 사이

이삭과 아비멜렉이 맺은 평화조약은 오늘날의 외교적 의미의 조약과 비슷한 건가요? 그렇게 볼 수 있습니다. 이삭에게도 목자들이 있으니, 적지 않은 세력이었을 것입니다. 아울러 아비멜렉은 자신들이 번번이 우겨서 이삭의 무리들이 팠던 우물을 빼앗았으니, 후환이 두렵기도 했을 것입니다. 여기서 이삭은 자신들의 힘과 세력을 드러내고 과시해서 상대의 인정을 받은 것이 아닙니다. 오히려 소중한 우물을 팠음에도 불구하고 번번이 양보하고 우물에 매이지 않고 끊임없이 더 메마른 땅으로 나아가는 모습을 보여줍니다. 이러한 이삭의 태도가 아비멜렉으로 하여금 "하나님이 함께 계시는구나" 하는 인정을 끌어내었다는 점은 매우 인상적입니다.

에 평화조약을 맺어야 하겠다고 생각합니다. 이제 우리와 당신 사이에 언약을 맺읍시다. 29 우리가 당신을 건드리지 않고, 당신을 잘 대하여, 당신을 평안히 가게 한 것처럼, 당신도 우리를 해롭게 하지 마십시오. 당신은 분명히 주님께 복을 받은 사람입니다." 30 이삭은 그들을 맞아서 잔치를 베풀고, 그들과 함께 먹고 마셨다. 31 그들은 다음 날 아침에 일찍 일어나서, 서로 맹세하였으며, 그런 다음에, 이삭이 그들을 보내니, 그들이 평안한 마음으로 돌아갔다. 32 그날, 이삭의 종들이 와서, 그들이 판 우물에서 물이 터져 나왔다고 보고하였다. 33 이삭이 그 우물을 세바라고 부르니, 사람들은 오늘날까지 그 우물이 있는 성읍을 브엘세바라고 한다.

에서의 이방인 아내들

34 ○ 에서는, 마흔 살이 되는 해에, 헷 사람 브에리의 딸 유딧과, 헷 사람 엘론의 딸 바스맛을 아내로 맞았다. 35 이 두 여자가 나중에 이삭과 리브가의 근심거리가 된다.

에서는 마흔이나 되는 나이에 헷 사람과 결혼을 합니다. 왜 이 결혼이 부모인 이삭과 리브가에게 근심거리가 된 건가요? 이 주제는 아브라함이 그 아들 이삭의 아내를 얻기 위해 자신의 종을 먼 곳에 사는 친족에게 보낸 사건과 같은 맥락이라고 볼 수 있습니다. 이삭과 리브가는 그렇게 쉽지 않은 과정을 통해 결혼하게 되었는데, 에서는 그 땅의 가나안 여인과 결혼했다는 점에서 근심거리였을 것입니다. 그에 비해 야곱은 아내를 얻기 위해 친족이 살고 있는 밧단아람까지 간다는 점도 에서와 대비됩니다. 창세기 본문은 이 같은 대조를 통해 하나님이 주신 약속의 땅에서 살아가는 것이 무엇인지를 전합니다. 앞에서도 언급했지만, 이것은 단지 핏줄의 문제가 아니라 약속을 붙잡고 살아가는 삶과 연관된 것입니다.

{ 제27장 }

이삭이 야곱을 축복하다

1 이삭이 늙어서, 눈이 어두워 잘 볼 수 없게 된 어느 날, 맏아들 에서를 불렀다. "나의 아들아." 에서가 대답하였다. "예, 제가 여기에 있습니다." 2 이삭이 말하였다. "얘야, 보아라, 너의 아버지가 이제는 늙어서, 언제 죽을지 모르겠구나. 3 그러니 이제 너는 나를 생각해서, 사냥할 때에 쓰는 기구들 곧 화살통과 활을 메고 들로 나가서, 사냥을 해다가, 4 내가 좋아하는 별미를 만들어서, 나에게 가져오너라. 내가 그것을 먹고, 죽기 전에 너에게 마음껏 축복하겠다."

5 ○ 이삭이 자기 아들 에서에게 이렇게 말하는 것을 리브가가 엿들었다. 에서가 무엇인가를 잡아오려고 들로 사냥을 나가자, 6 리브가는 아들 야곱에게 말하였다. "얘야, 나 좀 보자. 너의 아버지가 너의 형에게 하는 말을 내가 들었다. 7 사냥을 해다가, 별미를 만들어서 아버지께 가져오라고 하시면서, 그

야곱을 편애한 리브가는 결국 야곱과 공모해 이삭의 축복을 가로챕니다. 하나님을 믿는 집안의 사람들이 서로 속고 속이는 데 주저함이 없습니다. 신앙은 이렇게 인간적인 욕심 앞에 무력한 것인가요? 신앙을 가졌다 해서 자동적으로 성품이 바뀌지는 않을 것입니다. 선택의 순간을 만나게 될 때 신앙에 기반을 두고 하나님께서 인도하실 것을 믿으며 손해를 보더라도 옳은 길을 갈 것인지, 아니면 하나님을 모른 체하고 내 욕심을 만족시키는 길로 갈 것인지 고민하게 됩니다. 야곱이나 리브가의 모습은 우리의 약한 모습을 그대로 반영합니다. 거기에 하나님의 약속까지 자신이 좋은 대로 이용한다는 점에서, 이와 같은 내용은 고대나 지금이나 변함없는 인간의 욕망과 이기심을 그대로 보여줍니다.

것을 잡수시고, 돌아가시기 전에, 주님 앞에서 너의 형에게 축복하겠다고 하시더라. 8 그러니 애야, 너의 어머니가 하는 말을 잘 듣고, 시키는 대로 하여라. 9 염소가 있는 데로 가서, 어린 것으로 통통한 놈 두 마리만 나에게 끌고 오너라. 너의 아버지가 어떤 것을 좋아하시는지 내가 잘 아니까, 아버지가 잡수실 별미를 만들어줄 터이니, 10 너는 그것을 아버지께 가져다 드려라. 그러면 아버지가 그것을 잡수시고서, 돌아가시기 전에 너에게 축복하여주실 것이다." 11 야곱이 어머니 리브가에게 말하였다. "형 에서는 털이 많은 사람이고, 나는 이렇게 피부가 매끈한 사람인데, 12 아버지께서 만져보시면 어떻게 되겠습니까? 아버지를 속인 죄로, 축복은커녕 오히려 저주를 받을 것이 아닙니까?" 13 어머니가 아들에게 말하였다. "아들아, 저주는 이 어미가 받으마. 내가 시키는 대로 하여라. 가서, 두 마리를 끌고 오너라." 14 그가 가서, 두 마리를 붙잡아서 어머니에게 끌고 오니, 그의 어머니가 그것으로 아버지의 입맛에 맞게 별미를 만들었다. 15 그런 다음에 리브가는, 자기가 집에 잘 간직하여둔 맏아들 에서의 옷 가운데 가장 좋은 것을 꺼내어, 작은아들 야곱에게 입혔다. 16 리브가는 염소 새끼

정말로 이삭은 야곱인 줄 모르고 축복한 것인가요, 아니면 의도적으로 그렇게 한 것인가요? 인간적으로 이삭의 의도가 있었을 것이라고 상상할 수도 있겠습니다. 그러나 본문을 찬찬히 살펴보면 결론은 다르게 보입니다. 1절에 이삭이 늙어 눈이 어두워 잘 볼 수 없게 되었다는 언급이 있습니다. 야곱의 목소리가 에서와 달랐고, 생각보다 훨씬 빨리 사냥한 고기를 가져왔음에도, 이삭은 앞이 잘 보이지 않아 손으로 야곱을 만져보았습니다. 염소 가죽으로 감싼 야곱을 만진 후에, 이삭은 그가 에서라고 생각했습니다. 나중에 에서가 왔을 때 이삭이 크게 충격을 받고 부들부들 떨었다는 점(33절)도 이삭은 야곱을 정말 에서라 여겼음을 알려줍니다.

가죽을 야곱의 매끈한 손과 목덜미에 둘러주고 나서, 17 자기가 마련한 별미와 빵을 아들 야곱에게 들려주었다.

18 ㅇ 야곱이 아버지에게 가서 "아버지!" 하고 불렀다. 그러자 이삭이 "나 여기 있다. 아들아, 너는 누구냐?" 하고 물었다. 19 야곱이 아버지에게 말하였다. "저는 아버지의 맏아들 에서입니다. 아버지께서 말씀하신 그대로 하였습니다. 이제 일어나 앉으셔서, 제가 사냥하여온 고기를 잡수시고, 저에게 마음껏 축복하여주시기 바랍니다." 20 이삭이 아들에게 물었다. "얘야, 어떻게 그렇게 빨리 사냥거리를 찾았느냐?" 야곱이 대답하였다. "아버지께서 섬기시는 주 하나님이, 일이 잘되게 저를 도와주셨습니다." 21 이삭이 야곱에게 말하였다. "얘야, 내가 너를 좀 만져볼 수 있게, 이리 가까이 오너라. 네가 정말로 나의 아들 에서인지, 좀 알아보아야겠다." 22 야곱이 아버지 이삭에게 가까이 가니, 이삭이 아들을 만져보고서 중얼거렸다. "목소리는 야곱의 목소리인데, 손은 에서의 손이로구나." 23 이삭은, 야곱의 두 손이 저의 형 에서의 손처럼 털이 나 있으므로,

빨리 사냥거리를 찾아온 것을 의심하는 이삭에게 야곱은 하나님이 도와주셨다고 거짓말을 합니다. 하나님의 이름까지 동원해 거짓말을 하는 야곱이 하나님의 축복을 받는 것은 과연 공정한 건가요? 다른 사람을 속이는 행위는 그 무엇으로도 정당화될 수 없습니다. 창세기와 같은 책의 중요한 특징 중 하나는 등장인물의 행동에 대해 본문 자체가 옳다, 그르다 결론 내리지 않는다는 점입니다. 이 글을 읽는 독자들은 주인공의 행동에 대해 각자 생각해볼 수 있을 것이며, 함께하는 가족이나 신앙 공동체와 나누어볼 수 있을 것입니다. 창세기는 독자에게 모범 답안을 주기보다, 이처럼 우리가 그 처지였다면 어떻게 행동할지, 우리는 이 같은 행동을 어떻게 평가할지 고민하게 만듭니다. 또한 이러한 야곱임에도 하나님께서 마침내 인도하신다는 점에서 야곱은 하나님의 은혜를 상징합니다.

그가 야곱인 줄을 모르고, 그에게 축복하여주기로 하였다. 24 이삭은 다짐하였다. "네가 정말로 나의 아들 에서냐?" 야곱이 대답하였다. "예, 그렇습니다." 25 이삭이 말하였다. "나의 아들아, 네가 사냥하여온 것을 나에게 가져오너라. 내가 그것을 먹고서, 너에게 마음껏 복을 빌어주겠다." 야곱이 이삭에게 그 요리한 것을 가져다가 주니, 이삭이 그것을 먹었다. 야곱이 또 포도주를 가져다가 따르니, 이삭이 그것을 마셨다. 26 그의 아버지 이삭이 그에게 말하였다. "나의 아들아, 이리 와서, 나에게 입을 맞추어다오." 27 야곱이 가까이 가서, 그에게 입을 맞추었다. 이삭이 야곱의 옷에서 나는 냄새를 맡고서, 그에게 복을 빌어주었다. "나의 아들에게서 나는 냄새는 주님께 복 받은 밭의 냄새로구나. 28 하나님은 하늘에서 이슬을 내려주시고, 땅을 기름지게 하시고, 곡식과 새 포도주가 너에게 넉넉하게 하실 것이다. 29 여러 민족이 너를 섬기고, 백성들이 너에게 무릎을 꿇을 것이다. 너는 너의 친척들을 다스리고, 너의 어머니의 자손들이 너에게 무릎을 꿇을 것이다. 너를 저주하는 사람마다 저주를 받고, 너를 축복하는 사람마다 복을 받을 것이다."

야곱에게 전적인 축복을 해주었다면, 원래 이삭은 에서만 그렇게 축복할 생각이었나요? 당시는 장자만이 모든 것을 가지고 누릴 만큼 장자 중심의 사회였나요? 그것을 지금의 우리가 정확히 알 수는 없겠지요. 하지만 미루어 짐작할 수 있는 한 가지는 분명합니다. 아브라함과 이삭, 아브라함의 다른 아들들의 경우에서도 이야기했듯이, 고대사회는 장자 위주의 사회였습니다. 사실 이 같은 풍습은 수천 년이 지난 오늘도 존재해서 이런저런 갈등을 초래하지 않습니까? 아울러 부모의 편애와 편견이 불러올 갈등과 고통이 한 사람의 삶을 어떻게 달라지게 만드는지 우리는 야곱의 가족사를 통해 아주 잘 볼 수 있습니다.

에서가 축복받기를 간청하다

30 ○ 이삭은 이렇게 야곱에게 축복하여주었다. 야곱이 아버지 앞에서 막 물러나오는데, 사냥하러 나갔던 그의 형 에서가 돌아왔다. 31 에서도 역시 별미를 만들어서, 그것을 들고 자기 아버지 앞에 가서 말하였다. "아버지, 일어나셔서, 이 아들이 사냥하여온 고기를 잡수시고, 저에게 마음껏 축복하여주시기 바랍니다." 32 그의 아버지 이삭이 그에게 물었다. "너는 누구냐?" 에서가 대답하였다. "저는 아버지의 아들, 아버지의 맏아들 에서입니다." 33 이삭이 크게 충격을 받고서, 부들부들 떨면서 말을 더듬거렸다. "그렇다면, 네가 오기 전에 나에게 사냥한 고기를 가져온 게 누구란 말이냐? 네가 오기 전에, 내가 그것을 이미 다 먹고, 그에게 축복하였으니, 바로 그가 복을 받을 것이다." 34 아버지의 말을 들은 에서는 소리치며 울면서, 아버지에게 애원하였다. "저에게 축복하여주십시오. 아버지, 저에게도 똑같이 복을 빌어주십시오." 35 그러나 이삭이 말하였다. "너의 동생이 와서 나를 속이고, 네가 받을 복을 가로챘구나." 36 에서가 말하였다. "그 녀석의 이름이 왜 야곱인

리브가는 형제 사이를 멀어지게 한 장본인임에도 불구하고 에서의 아내를 문제 삼습니다. 리브가는 왜 그랬을까요? 에서의 아내를 문제 삼은 것은 같은 민족 가운데 아내를 취하게 한다는 이유로 리브가 가족이 살고 있는 밧단아람으로 야곱을 보낼 구실을 찾으려는 목적이었습니다. 이삭 역시 아버지 아브라함의 뜻을 따라 동족 가운데 리브가를 얻었던지라, 리브가의 이 같은 이야기는 이삭에게 매우 설득력 있었을 것입니다. 야곱을 향한 자신의 편애 때문에 리브가는 결국 그렇게 사랑하는 아들과 헤어져야 했습니다. 야곱에게는 '얼마 동안'(44절) 가 있으라고 말했지만, 결국 어미 리브가는 이후 다시는 야곱을 보지 못했습니다.

지, 이제야 알 것 같습니다. 그 녀석이 이번까지 두 번이나 저를 속였습니다. 지난번에는 맏아들의 권리를 저에게서 빼앗았고, 이번에는 제가 받을 복까지 빼앗아갔습니다." 에서가 아버지에게 물었다. "저에게 주실 복을 하나도 남겨두지 않으셨습니까?" 37 이삭이 에서에게 대답하였다. "나는, 그가 너를 다스리도록 하였고, 그의 모든 친척을 그에게 종으로 주었고, 곡식과 새 포도주가 그에게서 떨어지지 않도록 하였다. 그러니, 나의 아들아, 내가 너에게 무엇을 해줄 수 있겠느냐?" 38 에서가 그의 아버지에게 말하였다. "아버지, 아버지께서 비실 수 있는 복이 어디 그 하나뿐입니까? 저에게도 복을 빌어주십시오, 아버지!" 이 말을 하면서, 에서는 큰 소리로 울었다.

39 ○ 그의 아버지 이삭이 그에게 대답하였다. "네가 살 곳은 땅이 기름지지 않고, 하늘에서 이슬도 내리지 않는 곳이다. 40 너는 칼을 의지하고 살 것이며, 너의 아우를 섬길 것이다. 그러나 애써 힘을 기르면, 너는, 그가 네 목에 씌운 멍에를 부술 것이다."

41 ○ 에서는 아버지에게서 받을 축복을 야곱에게 빼앗긴 것 때문에 야곱에게 원한이 깊어갔다. 그는 혼자서 '아버지를 곡할 날이 머지않았으니, 그때가 되면, 동생 야곱을 죽이겠다' 하

아버지의 축복은 회수하거나 철회할 수 없을 만큼 강력한 것이었나요? 그 의미가 궁금합니다. 아버지가 실수를 인정하고 했던 말을 번복할 수도 있지 않을까요? 고대사회에서 말로 하는 축복은 오늘 우리가 생각하는 것만큼 가벼운 것이 아니었습니다. 에서는 말의 힘을 가벼이 여겨 맏아들의 권리를 넘긴다고 아무렇지도 않게 말했지만, 그것은 그의 경솔함을 보여줍니다. 이렇게 말의 권세와 의미가 중요하게 여겨졌기에, 아버지의 축복은 사소하지 않았습니다. 아울러 이렇게 축복하는 말을 중요하게 여겼다는 사실은 고대 사람들이 스스로를 과소평가하지 않았다는 점도 짐작하게 합니다. 한마디 말이라도 하찮게 여기지 않았던 것입니다.

고 마음을 먹었다. 42 리브가는 맏아들 에서가 하고 다니는 말을 전해 듣고는, 작은아들을 불러다 놓고서 말하였다. "너의 형 에서가 너를 죽여서, 한을 풀려고 한다. 43 그러니 나의 아들아, 내가 시키는 대로 하여라. 이제 곧 하란에 계시는 라반 외삼촌에게로 가거라. 44 네 형의 분노가 풀릴 때까지, 너는 얼마 동안 외삼촌 집에 머물러라. 45 네 형의 분노가 풀리고, 네가 형에게 한 일을 너의 형이 잊으면, 거기를 떠나서 돌아오라고 전갈을 보내마. 내가 어찌 하루에 자식 둘을 다 잃겠느냐!"

이삭이 야곱을 라반에게 보내다

46 ○ 리브가가 이삭에게 말하였다. "나는, 헷 사람의 딸들 때문에, 사는 게 아주 넌더리가 납니다. 야곱이 이 땅에 사는 사람들의 딸들 곧 헷 사람의 딸들 가운데서 아내를 맞아들인다고 하면, 내가 살아 있다고는 하지만, 나에게 무슨 사는 재미가 있겠습니까?"

리브가는 자신의 행동에 대해 별로 뉘우침이 없어 보입니다. 오히려 원인을 에서에게 돌리는 듯한 말도 합니다(27:41-46). 성경은 왜 온전한 모성을 보여주지 않는 걸까요? 만일 리브가가 온전한 모성을 보여주지 않았다면, 어떤 모습을 그녀가 보여주어야 했을까요? 나라면, 당신이라면 어떻게 하시겠습니까? 앞에서도 언급했지만, 창세기와 같은 책은 모범 답안보다는 사람들의 현실적인 모습을 보여주면서, 독자로 하여금 고민하고 생각하게 만듭니다. 하나님의 약속을 믿는다면 우리는 어떻게 선택하고 판단해야 하는 것일까요? 리브가는 일단 소나기는 피하고 보자며 사랑하는 아들을 먼 곳에 보냈지만, 그 후로 다시는 그 아들을 볼 수 없었습니다. 사람의 생각과 지혜라는 것이 이러합니다. 하나님의 신실하심을 믿는다는 것이 무엇인지 본문은 우리로 곰곰 생각해보게 합니다.

{ 제28장 }

1 이삭이 야곱을 불러서, 그에게 복을 빌어주고 당부하였다. "너는 가나안 사람의 딸들 가운데서 아내를 맞이하지 말아라. 2 이제 곧 밧단아람에 계시는 브두엘 외할아버지 댁으로 가서, 거기에서 너의 외삼촌 라반의 딸들 가운데서 네 아내가 될 사람을 찾아서 결혼하여라. 3 전능하신 하나님이 너에게 복을 주셔서, 너로 생육하고 번성하게 하시고, 마침내 네가 여러 민족을 낳게 하실 것이다. 4 하나님이 아브라함에게 허락하신 복을 너와 네 자손에게도 주셔서, 네가 지금 나그네살이를 하고 있는 이 땅, 하나님이 아브라함에게 주신 이 땅을, 네가 유산으로 받을 수 있도록 해주시기를 바란다." 5 이렇게 복을 빌어준 뒤에, 이삭은 야곱을 보냈다. 야곱은 밧단아람으로 가서, 라반에게 이르렀다. 라반은 아람 사람 브두엘의 아들이며, 야곱과 에서의 어머니인 리브가의 오라버니이다.

이삭은 떠나는 야곱에게 복을 빌어줍니다. 축복은 당시의 문화적 특징인가요, 이 집안의 특징인가요? 알 수 없는 미래를 향해 나아가는 아들을 위해 복을 빌고 당부하는 아버지 이삭의 마음이 고스란히 전해지는 대목입니다. 축복은 당시의 문화적 특징일 뿐 아니라 어느 시대에나 서로 아끼며 사랑하는 모든 이들의 특징일 것입니다. 차이가 있다면, 고대 사람들은 지금 우리와 달리 자신들의 축복이 큰 힘과 효력이 있다고 여긴 것입니다. 자신이 하는 축복이 그저 바람이나 별것 아닌 좋은 말에 불과한 것이 아니라 힘이 있다고 믿었기에 그들은 진심으로 하나님의 약속을 담아 축복합니다. 그들은 자신들이 하는 말 한마디를 매우 중요하게 생각했습니다.

에서가 다른 아내를 맞이하다

6 ○ 에서는, 이삭이 야곱에게 복을 빌어주고, 그를 밧단아람으로 보내어, 거기에서 아내감을 찾게 하였다는 것을 알았다. 에서는, 이삭이 야곱에게 복을 빌어주면서, 가나안 사람의 딸들 가운데서 아내감을 찾아서는 안 된다고 당부하였다는 것과, 7 야곱이 아버지와 어머니의 말에 순종하여, 밧단아람으로 떠났다는 것을 알았다. 8 에서는, 자기 아버지 이삭이 가나안 사람의 딸들을 싫어한다는 것을 알고, 9 이미 결혼하여 아내들이 있는데도, 이스마엘에게 가서, 그의 딸 마할랏을 또다시 아내로 맞이하였다. 마할랏은 느바욧의 누이이며, 아브라함의 손녀이다.

야곱이 베델에서 꿈을 꾸다

10 ○ 야곱이 브엘세바를 떠나서, 하란으로 가다가, 11 어떤 곳에 이르렀을 때에, 해가 저물었으므로, 거기에서 하룻밤을 지내게 되었다. 그는 돌 하나를 주워서 베개로 삼고, 거기에 누

에서는 부모가 싫어하는 걸 알면서도 어깃장을 놓는 행동을 계속합니다. 부모의 편애가 낳은 결과인가요? 에서가 이스마엘의 딸이요 아브라함의 손녀인 마할랏과 다시 결혼한 것은 가나안 출신 며느리를 탐탁지 않게 보는 아버지, 그리고 그 아버지가 야곱을 외삼촌에게 보낸 까닭이 같은 민족 가운데 며느리를 얻기 위해서라는 말을 들었기 때문입니다. 에서는 아버지 이삭의 마음에 들기 위해 애를 씁니다. 다만 어머니에 대해 그가 어떤 생각을 했는지는 전혀 언급되어 있지 않습니다. 어머니보다는 아버지의 인정을 받기 위해 애쓴다는 점에서, 에서와 그 부모와의 갈등은 여전히 해결되지 않고 있음을 볼 수 있습니다. 이러한 가족 간의 갈등은 오늘 우리 안에도 자주 나타납니다.

워서 자다가, 12 꿈을 꾸었다. 그가 보니, 땅에 층계가 있고, 그 꼭대기가 하늘에 닿아 있고, 하나님의 천사들이 그 층계를 오르락내리락하고 있었다. 13 주님께서 그 층계 위에 서서 말씀하셨다. "나는 주, 너의 할아버지 아브라함을 보살펴준 하나님이요, 너의 아버지 이삭을 보살펴준 하나님이다. 네가 지금 누워 있는 이 땅을, 내가 너와 너의 자손에게 주겠다. 14 너의 자손이 땅의 티끌처럼 많아질 것이며, 동서남북 사방으로 퍼질 것이다. 이 땅 위의 모든 백성이 너와 너의 자손 덕에 복을 받게 될 것이다. 15 내가 너와 함께 있어서, 네가 어디로 가든지 너를 지켜주며, 내가 너를 다시 이 땅으로 데려오겠다. 내가 너에게 약속한 것을 다 이루기까지, 내가 너를 떠나지 않겠다." 16 야곱은 잠에서 깨어서, 혼자 생각하였다. '주님께서 분명히 이곳에 계시는데도, 내가 미처 그것을 몰랐구나.' 17 그는 두려워하면서 중얼거렸다. "이 얼마나 두려운 곳인가! 이곳은 다름 아닌 하나님의 집이다. 여기가 바로 하늘로 들어가는 문이다."

18 ○ 야곱은 다음 날 아침 일찍이 일어나서, 베개 삼아 벤 그 돌을 가져다가 기둥으로 세우고, 그 위에 기름을 붓고, 19 그

야곱은 베델에서 하나님을 처음 만난 건가요? 야곱이 하나님을 인식한 건 이때가 처음인가요? 갑작스럽게 아버지와 어머니 집을 떠나게 된 야곱의 여정은 길가에서 돌베개를 베고 자는 고달픈 삶으로 표현됩니다. 이제 그는 자신을 유달리 아끼던 어머니 없이 스스로 자신의 길을 열어가야 합니다. 그에게는 아무것도 없었습니다. 그러나 놀랍게도 야곱이 돌베개를 베고 잤던 그곳에서 하나님께서 그에게 나타나십니다. 잠에서 깬 야곱은 '주님께서 이곳에 계시는구나' 깨닫고 고백하게 됩니다. 이전에는 아버지의 하나님이었다면, 이제 야곱은 자신의 하나님, 자신의 길에 함께 하시는 하나님을 만나고 고백하게 되었습니다.

곳 이름을 베델이라고 하였다. 그 성의 본래 이름은 루스였다. 20 야곱은 이렇게 서원하였다. "하나님께서 저와 함께 계시고, 제가 가는 이 길에서 저를 지켜주시고, 먹을 것과 입을 것을 주시고, 21 제가 안전하게 저의 아버지 집으로 돌아가게 해주시면, 주님이 저의 하나님이 되실 것이며, 22 제가 기둥으로 세운 이 돌이 하나님의 집이 될 것이며, 하나님께서 저에게 주신 모든 것에서 열의 하나를 하나님께 드리겠습니다."

야곱의 꿈 *Jacob's Dream*, Niccolò Vicentino, 1530–1550, Italy

{ 제29장 }

야곱이 라반의 집에 도착하다

1 야곱이 줄곧 길을 걸어서, 드디어 동방 사람들이 사는 땅에 이르렀다. 2 거기 들에 우물이 있는데, 그 곁에 양 떼 세 무리가 엎드려 있는 것이 보였다. 그곳은 목자들이 양 떼에게 물을 먹이는 우물인데, 그 우물 아귀는 큰 돌로 늘 덮여 있어서, 3 양 떼가 다 모이면 목자들이 우물 아귀에서 그 돌을 굴려내어 양 떼에게 물을 먹이고, 다 먹인 다음에 다시 돌을 굴려서 우물 아귀를 덮고는 하였다.

4 ㅇ 야곱이 그 목자들에게 물었다. "여보십시오, 어디에서 오시는 길입니까?" 그들이 대답하였다. "우리는 하란에서 오는 길입니다." 5 야곱이 그들에게 또 물었다. "나홀이라는 분의 손자인 라반이라는 분을 아십니까?" 그들이 대답하였다. "아, 예, 우리는 그를 잘 압니다." 6 야곱이 또 그들에게 물었다. "그분이 평안하게 지내십니까?" 그들이 대답하였다. "잘 삽니다. 아, 마침, 저기 그의 딸 라헬이 양 떼를 몰고 옵니다." 7 야

야곱이 도착한 '동방 사람들이 사는 땅'은 어디를 말하나요? '동방 사람'은 가나안 땅 동쪽과 동북쪽에 있는 사람을 가리킨다고 여겨집니다. 특정한 지역 사람을 가리킨다기보다는 가나안에서 동쪽으로 좀 떨어진 지역에 살고 있는 이들을 가리킨다고 볼 수 있습니다. 성경에서 '동방 사람들'은 이스라엘이나 특정한 민족에게 심판을 선고할 때, 그들을 차지하고 멸망시키는 이들로 빈번히 언급됩니다(삿 6:3; 렘 49:28; 겔 25:4). 28장에서 야곱은 외삼촌이 살고 있는 하란 근처의 밧단아람을 향해 길을 떠났고, 마침내 동방 사람의 땅에 이르러 하란에서 양 떼를 몰고 온 일행을 만났습니다. 동방 사람의 땅에 이르렀다는 표현은 야곱이 동북쪽으로 계속 여행했음을 말합니다.

곱이 말하였다. "아직 해가 한창인데, 아직은 양 떼가 모일 때가 아닌 것 같은데, 양 떼에게 물을 먹이고, 다시 풀을 뜯기러 나가야 하지 않습니까?" 8 그들이 대답하였다. "그렇지 않습니다. 양 떼가 다 모일 때까지 기다렸다가, 양 떼가 다 모이면, 우물 아귀의 돌을 굴려내고서, 양 떼에게 물을 먹입니다."

9 ○ 야곱이 목자들과 말하고 있는 사이에, 라헬이 아버지의 양 떼를 이끌고 왔다. 라헬은 양 떼를 치는 목동이다. 10 야곱이 외삼촌 라반의 딸 라헬과 그가 치는 외삼촌의 양 떼를 보고, 우물 아귀에서 돌을 굴려내어, 외삼촌의 양 떼에게 물을 먹였다. 11 그러고 나서, 야곱은 라헬에게 입을 맞추고, 기쁜 나머지 큰 소리로 울면서, 12 라헬의 아버지가 자기의 외삼촌이라는 것과, 자기가 리브가의 아들이라는 것을 라헬에게 말하였다. 라헬이 달려가서, 아버지에게 이 사실을 말하였다.

13 ○ 라반은 누이의 아들 야곱이 왔다는 말을 듣고서, 그를 만나러 곧장 달려와, 그를 보자마자 껴안고서, 입을 맞추고, 자기 집으로 데리고 갔다. 야곱은 지금까지 있었던 일들을 라반에게 다 말하였다. 14 말을 듣고 난 라반은 야곱에게 말하였다. "너는 나와 한 피붙이이다."

라헬은 여성인데도 양 떼를 치는 목동으로 나옵니다. 여성도 양치는 일을 했나요? 그렇습니다. 창세기 다음 책인 출애굽기에 나오는 모세 역시 원래 살던 애굽 왕궁을 떠나 미디안 광야로 도망쳐서 우물가에 머물렀을 때 그곳에서 아버지의 양 떼에게 물을 먹이기 위해 나온 십보라를 만나게 됩니다(출 2:15-17). 모세는 십보라를 괴롭히는 다른 목자들을 쫓아내고, 십보라가 그 양 떼에게 물을 먹이도록 돕습니다. 야곱 또한 늦게 온 라헬이 거느린 양 떼에게 먼저 물을 먹이도록 도와줍니다. 아브라함의 종이 이삭의 아내가 될 리브가를 만난 곳도 우물가였습니다. 참으로 고대 시대 사람들이 만나는 우물가는 사랑이 꽃피는 곳이었습니다.

야곱이 라반의 집안일을 하다

○ 야곱이 한 달을 라반의 집에 머물러 있을 때에, 15 라반이 그에게 말하였다. "네가 나의 조카이긴 하다만, 나의 일을 거저 할 수는 없지 않느냐? 너에게 어떻게 보수를 주면 좋을지, 너의 말을 좀 들어보자."

16 ○ 라반에게는 두 딸이 있었다. 맏딸의 이름은 레아이고, 둘째 딸의 이름은 라헬이다. 17 레아는 눈매가 부드럽고, 라헬은 몸매가 아름답고 용모도 예뻤다. 18 야곱은 라헬을 더 사랑하였다. 그래서 그는 "제가 칠 년 동안 외삼촌 일을 해드릴 터이니, 그때에 가서, 외삼촌의 작은딸 라헬과 결혼하게 해주십시오" 하고 말하였다. 19 그러자 라반이 말하였다. "그 아이를 다른 사람과 짝지어주는 것보다, 너에게 짝지어주는 것이 더 낫겠다. 그러면 여기서 나와 함께 살자." 20 야곱은 라헬을 아내로 맞으려고 칠 년 동안이나 일을 하였지만, 라헬을 사랑하기 때문에, 칠 년이라는 세월을 마치 며칠같이 느꼈다.

21 ○ 칠 년이 지난 뒤에, 야곱이 라반에게 말하였다. "약속한 기한이 다 되었습니다. 이제 장가를 들게 해주십시오. 라헬과

라헬이 신부로 들어올 줄 알았는데, 그녀의 언니 레아가 야곱과 첫날밤을 보냅니다. 이렇게 야곱은 외삼촌 라반에게 결혼 사기를 당합니다. 그런데도 왜 야곱은 라반의 제안을 수용했나요? 무엇보다도 야곱이 라헬을 정말 사랑했고 함께하기를 원했기 때문입니다. 그리고 현재 야곱은 아무것도 가진 것이 없는 상태이니 이곳을 떠나 달리 갈 수 있는 곳도 없었을 것입니다. 결국 외삼촌이라는 사람인 라반은 야곱의 어려운 처지를 이용해 자신의 욕심을 취했습니다. 그런데 다른 사람의 어려운 처지를 이용해 자신의 욕심을 채우는 것은 이미 야곱이 그 형 에서에게 저질렀던 일이기도 합니다. 자신이 행한 일은 결국 자신에게 돌아오는 법입니다.

결혼하겠습니다." 22 라반이 그 고장 사람들을 다 청해놓고, 잔치를 베풀었다. 23 밤이 되었을 때에, 라반은 큰딸 레아를 데려다가 신방으로 들여보냈는데, 야곱은 그것도 모르고, 레아와 동침하였다. 24 라반은 여종 실바를 자기 딸 레아에게 몸종으로 주었다. 25 아침이 되어서 야곱이 눈을 떠보니, 레아가 아닌가! 야곱이 라반에게 말하였다. "외삼촌께서 저에게 이러실 수가 있습니까? 제가 그동안 라헬에게 장가를 들려고 외삼촌 일을 해드린 것이 아닙니까? 외삼촌께서 왜 저를 속이셨습니까?" 26 라반이 대답하였다. "큰딸을 두고서 작은딸부터 시집보내는 것은, 이 고장의 법이 아닐세. 27 그러니 이레 동안 초례 기간을 채우게. 그런 다음에 작은 아이도 자네에게 주겠네. 그 대신에 자네는 또 칠 년 동안 내가 맡기는 일을 해야 하네." 28 야곱은 그렇게 하였다. 그가 레아와 이레 동안 지내고

야곱과 라헬 *Jacob and Rachel*, Christian Ernst Stözel, 1833, Germany

나니, 라반은 자기 딸 라헬을 그에게 아내로 주었다. 29 라반은 여종 빌하를 자기 딸 라헬에게 몸종으로 주었다. 30 야곱이 라헬과 동침하였다. 야곱은 레아보다, 라헬을 더 사랑하였다. 그는 또다시 칠 년 동안 라반의 일을 하였다.

야곱에게 아이들이 생기다

31 ○ 주님께서는, 레아가 남편의 사랑을 받지 못하는 것을 보시고, 레아의 태를 열어주셨다. 라헬은 임신을 하지 못하였으나 32 레아는 마침내 임신을 하여 아들을 낳았다. 그는 속으로 "주님께서 나의 고통을 살피시고, 나에게 아들을 주셨구나. 이제는 남편도 나를 사랑하겠지" 하면서, 아기 이름을 르우벤이라고 하였다. 33 그가 또 임신을 하여 아들을 낳았다. 그는 속으로 "주님께서, 내가 남편의 사랑을 받지 못하여 하소연하는 소리를 들으시고, 이렇게 또 아들을 주셨구나" 하면서, 아이 이름을 시므온이라고 하였다. 34 그가 또 임신을 하여 아들을 낳았다. 그는 속으로 "내가 아들을 셋이나 낳았으니, 이제는 남편도 별수 없이 나에게 단단히 매이겠지" 하면서, 아이 이름

레아는 자신이 처한 상황과 득남하게 된 경위, 솔직한 마음과 기대를 담아 네 아들의 이름을 짓습니다. 당시에는 이렇게 여성(어머니)이 아이들의 이름을 짓는 일이 흔했나요? 어머니가 자녀의 이름을 짓는 경우는 성경에 빈번히 등장합니다. 레아뿐 아니라, 라헬 역시 자신의 시녀 빌하가 낳은 아이(30:6, 8)와 자신이 낳은 아이의 이름을 스스로 짓습니다(30:24). 삼손의 어머니 역시 낳은 아이의 이름을 짓습니다(삿 13:24). 누가복음에 따르면 예수님의 이름 역시 어머니 마리아가 지었습니다(눅 1:31). 딱히 누가 짓는다고 정해졌다기보다는 특별한 의미가 있는 경우에 아버지든 어머니든 해당된 부모가 이름을 지었다고 말할 수 있습니다.

을 레위라고 하였다. 35 그가 또 임신을 하여 아들을 낳았다. 그는 속으로 "이제야말로 내가 주님을 찬양하겠다" 하면서, 아이 이름을 유다라고 하였다. 레아의 출산이 그쳤다.

{ 제30장 }

1 라헬은 자기와 야곱 사이에 아이가 없으므로, 언니를 시새우며, 야곱에게 말하였다. "나도 아이 좀 낳게 해주세요. 그렇지 않으면, 죽어버리겠어요." 2 야곱이 라헬에게 화를 내면서 말하였다. "내가 하나님이라도 된단 말이오? 당신이 임신할 수 없게 하신 분이 하나님이신데, 나더러 어떻게 하라는 말이오?" 3 라헬이 말하였다. "나에게 몸종 빌하가 있어요. 빌하와 동침하세요. 그가 아이를 낳아서 나에게 안겨주면, 빌하의 몸을 빌려서 나도 당신의 집안을 이어나가겠어요." 4 라헬이 자기의 몸종 빌하를 남편에게 주어서 아내로 삼게 하니, 야곱이 빌하와 동침하였다. 5 마침내 빌하가 임신을 하여, 야곱과 빌

라헬과 레아는 자신의 종까지 동원해 경쟁적으로 자식을 얻으려 합니다. 그 사이에서 야곱은 아내 넷을 누리는 재미만 본 겁니까? 야곱의 역할에 대한 언급이 전혀 없는 것이 이상합니다. 오늘날에도 여전히 우리 사회 안에 작동하는 가부장제는 한 가족 안에서 나이 많은 남자가 가장 중요한 결정권을 행사하는 방식입니다. 이러한 가부장제는 고대사회에 훨씬 강력하게 작동한 것으로 보입니다. 가부장제를 기반으로 한 사회에서 대부분의 중요한 일은 가부장인 남자가 결정하지만, 본문에서 보듯 아내와 연관된 측면은 여성에게 맡겨진 영역이었습니다. 창세기를 읽으며 오늘날의 사고방식을 넣어서도 안 되겠지만, 창세기가 보여주는 고대의 문화를 오늘날에 그대로 따라 하려고 해서도 안 될 것입니다.

하 사이에 아들이 태어났다. 6 라헬은 "하나님이 나의 호소를 들으시고, 나의 억울함을 풀어주시려고, 나에게 아들을 주셨구나!" 하면서, 그 아이 이름을 단이라고 하였다. 7 라헬의 몸종인 빌하가 또 임신을 하여 야곱과의 사이에서 두 번째로 아들을 낳았다. 8 라헬은 "내가 언니와 크게 겨루어서, 마침내 이겼다" 하면서, 그 아이 이름을 납달리라고 하였다.

9 ○ 레아는, 자기가 다시는 더 아기를 낳을 수 없다는 것을 알고서, 자기의 몸종 실바를 데려다가 야곱에게 주어서, 아내로 삼게 하였다. 10 레아의 몸종 실바와 야곱 사이에서, 아들이 태어났다. 11 레아는 "내가 복을 받았구나" 하면서, 그 아이 이름을 갓이라고 하였다. 12 레아의 몸종 실바와 야곱 사이에서 두 번째로 아들이 태어났다. 13 레아는 "행복하구나, 여인들이 나를 행복하다고 말하리라" 하면서, 그 아이 이름을 아셀이라고 하였다.

14 ○ 보리를 거두어들일 때에, 르우벤이 들에 나갔다가, 자귀나무를 발견하여, 어머니 레아에게 가져다주니, 라헬이 레아에게 말하였다. "언니, 아들이 가져온 자귀나무를 조금만 나눠줘요." 15 레아가 라헬에게 말하였다. "내 남편을 차지한 것만으로는 부족하냐? 그래서 내 아들이 가져온 자귀나무까지 가져

자귀나무는 어떤 용도로 쓰이는 나무인가요? '자귀나무'는 구약 전체 중 창세기 30장에서 다섯 번, 아가에서 한 번(아 7:13) 쓰였습니다. 남녀 서로 간에 성적인 욕망을 자극해서 그를 통해 임신을 촉진시킨다고 여겨진 식물입니다. 특히 아가 7장 13절에서 자귀나무 향기를 언급한다는 점에서, 그 향기가 남녀 간에 서로를 향한 욕망을 타오르게 했을 것이라 짐작됩니다. 라헬은 레아의 아들 르우벤이 구해온 자귀나무를 조금 얻었고, 본문에서 달리 언급하고 있지는 않지만, 라헬은 다음 번에 야곱과 잠자리를 같이할 때 자귀나무를 사용했을 것으로 여겨집니다. 그 결과 마침내 라헬은 요셉을 낳을 수 있었습니다.

가려는 것이냐?" 라헬이 말하였다. "좋아요. 그럼, 언니 아들이 가져온 자귀나무를 나에게 주어요. 그 대신에 오늘 밤에는 그이가 언니하고 함께 자도록 하지요." 16 그날 저녁에 야곱이 들에서 돌아올 때에, 레아가 그를 맞으러 나가서 말하였다. "당신은 오늘 밤에는 나의 방으로 드셔야 해요. 나의 아들이 가져온 자귀나무를 라헬에게 주고, 그 대신에 당신이 나의 방으로 드시게 하기로 했어요." 그날 밤에 야곱은 레아와 함께 잤다. 17 하나님이 레아의 호소를 들어주셔서, 레아가 임신을 하였고, 야곱과의 사이에서 다섯 번째 아들을 낳았다. 18 레아는 "내가 나의 몸종을 나의 남편에게 준 값을 하나님이 갚아주셨구나" 하면서, 그 아이 이름을 잇사갈이라고 하였다. 19 레아가 다시 임신을 하여서, 야곱과의 사이에 여섯 번째 아들이 태어났다. 20 레아는 "하나님이 나에게 이렇게 좋은 선물을 주셨구나. 내가 아들을 여섯이나 낳았으니, 이제부터는 나의 남편이 나에게 잘해주겠지" 하면서, 그 아이 이름을 스불론이라고 하였다. 21 얼마 뒤에 레아가 딸을 낳고, 그 아이 이름을 디나라고 하였다. 22 ○ 하나님은 라헬도 기억하셨다. 하나님이 라헬의 호소를

레아, 빌하, 실바, 라헬… 야곱의 아내들은 줄줄이 아들을 출산합니다. 여기에는 어떤 뜻이 담겨 있나요? 야곱은 완전히 빈손으로, 그리고 한 번도 가본 적 없는 낯선 땅으로 도망치듯 떠나야 했습니다. 그러나 하나님께서는 벧엘에서 그에게 나타나셔서 어디를 가든지 지키며 자손을 많게 하겠다고 약속하셨습니다(28:13-15). 외삼촌과 함께 살았던 20년 동안 야곱은 수없이 부당한 일을 겪어야 했지만, 하나님께서는 항상 야곱을 지키셨습니다. 그리고 야곱과 아내들 사이에 차례로 태어난 아들들은 하나님께서 약속대로 야곱을 지키셨음을 상징합니다. 가나안 땅에 돌아와서 낳은 베냐민까지(35:18), 야곱의 열두 아들은 훗날 이스라엘 열두 지파의 조상이 됩니다. 야곱과 라반은 서로 속이지만, 하나님께서는 늘 신실하십니다.

들으시고, 그의 태를 열어주셨다. 23 그가 임신을 하여서 아들을 낳으니, "하나님이 나의 부끄러움을 벗겨주셨구나" 하고 생각하였다. 24 라헬은 그 아이의 이름을 지을 때에 "주님께서 나에게 또 다른 아들 하나를 더 주시면 좋겠다" 하는 뜻으로, 그 아이 이름을 요셉이라고 하였다.

야곱이 라반과 흥정하다

25 ○ 라헬이 요셉을 낳은 뒤에, 야곱이 라반에게 말하였다. "제가 고향 땅으로 돌아갈 수 있도록, 저를 보내주십시오. 26 장인어른의 일을 해드리고 얻은 저의 처들과 자식들도, 제가 데리고 가게 허락하여주십시오. 제가 장인어른의 일을 얼마나 많이 해드렸는가 하는 것은, 장인어른께서 잘 아십니다." 27 라반이 그에게 말하였다. "자네가 나를 좋아하면, 여기에 머물러 있기를 바라네. 주님께서 자네를 보시고 나에게 복을 주신 것을, 내가 점을 쳐보고서 알았네." 28 라반은 또 덧붙였다. "자네의 품삯은 자네가 정하게. 정하는 그대로 주겠네." 29 야곱이 그에게

라헬이 요셉을 낳은 후, 야곱은 라반에게 고향으로 돌아가겠다고 말합니다. 왜 갑자기 그런 결정을 내린 건가요? 애초에 이삭과 리브가 곁을 떠날 때에 야곱은 외삼촌 라반의 딸들 가운데 아내를 취해 결혼하도록 권면을 들었습니다(28:2). 하나님께서는 야곱을 번성케 하셔서 여러 민족을 낳게 하실 것이라는 약속의 말씀도 있었습니다(28:3). 또한 이삭이 야곱에게 명했던 말 가운데 하나님께서 아브라함에게 주셨던 땅을 유산으로 받게 되리라는 말씀도 있었기에(28:4), 야곱은 밧단아람이 아니라 가나안 땅으로 반드시 다시 돌아가야 했습니다. 이제 레아와 라헬을 취했고 마침내 라헬에게서 아들도 얻었으니, 야곱은 돌아가야 할 때라고 느낀 것 같습니다. 야곱은 번성만을 추구하는 사람이 아니라, 하나님의 약속을 기억하는 사람이었습니다.

말하였다. "제가 장인어른의 일을 어떻게 해드리고, 장인어른의 가축 떼를 얼마나 잘 보살폈는지는, 장인어른께서 잘 아십니다. 30 제가 여기에 오기 전에는 장인어른의 소유가 얼마 되지 않았으나, 이제 떼가 크게 불어났습니다. 주님께서는, 제가하는 수고를 보시고서, 장인어른에게 복을 주셨습니다. 그러나이제는, 제가 저의 살림을 챙겨야 할 때가 되었다고 봅니다." 31 라반이 물었다. "그러면 내가 자네에게 무엇을 주면 좋겠는가?" 야곱이 대답하였다. "무엇을 달라는 것이 아닙니다. 다만, 저에게 한 가지 일만 허락하여주시면, 제가 장인어른의 가축 떼를 계속 먹이고 돌보겠습니다. 32 오늘, 제가 장인어른의 가축떼 사이로 두루 다니면서, 모든 양 떼에서 얼룩진 것들과 점이있는 것과 모든 검은 새끼 양을 가려내고, 염소 떼에서도 점이있는 것들과 얼룩진 것들을 가려낼 터이니, 그것들을 저에게 삯으로 주십시오. 33 제가 정직하다는 것은, 훗날 장인어른께서저에게 삯으로 주신 가축 떼를 확인하여보실 때에 증명될 것입니다. 제가 가진 것 가운데서, 얼룩지지 않은 양이나 점이 없는양이 있든지, 검은색이 아닌 새끼 양이 있으면, 그것들은 모두

야곱과 라반은 서로 말만 점잖게 하고 뒤로는 머리를 써서 치열하게 자기 몫을 챙깁니다. 하나님을 믿는다는 사람들이 이렇게 약삭빠른 술수를 써도 괜찮은 건가요? 이래도 괜찮다고 말할 수는 없겠지요. 야곱과 라반은 서로 속고 속이는 모습을 적나라하게 보여줍니다. 성경의 인물은 고상하고 숭고한 인격의 사람이 아니라 정말 우리 곁에서 볼 수 있을 것 같은, 그리고 나 자신의 모습과도 비슷한 사람들입니다. 성경이 이제까지 널리 읽힌 것은 바로 이러한 사람들이 나오기 때문인 까닭도 있습니다. 이러한 부끄러운 모습에도 하나님께서는 그들을 인도하고 변화시키십니다. 그래서 하나님의 은혜는 받을 만한 사람에게 주어지는 것이 아니라, 참으로 부족하고어리석으며 연약한 사람에게 부어지는 것임을 깨닫게 됩니다.

제가 훔친 것이 될 것입니다." 34 라반이 말하였다. "그러세. 자네가 말한 대로 하겠네." 35 그러나 라반은 이렇게 말해놓고서도, 바로 그날로 숫염소 가운데서 줄무늬가 있는 것과 점이 있는 것을 가려내고, 또 모든 암염소 가운데서도 흰 바탕에 얼룩이 진 것과 점이 있는 것과 모든 검은 새끼 양을 가려내어, 자기의 아들들에게 주었다. 36 그런 다음에 라반은, 야곱이 있는 데서 사흘 길을 더 나가서, 자기와 야곱 사이의 거리를 그만큼 뜨게 하였다. 야곱은 라반의 나머지 양 떼를 쳤다.

37 ○ 야곱은, 미루나무와 감복숭아나무와 플라타너스나무에서 푸른 가지들을 꺾어서 껍질을 벗긴 다음에, 벗긴 가지에 흰무늬를 냈다. 38 야곱은, 껍질을 벗긴 그 흰무늬 가지들을 물 먹이는 구유 안에 똑바로 세워놓고, 양 떼가 와서 물을 먹을 때에, 바로 눈앞에 세워놓은 그 가지들을 볼 수 있게 하였다. 양들은 물을 먹으러 와서, 거기에서 교미를 하였다. 39 양들은, 껍질 벗긴 그 나뭇가지 앞에서 교미를 하고서, 줄무늬가 있거나 얼룩이 지거나 점이 있는 양을 낳았다. 40 야곱은 이런 새끼 양들을 따로 떼어놓았다. 라반의 가축 떼 가운데서, 줄무늬가 있거나 검은 양들은 다 가려냈다. 야곱은 이렇게 자기 가

양들이 교미할 때 야곱은 자신만의 방법을 동원해 잇속을 챙깁니다. 이는 목표 앞에서 수단과 방법을 가리지 않는 야곱의 성격을 보여주는 이야기인가요? 종이라 할지라도 충성스럽게 일하다가 마침내 자유하게 될 때는 빈손으로 떠나게 해서는 안 됩니다(신 15:12-14). 그러나 라반은 야곱에게 아무것도 줄 생각이 없습니다. 이를 잘 알고 있었던 야곱이 생각해낸 것은 앞으로 태어날 가축의 새끼에 대한 요구였고, 이기적인 라반은 나름의 꿍꿍이를 지닌 채 야곱의 조건을 수락합니다. 야곱이 비록 물론 속임수를 쓰긴 했지만, 정당한 노동에 대해 전혀 대가를 지불하지 않으려는 라반을 볼 때, 독자들은 야곱의 행동에 통쾌함을 느끼게 됩니다.

축 떼를 따로 가려내서, 라반의 가축 떼와 섞이지 않게 하였다. 41 야곱은, 튼튼한 암컷들이 교미할 때에는, 물 먹이는 구유에 껍질 벗긴 가지들을 놓아서, 그 가지 앞에서 교미하도록 하곤 하였다. 42 그러나 약한 것들이 교미할 때에는, 그 가지들을 거기에 놓지 않았다. 그래서 약한 것들은 라반에게로 가게 하고, 튼튼한 것들은 야곱에게로 오게 하였다. 43 이렇게 하여, 야곱은 아주 큰 부자가 되었다. 야곱은 가축 떼뿐만 아니라, 남종과 여종, 낙타와 나귀도 많이 가지게 되었다.

{ 제31장 }

야곱이 라반을 떠나다

1 라반의 아들들이 하는 말이 야곱에게 들렸다. "야곱은 우리 아버지의 재산을 다 빼앗고, 우리 아버지의 재산으로 저처럼 큰 부자가 되었다." 2 야곱이 라반의 안색을 살펴보니, 자기를 대하는 라반의 태도가 이전과 같지 않았다. 3 주님께서 야곱에

라반과 라반의 아들들은 친척이라는 혈연 공동체인데도 불구하고 야곱이 부유해지자 그를 경계의 대상으로 삼은 건가요? 에서의 몫이던 맏아들의 권리와 아버지의 축복을 온갖 속임수를 동원해 빼앗은 이도 낯선 사람이 아닌 에서의 친형제 야곱이었습니다. 형제나 친족이 모두 그렇지는 않겠지만, 창세기는 다소 극단적이면서 동시에 현실적인 모습을 그립니다. 자신의 유익을 위해서라면 무엇이든 행하는 이가 야곱이었고, 이제 그는 자신들의 유익을 위해 먼 곳에서 찾아온 친척이라도 계속 이용하고 속이며 빈손으로 보내려는 친족들의 손에 놓여 있습니다. 결국 혈연을 떠나 우리에게 이웃은 누구인지 묻게 됩니다.

게 말씀하셨다. "너는 네 조상의 땅, 너의 친족에게로 돌아가거라. 내가 너와 함께 있겠다." 4 야곱이 라헬과 레아에게 심부름꾼을 보내어, 그들을 그의 가축 떼가 있는 들로 불러내서 5 일렀다. "장인어른께서 나를 대하시는 것이 전과 같지 않소. 그러나 내 조상의 하나님이 이제껏 나와 함께 계셨소. 6 당신들도 알다시피, 나는 있는 힘을 다해서, 장인어른의 일을 해드렸소. 7 그러나 장인어른께서는 나에게 주실 품삯을 열 번이나 바꿔치시면서, 지금까지 나를 속이셨소. 그런데 하나님은, 장인어른이 나를 해치지는 못하게 하셨소. 8 장인어른께서 나더러 '점 있는 것들이 자네 품삯이 될 걸세' 하면, 가축 떼가 모두 점 있는 새끼를 낳았고, '줄무늬 있는 것이 자네의 품삯이 될 걸세' 하면, 가축 떼가 모두 줄무늬 있는 새끼를 낳았소. 9 하나님은 이렇게 장인어른의 가축 떼를 빼앗아서, 나에게 주셨소. 10 가축 떼가 새끼를 밸 때에, 한번은, 내가 이런 꿈을 꾸었소. 내가 눈을 크게 뜨고 보니, 암컷들과 교미하는 숫염소들도, 줄무늬 있는 것이거나, 점이 있는 것이거나, 얼룩진 것들이었소. 11 그 꿈에서 하나님의 천사가 '야곱아!' 하고 부르시기에 '여기 있습니다' 하고 대답을 하니, 12 그 천사의 말이, '암

외삼촌 라반의 집을 떠나기로 작정한 야곱이 아내들에게 저간의 사정을 이야기하는 대목에서 '하나님' 이야기가 많이 등장합니다. 야곱은 정말 하나님을 믿고 살았던 건가요? 오늘 우리는 하나님께서 꿈에 나타나 양과 염소가 새끼 낳는 것에 대해 말씀하신다는 것을 납득하기 어렵지만, 고대 사람들에게 신앙은 교회당과 같은 종교 시설만이 아니라 그야말로 삶의 전 영역과 연관되어 있었습니다. 야곱은 힘겹던 자신의 삶에, 계속 속고 살아온 처지가 된 자신의 삶에 하나님께서 매우 구체적으로 함께하셨음을 증언합니다. 야곱에게 하나님은 가장 어려울 때 돌아보신 분, 그리고 한번 하신 약속을 끝까지 신실하게 지키시는 분이었습니다.

염소와 교미하는 숫염소가 모두 줄무늬 있는 것들이거나 점이 있는 것들이거나 얼룩진 것들이니, 고개를 들고 똑바로 보아라. 라반이 이제까지 너에게 어떻게 하였는지, 내가 다 보았다. 13 나는 베델의 하나님이다. 네가 거기에서 기둥에 기름을 붓고, 거기에서 나에게 맹세하였다. 이제 너는 곧 이 땅을 떠나서, 네가 태어난 땅으로 돌아가거라' 하고 말씀하셨소."

14 ○ 라헬과 레아가 그에게 대답하였다. "이제는 우리가 우리 아버지의 집에서 얻을 분깃이나 유산이 더 있다고는 생각하지 않습니다. 15 아버지께서는 우리를 아주 딴 나라 사람으로 여기십니다. 아버지께서는 우리를 파실 뿐만 아니라, 우리 몫으로 돌아올 것까지 다 가지셨습니다. 16 하나님이 우리 아버지에게서 빼앗으신 것은 다 우리와 우리 자식들의 것입니다. 그러니 하나님이 당신에게 말씀하신 대로 다 하십시오."

17 ○ 야곱이 서둘러서 자식들과 아내들을 낙타에 나누어 태우고, 18 그가 얻은 모든 짐승과 그가 밧단아람에서 모은 모든 소유를 다 가지고서, 가나안 땅에 있는 자기 아버지 이삭에게로 돌아갈 채비를 하였다. 19 라헬은, 라반이 양털을 깎으러 나간 틈을 타서, 친정집 수호신의 신상들인 드라빔을 훔쳐냈다. 20 그

라헬과 레아는 라반의 딸이 아니라 야곱의 아내라는 입장에 섭니다. 당시에도 여자는 출가외인이었던 건가요? 24장에서 보았듯이 리브가는 아브라함과 이삭에게로 당장 가겠다고 결단하고 나섰습니다(24:57-58). 리브가든 라헬이든 이미 결혼했다면 자신의 삶을 어떻게 남편과 함께 살아가야 할지 매우 과단성 있게 판단하는 것을 볼 수 있습니다. 모세 율법에 따르면 자녀가 딸만 있는 경우가 아니라면 딸은 부모의 유업을 받지 못했습니다(민 27:8-11). 라헬과 레아 역시 이제 야곱과 결혼한 마당에 아버지로부터 무엇을 더 받기는커녕, 마땅히 받아야 할 것조차도 빼앗기게 된 상황이었다는 점에서 두 여성의 행동을 이해할 수 있습니다.

뿐만 아니라, 야곱은 도망칠 낌새를 조금도 보이지 않은 채, 아람 사람 라반을 속이고 있다가, 21 모든 재산을 거두어 가지고 도망하였다. 그는 강을 건너서, 길르앗 산간지방 쪽으로 갔다.

라반이 야곱을 따라잡다

22 ○ 라반은, 야곱이 도망한 지 사흘 만에야 그 소식을 전해 들었다. 23 라반은 친족을 이끌고 이렛길을 쫓아가서, 길르앗 산간지방에서 야곱이 있는 곳에 이르렀다. 24 그날 밤에 아람 사람 라반이 꿈을 꾸는데, 하나님이 나타나셔서 "좋은 말이든지 나쁜 말이든지, 야곱에게 아무 말도 하지 않도록 조심하라" 하고 그에게 말씀하셨다.

25 ○ 라반이 야곱을 따라잡았을 때에, 야곱이 길르앗 산간지방에다 이미 장막을 쳐놓았으므로, 라반도 자기 친족과 함께 거기에 장막을 쳤다. 26 라반이 야곱에게 말하였다. "자네가 나를 속이고, 나의 딸들을 전쟁 포로 잡아가듯 하니, 어찌 이럴 수가 있는가? 27 어찌하여 자네는 나를 속이고, 이렇게 몰래 도

야곱은 왜 당당하게 떠나지 않고 식솔과 재산을 챙겨 도망쳤나요? 그 역시 뭔가 켕기는 구석이 있었던 건 아닌가요? 라반의 집에 머물던 20년 세월 동안 번번이 부당한 취급을 받았던 야곱이 자기 나름으로 머리를 써서 복수한 셈입니다. 자신이 마침내 얻은 것을 더 빼앗기지 않기 위해 야곱은 불시에 외삼촌의 집을 떠나기를 결정했고 실행했습니다. 라반은 값싸게 야곱을 이용해 이익을 취하려고 했지만, 실질적으로는 더 큰 손해를 입고 말았습니다. 자기 꾀에 자기가 빠진 셈입니다. 하나님께서는 사람이 뿌린 대로 그 머리에 돌아가게 하시는 분입니다. 그리고 빈손으로 집을 떠났던 야곱은 이제 가족과 많은 것을 가지고 돌아가게 되었습니다. 하나님께서는 야곱에게 약속하신 대로 그를 축복하셨고 풍성하게 하셨습니다.

망쳐 나오는가? 어찌하여 나에게 아무 말도 하지 않았는가? 자네가 간다고 말하였으면, 북과 수금에 맞추어서 노래를 부르며, 자네를 기쁘게 떠나보내지 않았겠는가? 28 자네는, 내가 나의 손자 손녀들에게 입을 맞출 기회도 주지 않고, 딸들과 석별의 정을 나눌 시간도 주지 않았네. 자네가 한 일이 어리석기 짝이 없네. 29 내가 마음만 먹으면, 자네를 얼마든지 해칠 수 있네. 그러나 어젯밤 꿈에 자네 조상의 하나님이 나타나셔서

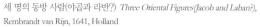

세 명의 동방 사람(야곱과 라반?) *Three Oriental Figures(Jacob and Laban?)*, Rembrandt van Rijn, 1641, Holland

나에게 경고하시기를 '좋은 말이든지 나쁜 말이든지, 야곱에게
아무 말도 하지 않도록 조심하여라' 하셨다네. 30 자네가 아버
지의 집이 그리워서 돌아가는 것은 당연하지만, 어찌하여 나의
수호신상들을 훔쳤는가?" 31 야곱이 라반에게 대답하였다. "장
인어른께서 저의 처들을 강제로 빼앗으실까 보아 두려웠습니
다. 32 그러나 장인어른 댁 수호신상들을 훔친 사람이 있으면,
그를 죽이셔도 좋습니다. 장인어른의 물건 가운데서 무엇이든
하나라도 저에게 있는지, 우리의 친족들이 보는 앞에서 찾아보
시고, 있거든 가져가십시오." 야곱은, 라헬이 그 수호신상들을
훔쳤으리라고는, 전혀 생각하지 못하였다.

33 ○ 라반은 먼저 야곱의 장막을 뒤졌다. 다음에는 레아의 장
막과 두 여종의 장막까지 뒤졌으나, 아무것도 찾아내지 못하
였다. 레아의 장막에서 나온 라반은 라헬의 장막으로 들어갔
다. 34 라헬은 그 수호신상들을 낙타 안장 밑에 감추고서, 그
위에 올라타 앉아 있었다. 라반은 장막 안을 샅샅이 뒤졌으나,
아무것도 찾아내지 못하였다. 35 라헬이 자기 아버지에게 말
하였다. "아버지, 너무 노여워하지 마십시오. 지금 저는 월경
중이므로, 내려서 아버지를 맞이할 수 없습니다." 라반은 두루

라헬은 왜 수호신상을 가져왔나요? 그 집안은 하나님을 믿으면서도 따로 수호신을
둔 건가요? 드라빔은 가족마다 지닌 일종의 수호신상 같은 것인데, 가족의 재산을 잇
게 한다는 의미, 그리고 자손을 번창하게 한다는 갈망도 담겨 있다고 합니다. 또 여행
의 수호자이기도 해서, 먼 길을 떠날 때는 휴대할 수 있는 드라빔을 지녔다고도 합니
다. 이런 여러 이유로, 이제 집을 떠나 먼 길을 가면서 라헬은 아버지 집에 있던 드라
빔을 훔쳤습니다. 하나님을 믿는 신앙과 전해 내려오는 당대의 종교적 관습이 뒤엉켜
있음을 알 수 있습니다. 신앙과 미신이 결합되어 엉키는 것은 오늘날에도 발견되는 모
습인데, 이러한 결합의 이면에는 미래에 대한 두려움과 탐욕이 있습니다.

찾아보았으나, 끝내 그 수호신상들을 찾지 못하였다.

36 ○ 야곱은 화를 내며 라반에게 따졌다. 야곱이 라반에게 물었다. "저의 허물이 무엇입니까? 제가 무슨 죄를 지었다고, 불길처럼 달려들어서, 저를 따라오신 것입니까? 37 장인어른께서 저의 물건을 다 뒤져보셨는데, 장인어른의 물건을 하나라도 찾으셨습니까? 장인어른의 친족과 저의 친족이 보는 앞에서, 그것을 내놓아보십시오. 그리고 장인어른과 저 사이에 누구에게 잘못이 있는지, 이 사람들이 판단할 수 있게 해주십시오. 38 제가 무려 스무 해를 장인어른과 함께 지냈습니다. 그동안 장인어른의 양 떼와 염소 떼가 한 번도 낙태한 일이 없고, 제가 장인어른의 가축 떼에서 숫양 한 마리도 잡아다가 먹은 일이 없습니다. 39 들짐승에게 찢긴 놈은, 제가 장인어른께 가져가지 않고, 제 것으로 그것을 보충하여드렸습니다. 낮에 도적을 맞든지 밤에 도적을 맞든지 하면, 장인어른께서는 저더러 그것을 물어내라고 하셨습니다. 40 낮에는 더위에 시달리고, 밤에는 추위에 떨면서, 눈 붙일 겨를도 없이 지낸 것, 이것이 바로 저의 형편이었습니다. 41 저는 장인어른의 집에서 스무 해를 한결같이 이렇게 살았습니다. 두 따님을 저의 처로 삼느라고, 십 년

라반에게 야곱이 지난 20년을 회고하는 내용은 눈물겹습니다. 하지만 그것마저도 야곱의 자업자득 아닌가요? 그렇습니다. 그렇지만 과거로부터 자유로운 사람이 누가 있을까요? 누구든 어리석고 부끄러운 과거가 있을 것입니다. 중요한 것은 그다음에 어떤 선택을 하고 어떤 길을 걸어가는가 하는 것입니다. 과거의 자신을 부끄러워한다면, 현재 자신의 고생을 그저 불평하며 살아가지는 않을 것입니다. 야곱의 회고로 보건대, 야곱은 계속 억울한 일을 당한 자신의 삶을 불평하고 한탄하기보다는 정직하고 부지런하게 살아왔음을 알 수 있으며, 라반 역시 그것을 별달리 반박하지 않습니다. 야곱은 이 모든 것을 하나님의 보호하심이라고 증언합니다.

하고도 사 년을 장인어른의 일을 해드렸고, 지난 여섯 해 동안은 장인어른의 양 떼를 돌보았습니다. 그러나 장인어른께서는 저에게 주셔야 할 품삯을 열 번이나 바꿔치셨습니다. 42 내 조상의 하나님, 곧 아브라함을 보살펴주신 하나님이시며, 이삭을 지켜주신 '두려운 분'께서 저와 함께 계시지 않으셨으면, 장인어른께서는 저를 틀림없이 빈손으로 돌려보내셨을 것입니다. 그러나 하나님은, 제가 겪은 고난과 제가 한 수고를 몸소 살피시고, 어젯밤에 장인어른을 꾸짖으셨습니다."

야곱과 라반의 협정

43 ○ 라반이 야곱에게 대답하였다. "이 여자들은 나의 딸이요, 이 아이들은 다 나의 손자 손녀요, 이 가축 떼도 다 내 것일세. 자네의 눈앞에 있는 것이 모두 내 것이 아닌가? 그러나 여기 있는 나의 딸들과 그들이 낳은 나의 손자 손녀를, 이제 내가 어떻게 하겠는가? 44 이리 와서, 자네와 나 사이에 언약을 세우고, 그 언약이 우리 사이에 증거가 되게 하세." 45 그래서 야곱이 돌을 가져와서 그것으로 기둥을 세우고, 46 또 친족들에게도 돌

라반과 야곱은 돌무더기와 돌기둥을 증거 삼아 맹세합니다. 두 사람은 결국 서로를 믿지 못한 건가요? 왜 맹세하는 데 돌 같은 사물을 동원했나요? 오늘날에도 꼭 기억해야 할 사건이 있을 때 기념비나 기념관을 세우듯, 고대의 사람들은 더더욱 그런 기념 조각물을 많이 건설하고 세웠습니다. 말로만 기억할 뿐 아니라 눈에 보이게 만들어두고 해당 물건을 볼 때마다 그때의 일을 기억하고 기념하기 위해서입니다. 서로에 대한 믿음을 그저 마음속의 굳은 약속이나 다짐으로만 해결하지 않고, 눈에 보이는 기념물을 설정해서 서로에 대한 신의를 굳게 지킬 것을 기억하게 했다고 볼 수 있습니다. 요즘 같으면 결혼반지 같은 것이 가장 쉬운 사례가 되겠지요.

을 모으게 하니, 그들이 돌을 가져와서 돌무더기를 만들고, 그 돌무더기 옆에서 잔치를 벌이고, 함께 먹었다. 47 라반은 그 돌무더기를 여갈사하두다라고 하고, 야곱은 그것을 갈르엣이라 하였다. 48 라반이 말하였다. "이 돌무더기가 오늘 자네와 나 사이에 맺은 언약의 증거일세." 갈르엣이란 이름은 바로 여기에서 유래한 것이다. 49 이 돌무더기를 달리 미스바라고도 하는데, 그것은 라반이 "우리가 서로 떨어져 있는 동안에, 주님께서 자네와 나를 감시하시기 바라네" 하고 말하였기 때문이다. 50 "자네가 나의 딸들을 박대하거나, 나의 딸들을 두고서 달리 아내들을 얻으면, 자네와 나 사이에는 아무도 없다고 하더라도, 하나님이 자네와 나 사이에 증인으로 계시다는 것을 명심하게."

51 ○ 라반은 야곱에게 또 다짐하였다. "이 돌무더기를 보게. 그리고 내가 자네와 나 사이에다 세운 이 돌기둥을 보게. 52 이 돌무더기가 증거가 되고, 이 돌기둥이 증거가 될 것이네. 내가 이 돌무더기를 넘어 자네 쪽으로 가서 자네를 치지 않을 것이니, 자네도 또한 이 돌무더기와 이 돌기둥을 넘어 내가 있는 쪽으로 와서 나를 치지 말게. 53 아브라함의 하나님, 나홀의 하나님, 그들의 조상의 하나님이 우리 사이를 판가름하여주시

야곱이 '두려운 분'(53절)이라고 표현한 이는 누구이며, 그는 왜 그런 별칭을 사용한 것인가요? 야곱과 연관된 본문에서 종종 하나님은 '아브라함의 하나님, 이삭의 하나님'이라고 표현됩니다(창 28:13; 32:9; 48:15). 특히 야곱은 아버지 이삭을 인도하고 보호하셨던 하나님을 '이삭을 지켜주신 두려운 분'으로 표현합니다(31:42, 53). 라반의 집에서 계속 부당한 일을 겪었던 야곱으로서는 정말 두려워해야 할 존재가 누구인지를 계속 생각했을 것입니다. 결국 그는 라반의 눈치를 보며 살 것이 아니라 하나님의 보호를 믿으며 살아야 한다는 사실을 깨달았을 것입니다. 이런 점에서 야곱이 하나님을 그렇게 불렀으리라 짐작해봅니다.

기를 바라네." 그러자 야곱은 그의 아버지 이삭을 지켜주신 '두려운 분'의 이름으로 맹세하였다. 54 야곱은 거기 산에서 제사를 드리고, 친족들을 식탁에 초대하였다. 그들은 산에서 제사 음식을 함께 먹고, 거기에서 그날 밤을 보냈다.

55 ㅇ 라반은 다음 날 아침 일찍 일어나, 자기 손자 손녀들과 딸들에게 입을 맞추고, 그들에게 축복하고, 길을 떠나서 고향으로 돌아갔다.

{ 제32장 }

야곱이 에서를 만날 준비를 하다

1 야곱이 길을 떠나서 가는데, 하나님의 천사들이 야곱 앞에 나타났다. 2 야곱이 그들을 알아보고 "이곳은 하나님의 진이구나!" 하면서, 그곳 이름을 마하나임이라고 하였다.

야곱은 주님이 축복을 약속하셨다는 사실을 환기시키며 살려달라고 기도합니다. 잘한 일이 없어도 축복의 말씀만 있으면 그렇게 기도해도 되나요? 우리가 행한 대로만 따진다면 누가 감히 자신은 아무 문제없다고 말할 수 있을까요? 에서를 만나기 직전 두려움에 빠진 야곱은 하나님께서 주셨던 약속 하나만을 붙잡고 하나님의 도우심을 구합니다. 오직 하나님만이 자신을 구할 수 있다고 믿고 도움을 구하는 자는 그 순간 세상 어떤 것도 의지하지 않고 순전히 하나님만 의지할 것입니다. 이러한 경험은 그 사람으로 하여금 잘 변하는 다른 어떤 것을 더는 의지하지 않고 오직 하나님만 신뢰하며 살아가게 할 것입니다. 하나님께서는 죄로 인해 사람을 심판하는 일에 관심이 있는 것이 아니라, 우리가 허황된 것이나 탐욕에 굴복하지 않고 하나님의 약속을 믿음으로 담대하고 용기 있게 살아가기를 원하십니다. 그러므로 정말 힘들고 어려울 때 오직 하나님의 약속을 기억하며 도움을 구하는 것은 꼭 가져야 하는 참된 모습입니다.

3 ○ 야곱이 에돔 벌 세일 땅에 사는 형 에서에게, 자기보다 먼
저 심부름꾼들을 보내면서 4 지시하였다. "너희는 나의 형님
에서에게 가서, 이렇게 전하여라. '주인의 종 야곱이 이렇게 아
룁니다. 저는 그동안 라반에게 몸 붙여 살며, 최근까지도 거
기에 머물러 있었습니다. 5 저에게는 소와 나귀, 양 떼와 염소
떼, 남종과 여종이 있습니다. 형님께 이렇게 소식을 전하여드
립니다. 형님께서 저를 너그럽게 보아주십시오.'"

6 ○ 심부름꾼들이 에서에게 갔다가, 야곱에게 돌아와서 말하
였다. "주인어른의 형님인 에서 어른께 다녀왔습니다. 그분은
지금 부하 사백 명을 거느리고, 주인어른을 치려고 이리로 오
고 있습니다." 7 야곱은 너무나 두렵고 걱정이 되어서, 자기
일행과 양 떼와 소 떼와 낙타 떼를 두 패로 나누었다. 8 에서가
와서 한 패를 치면, 나머지 한 패라도 피하게 해야겠다는 속셈
이었다.

9 ○ 야곱은 기도를 드렸다. "할아버지 아브라함을 보살펴주신
하나님, 아버지 이삭을 보살펴주신 하나님, 고향 친족에게로
돌아가면 은혜를 베푸시겠다고 저에게 약속하신 주님, 10 주님
께서 주님의 종에게 베푸신 이 모든 은총과 온갖 진실을, 이 종

야곱은 형의 마음을 살 수 있는 작전을 짭니다. 기도와 별개로 그는 자기만의 전략
이 필요했던 건가요? 야곱의 기도를 자세히 살펴보면 자신의 처지에 대한 고백과
감사, 그리고 적나라한 두려움이 절절하게 배어 있습니다. 하나님께서 하실 일을 온
마음으로 구한 야곱은 이제 자신이 할 일을 합니다. 야곱이 형 에서에게 잘못한 것이
있는데 직접 용서를 구하며 그의 마음을 풀지는 않은 채 하나님께만 기도한다면, 그
것은 상처 입은 당사자를 무시하는 그릇된 태도일 것입니다. 하나님의 도움을 구하
되, 사람에게 정성스럽게 대하는 것은 꼭 필요한 일입니다. 형과의 만남을 준비하는
야곱의 모습에서 그의 두려움과 절박함이 고스란히 느껴집니다.

은 감히 받을 자격이 없습니다. 제가 이 요단강을 건널 때에, 가진 것이라고는 지팡이 하나뿐이었습니다만, 이제 저는 이처럼 두 무리나 이루었습니다. 11 부디, 제 형의 손에서, 에서의 손에서, 저를 건져주십시오. 형이 와서 저를 치고, 아내들과 자식들까지 죽일까 두렵습니다. 12 주님께서 말씀하시기를 '내가 반드시 너에게 은혜를 베풀어서, 너의 씨가 바다의 모래처럼 셀 수도 없이 많아지게 하겠다' 하시지 않으셨습니까?"

13 ○ 그날 밤에 야곱은 거기에서 묵었다. 야곱은 자기가 가진 것 가운데서, 자기의 형 에서에게 줄 선물을 따로 골라냈다. 14 암염소 이백 마리와 숫염소 스무 마리, 암양 이백 마리와 숫양 스무 마리, 15 젖을 빨리는 낙타 서른 마리와 거기에 딸린 새끼들, 암소 마흔 마리와 황소 열 마리, 암나귀 스무 마리와 새끼 나귀 열 마리였다. 16 야곱은 이것들을 몇 떼로 나누고, 자기의 종들에게 맡겨서, 자기보다 앞서서 가게 하고, 떼와 떼 사이에 거리를 두게 하라고 일렀다. 17 야곱은 맨 앞에 선 종에게 지시하였다. "나의 형 에서가 너를 만나서, 네가 뉘 집 사람이며, 어디로 가는 길이며, 네가 끌고 가는 이 짐승들이 다 누구의 것이냐고 묻거든, 18 너는 그에게 '이것은 모두 주인의 종

야곱이 형에게 주려고 꾸린 선물의 규모가 어마어마합니다. 빈손으로 라반에게 갔던 모습에 비하면 정말 부자가 된 것 같습니다. 이것 또한 하나님의 축복인가요? 빈손으로 부모 슬하를 떠나야 했고, 노상에서 돌베개를 베고 잤던 것을 생각하면, 야곱은 꽤 부유해졌음이 분명합니다. 하나님의 축복은 단지 재산이 많아졌다는 측면보다는, 아무것도 없던 빈손 인생이 이처럼 달라졌다는 점에 있습니다. 그의 재산이 얼마나 많아졌는가와는 별개로, 하나님께서 정말 맨손으로 길 떠난 이를 지키고 함께하셨기에, 야곱은 하나님의 축복을 받았다고 말할 수 있습니다. 그래서 야곱의 삶은 지금 가진 것으로 자신을 판단하거나 결정하지 않아야 한다는 것을 우리에게 알려줍니다.

야곱의 것인데, 야곱이 그 형님 에서께 드리는 선물입니다. 야곱은 우리 뒤에 옵니다' 하고 말하여라." 19 야곱은, 둘째 떼를 몰고 떠나는 종과, 셋째 떼를 몰고 떠나는 종과, 나머지 떼를 몰고 떠나는 종들에게도, 똑같은 말로 지시하였다. "너희는 에서 형님을 만나거든, 그에게 똑같이 말하여야 한다. 20 그리고 '주인의 종 야곱은 우리 뒤에 옵니다' 하고 말하는 것을 잊지 않도록 하여라." 야곱이 이렇게 지시한 데는, 자기가 미리 여러 차례 보낸 선물들이 그 형 에서의 분노를 서서히 풀어주고, 마침내 서로 만날 때에는, 형이 자기를 반가이 맞아주리라고 생각하였기 때문이다. 21 그래서 야곱은 선물을 실은 떼를 앞세워서 보내고, 자기는 그날 밤에 장막에서 묵었다.

야곱이 브니엘에서 씨름을 하다

22 ○ 그 밤에 야곱은 일어나서, 두 아내와 두 여종과 열한 아들을 데리고, 얍복 나루를 건넜다. 23 야곱은 이렇게 식구들을 인도하여 개울을 건너보내고, 자기에게 딸린 모든 소유도 건너보내고 난 다음에, 24 뒤에 홀로 남았는데, 어떤 이가 나타나

야곱은 하나님과 겨루어 부상만 입고 정말 하나님을 이긴 건가요? 사람은 절대로 하나님을 이길 수 없습니다. 본문은 하나님의 도우심을 구하는 야곱의 간절함과 절박함의 크기를 표현한 것이라고 이해할 수 있습니다. 야곱이 처한 상황과 그의 복잡한 속내를 생각해보면 야곱이 느꼈을 절박함은 충분히 짐작하고도 남습니다. 지금까지도 그래왔지만 야곱은 하나님의 도우심이 없으면 살 수 없다는 간절함으로 끝까지 하나님을 붙잡고 늘어졌습니다. 그리고 하나님께서는 그러한 야곱에게 이겼다고 말씀하십니다. 그래서 정말 간절하게 하나님을 구할 때, 마치 하나님께서 사람에게 지는 것처럼 보이기도 합니다.

야곱을 붙잡고 동이 틀 때까지 씨름을 하였다. 25 그는 도저히 야곱을 이길 수 없다는 것을 알고서, 야곱의 엉덩이뼈를 쳤다. 야곱은 그와 씨름을 하다가 엉덩이뼈를 다쳤다. 26 그가, 날이 새려고 하니 놓아달라고 하였지만, 야곱은 자기에게 축복해 주지 않으면 보내지 않겠다고 떼를 썼다. 27 그가 야곱에게 물었다. "너의 이름이 무엇이냐?" 야곱이 대답하였다. "야곱입니다." 28 그 사람이 말하였다. "네가 하나님과도 겨루어 이겼고, 사람과도 겨루어 이겼으니, 이제 네 이름은 야곱이 아니라 이스라엘이다." 29 야곱이 말하였다. "당신의 이름이 무엇인지 가르쳐주십시오." 그러나 그는 "어찌하여 나의 이름을 묻느냐?" 하면서, 그 자리에서 야곱에게 축복하여주었다. 30 야곱은 "내가 하나님의 얼굴을 직접 뵙고도, 목숨이 이렇게 붙어 있구나!" 하면서, 그곳 이름을 브니엘이라고 하였다. 31 그가 브니엘을 지날 때에, 해가 솟아올라서 그를 비추었다. 그는, 엉덩이뼈가 어긋났으므로, 절뚝거리며 걸었다. 32 밤에 나타난 그가 야곱의 엉덩이뼈의 힘줄을 쳤으므로, 이스라엘 사람들은 오늘날까지 짐승의 엉덩이뼈의 큰 힘줄을 먹지 않는다.

야곱이 이스라엘로 이름이 바뀝니다. 이 이스라엘은 지금의 이스라엘 국가를 말하나요? 본문은 이스라엘이라는 이름이 어떻게 탄생했는지를 알려줍니다. 그러나 오늘의 이스라엘 국가는 훗날 사울과 다윗에 의해 가나안 땅에 세워진 나라 이스라엘을 잇는다고 볼 수 있습니다. 이스라엘 나라는 주전 587년 최종적으로 멸망했고, 오랫동안 강대국의 식민지가 되었습니다. 서기 70년에 유대인들은 로마로부터 독립을 추구하는 전쟁을 벌였다가 패배했고, 135년에도 다시 한번 독립 시도가 있었으나 역시 패배했습니다. 그 이후 모든 유대인은 팔레스타인 지역에서 추방되었고, 유럽 전역을 떠돌았습니다. 그러다가 1900년대에 이르러 유대인들이 조금씩 팔레스타인으로 다시 이주했고, 제2차 세계대전의 타협과 정치의 산물로 그들은 1948년 오늘날의 이스라엘을 건국했습니다.

{ 제33장 }

야곱이 에서를 만나다

1 야곱이 고개를 들어보니, 에서가 장정 사백 명을 거느리고 오고 있었다. 야곱은, 아이들을 레아와 라헬과 두 여종에게 나누어서 맡기고, 2 두 여종과 그들에게서 난 아이들은 앞에 세우고, 레아와 그에게서 난 아이들은 그 뒤에 세우고, 라헬과 요셉은 맨 뒤에 세워서 따라오게 하였다. 3 야곱은 맨 앞으로 나가서 형에게로 가까이 가면서, 일곱 번이나 땅에 엎드려 절을 하였다.

4 ○ 그러자 에서가 달려와서, 그를 끌어안았다. 에서는 두 팔을 벌려, 야곱의 목을 끌어안고서, 입을 맞추고, 둘은 함께 울었다. 5 에서가 고개를 들어, 여인들과 아이들을 보면서 물었다. "네가 데리고 온 이 사람들은 누구냐?" 야곱이 대답하였다. "이것들은 하나님이 형님의 못난 아우에게 은혜로 주신 자식들입니다." 6 그러자 두 여종과 그들에게서 난 아이들이 앞으로 나와서, 엎드려 절을 하였다. 7 다음에는 레아와 그에게서 난 아이들이 앞으로 나와서, 엎드려 절을 하였다. 마지막으로 요

다시 만난 동생 야곱을 대하는 에서의 태도에서 이전의 분노는 찾아보기 어렵습니다. 그런데도 야곱은 왜 이렇게 몸을 사리는 걸까요? 도둑이 제 발 저린 격이지 않을까요? 에서가 야곱에게 잘못했던 것이 아니라 야곱이 계속 형을 속였던지라, 에서를 본 야곱은 당당하기 어려웠을 것입니다. 그렇게 형과 아버지를 속여놓고 하나님께 용서받았다며 당당하게 행동한다면 그게 더 문제겠지요. 야곱은 형 에서의 화를 풀기 위해 많은 선물을 바치며 애를 썼고, 아마도 동생을 미워하면서도 한편으로는 그리워했을 에서는 야곱의 선물과 그의 얼굴을 보자 모든 분노와 화가 다 사그라진 것 같습니다.

셉과 라헬이 나와서, 그들도 엎드려 절을 하였다. 8 에서가 물었다. "내가 오는 길에 만난 가축 떼는 모두 웬 것이냐?" 야곱이 대답하였다. "형님께 은혜를 입고 싶어서, 가지고 온 것입니다." 9 에서가 말하였다. "아우야, 나는 넉넉하다. 너의 것은 네가 가져라." 10 야곱이 말하였다. "아닙니다, 형님, 형님께서 저를 좋게 보시면, 제가 드리는 이 선물을 받아주십시오. 형님께서 저를 이렇게 너그럽게 맞아주시니, 형님의 얼굴을 뵙는 것이 하나님의 얼굴을 뵙는 듯합니다. 11 하나님이 저에게 은혜를 베푸시므로, 제가 가진 것도 이렇게 넉넉하게 되었습니다. 그러니 제가 형님께 가지고 온 이 선물을 기꺼이 받아주시기 바랍니다." 야곱이 간곡히 권하므로, 에서는 그 선물을 받았다.

12 ○ 에서가 말하였다. "자, 이제 갈 길을 서두르자. 내가 앞장을 서마." 13 야곱이 그에게 말하였다. "형님께서도 아시다시피, 아이들이 아직 어립니다. 또 저는 새끼 딸린 양 떼와 소 떼를 돌봐야 합니다. 하루만이라도 지나치게 빨리 몰고 가면 다 죽습니다. 14 형님께서는 이 아우보다 앞서서 떠나십시오. 그렇게 하시면, 저는 앞에 가는 이 가축 떼와 아이들을 이끌고, 그들의 걸음에 맞추어 천천히 세일로 가서, 형님께 나가겠습니다."

야곱은 장막을 친 밭을 구입하고 제단을 쌓습니다. 이것은 특별한 의미가 있나요? 마침내 아버지와 어머니가 살던 땅으로 다시 돌아왔고 에서와의 갈등이 해결되었다는 안도감에 야곱은 자신이 장막 쳤던 땅을 구입한 것으로 볼 수 있습니다. 그곳에서 그는 제단을 쌓고 하나님께 예배했습니다. 그리고 하나님을 고백하기를 "하나님, 이스라엘의 하나님"이라고 불렀습니다. 이제까지 자신을 무사히 인도하신 하나님에 대한 감사가 그러한 고백으로 나타났습니다. 그렇지만 야곱이 장막 칠 곳을 매입한 부분은 평생 나그네로 떠돌다가 아내 사라를 묻기 위해 매우 정중한 협상을 거쳐 무덤으로 쓸 막벨라 굴을 구입한 아브라함의 모습과는 대조적입니다.

15 ○ 에서가 말하였다. "그렇다면, 내가 나의 부하 몇을 너와 같이 가게 하겠다." 야곱이 말렸다. "그러실 것까지는 없습니다. 형님께서 저를 너그럽게 맞아주신 것만으로도 만족합니다." 16 그날로 에서는 길을 떠나 세일로 돌아갔고, 17 야곱은 숙곳으로 갔다. 거기에서 야곱은 자기들이 살 집과 짐승이 바람을 피할 우리를 지었다. 그래서 그곳 이름이 숙곳이 되었다.

18 ○ 야곱이 밧단아람을 떠나, 가나안 땅의 세겜 성에 무사히 이르러서, 그 성 앞에다가 장막을 쳤다. 19 야곱은, 장막을 친 그 밭을, 세겜의 아버지인 하몰의 아들들에게서 은 백 냥을 주고 샀다. 20 야곱은 거기에서 제단을 쌓고, 그 이름을 엘엘로헤 이스라엘이라고 하였다.

야곱과 에서의 화해 *The Reconciliation of Jacob and Esau*, Maerten de Vos, 1581, Flanders

{ 제34장 }

디나가 폭행을 당하다

1 레아와 야곱 사이에서 태어난 딸 디나가 그 지방 여자들을 보러 나갔다. 2 히위 사람 하몰에게는 세겜이라는 아들이 있는데, 세겜은 그 지역의 통치자였다. 세겜이 디나를 보자, 데리고 가서 욕을 보였다. 3 그는 야곱의 딸 디나에게 마음을 빼앗겼다. 그는 디나를 사랑하기 때문에, 디나에게 사랑을 고백하였다. 4 세겜은 자기 아버지 하몰에게 말하였다. "이 처녀를 아내로 삼게 해주십시오."

5 ○ 야곱이 자기의 딸 디나의 몸을 세겜이 더럽혔다는 말을 들을 때에, 그의 아들들은 가축 떼와 함께 들에 있었다. 야곱은 아들들이 돌아올 때까지 이 일을 입 밖에 내지 않았다. 6 세겜의 아버지 하몰이 청혼을 하려고, 야곱을 만나러 왔다. 7 와서 보니, 야곱의 아들들이 이미 디나에게 일어난 일을 듣고, 들에서 돌아와 있었다. 세겜이 야곱의 딸을 욕보여서, 이스라엘 사람에게 부끄러운 일 곧 해서는 안 될 일을 하였으므로,

세겜이 디나를 성폭행했지만 그 후 디나를 얻기 위해 취한 행동은 야곱 일가에게 나쁘지 않은 것들이었습니다. 그럼에도 불구하고 야곱의 아들들이 세겜의 성읍을 초토화시킨 이유는 무엇인가요? 세겜은 디나의 의사와는 무관하게 그녀를 성폭행했습니다. 낯선 땅에 나그네가 등장하면 일단 나그네에게 있는 여성이 약탈당하는 일은 그때나 지금이나 여전히 변함없습니다. 여성이 쉬운 약탈의 대상이 된 것입니다. 성폭행은 사랑도 무엇도 아닙니다. 아무리 세겜이 디나를 사랑한들, 성폭행은 결코 사랑이 아닙니다. 그가 아무리 많은 재물을 제시할지라도, 호의적인 제안을 할지라도, 성폭행 위에서는 성립할 수 없습니다. 야곱의 아들들이 할례 받은 세겜 사

야곱의 아들들은 슬픔과 분노를 억누르지 못하고 있었다.

8 ○ 하몰이 그들에게 말하였다. "나의 아들 세겜이 댁의 따님에게 반했습니다. 댁의 따님과 나의 아들을 맺어주시기 바랍니다. 9 우리 사이에 서로 통혼할 것을 제의합니다. 따님들을 우리 쪽으로 시집보내어주시고, 우리의 딸들도 며느리로 데려가시기 바랍니다. 10 그리고 우리와 함께 섞여서, 여기에서 같이 살기를 바랍니다. 땅이 여러분 앞에 있습니다. 이 땅에서 자리를 잡고, 여기에서 장사도 하고, 여기에서 재산을 늘리십시오." 11 세겜도 디나의 아버지와 오라버니들에게 간청하였다. "저를 너그러이 보아주시기 바랍니다. 원하시는 것은 무엇이든지 드리겠습니다. 12 신부를 데려오는 데 치러야 할 값을 정해주시고, 제가 가져와야 할 예물의 값도 정해주시기 바랍니다. 아무리 많이 요구하셔도, 요구하시는 만큼 제가 치르겠습니다. 다만 제가 바라는 것은, 디나를 저의 아내로 주시기를 바라는 것뿐입니다."

13 ○ 야곱의 아들들은, 세겜이 그들의 누이 디나를 욕보였으므로, 세겜과 그의 아버지 하몰에게 짐짓 속임수를 썼다. 14 그들은 세겜과 하몰에게 이렇게 말하였다. "우리는 그렇게 할 수 없습니다. 할례를 받지 않은 남자에게 우리의 누이를 줄 수 없습

람을 모두 죽이고 디나를 데려왔다는 언급(26절)을 볼 때, 그때까지도 디나는 세겜의 집에 억류되었던 것 같습니다. 이것은 사랑이 아니라 일방적 납치 강간입니다. 나아가, 이삭과 야곱은 모두 가나안 여인이 아닌 동족 여성과 결혼해 여호와 하나님을 믿는 신앙을 지키고자 했습니다. 세겜 사람과의 결혼은 이러한 원칙에 반하는 것입니다. 야곱의 아들들의 행동은 짓밟힌 여동생에 대한 분노와 복수심의 표현이면서, 가나안 사람과의 결혼을 방지하려는 노력으로 이해할 수 있습니다. 복수를 위해 상대를 속여 몰살하는 행위는 정당화될 수 없겠지만, 아무리 정치적 외교적 이득이 따른다 하더라도 세겜의 제안을 결코 괜찮은 제안이라고 볼 수는 없습니다.

니다. 그렇게 하는 것은 우리에게 부끄러운 일입니다. 15 조건이 하나 있습니다. 당신들 쪽에서 남자들이 우리처럼 모두 할례를 받겠다고 하면, 그 청혼을 받아들이겠습니다. 16 그렇게 하면, 우리가 딸들을 당신들에게로 시집도 보내고, 당신네 딸들을 우리가 며느리로 삼으며, 당신들과 함께 여기에서 살고, 더불어 한 겨레가 되겠습니다. 17 그러나 당신들 쪽에서 할례 받기를 거절하면, 우리는 우리의 누이를 데리고 여기에서 떠나겠습니다."

18 ○ 하몰과 그의 아들 세겜은, 야곱의 아들들이 내놓은 제안을 좋게 여겼다. 19 그래서 그 젊은이는 시간을 지체하지 않고, 그들이 제안한 것을 실천으로 옮겼다. 그만큼 그는 야곱의 딸을 좋아하였다. 세겜은 자기 아버지의 집안에서 가장 존귀한 인물이었다. 20 하몰과 그의 아들 세겜이 성문께로 가서, 그들의 성읍 사람들에게 말하였다. 21 "이 사람들이 우리에게 우호적입니다. 그러니 그들이 우리 땅에서 살면서, 우리와 함께 물건을 서로 사고팔게 합시다. 이 땅은 그들을 받아들일 수 있을 만큼 넓습니다. 우리가 그들의 딸들과 결혼할 수 있게 하고, 그들은 우리의 딸들과 결혼할 수 있게 합시다. 22 그러나 이 사람들이 기꺼이 우리와 한 겨레가 되어서, 우리와 함께 사는 데는,

야곱은 집안을 걱정할 뿐, 성폭행을 당한 딸 디나에게는 별 관심이 없어 보입니다. 디나를 보는 시각이 아버지와 아들들이 아주 현격하게 다릅니다. 왜 그런 것인가요? 1절은 디나가 야곱과 레아 사이에서 태어난 딸이라고 적어둡니다. 야곱과 레아의 관계가 그다지 좋지 못했기 때문에 아마도 레아에 대한 야곱의 감정이 레아가 낳은 자녀에게도 반영되었을 수 있습니다. 디나에게 일어난 일을 대하는 야곱의 시큰둥한 반응이 이를 보여줍니다.

그에 비해 시므온과 레위는 모두 레아의 아들이기에 같은 어머니를 둔 처지라서 디나의 일에 더욱 격분했을 수 있습니다. 또 어쩌면 아버지 야곱의 시큰둥함이 시므

조건이 하나 있습니다. 그들이 할례를 받는 것처럼, 우리 쪽 남자들이 모두 할례를 받아야 한다는 것입니다. 23 그렇게 하면, 그들의 양 떼와 재산과 집짐승이 모두 우리의 것이 되지 않겠습니까? 다만, 그들이 우리에게 요구하는 것은 그대로 합시다. 우리가 그렇게 할례를 받으면, 그들이 우리와 함께 살 것입니다." 24 그 성읍의 모든 장정이, 하몰과 그의 아들 세겜이 제안한 것을 좋게 여겼다. 그래서 그 장정들은 모두 할례를 받았다. 25 ○ 사흘 뒤에, 장정 모두가 아직 상처가 아물지 않아서 아파하고 있을 때에, 야곱의 아들들 곧 디나의 친오라버니들인 시므온과 레위가, 칼을 들고 성읍으로 쳐들어가서, 순식간에 남자들을 모조리 죽였다. 26 그들은 하몰과 그의 아들 세겜도 칼로 쳐서 죽이고, 세겜의 집에 있는 디나를 데려왔다. 27 야곱의 다른 아들들은, 죽은 시체에 달려들어서 털고, 그들의 누이가 욕을 본 그 성읍을 약탈하였다. 28 그들은, 양과 소와 나귀와 성 안에 있는 것과 성 바깥 들에 있는 것과 29 모든 재산을 빼앗고, 어린 것들과 아낙네들을 사로잡고, 집 안에 있는 물건을 다 약탈하였다. 30 일이 이쯤 되니, 야곱이 시므온과 레위를 나무랐다. "너희는 나를 오히려 더 어렵게 만들었다.

온과 레위를 더욱 분노하게 만들었을 수도 있습니다. 특히 야곱은 가족 전체를 보호해야 한다는 현실적인 판단을 앞세우기도 합니다(30절).
과거 야곱은 하나님께서 무사히 돌아오게 해주신다면 돌베개를 베고 잔 그곳이 하나님의 집이 될 것이라 약속했습니다(28:21-22). 그러나 그는 에서와 화해한 후 세겜으로 갔고, 심지어 그곳에 땅을 구입하기도 했습니다. 이를 생각하면, 디나의 참상에는 야곱이 책임져야 할 부분도 크다고 할 수 있습니다.

이제 가나안 사람이나, 브리스 사람이나, 이 땅에 사는 모든 사람이, 나를 사귀지도 못할 추한 인간이라고 여길 게 아니냐? 우리는 수가 적은데, 그들이 합세해서, 나를 치고, 나를 죽이면, 나와 나의 집안이 다 몰살당할 수밖에 없지 않느냐?" 31 그들이 대답하였다. "그가 우리 누이를 창녀 다루듯이 하는데도, 그대로 두라는 말입니까?"

{ 제35장 }

하나님이 야곱에게 복을 주시다

1 하나님이 야곱에게 말씀하셨다. "어서 베델로 올라가, 거기에서 살아라. 네가 너의 형 에서 앞에서 피해 도망칠 때에, 너에게 나타난 그 하나님께 제단을 쌓아서 바쳐라." 2 야곱은, 자기의 가족과 자기가 거느리고 있는 모든 사람에게 명령하였다. "너희가 가지고 있는 이방 신상들을 다 버려라. 몸을 깨끗이 씻고, 옷을 갈아입어라. 3 이제 우리는 이곳을 떠나서, 베

야곱은 왜 이방 신상을 다 버리라고 했나요? 1절은 야곱이 돌베개를 베고 잤던 베델에서의 사건을 상기시킵니다. 가진 것은 아무것도 없이 오직 하나님만 의지해야 했던 그 시절을 상기시키며 하나님께서는 야곱이 했던 약속대로 베델로 올라가라고 명하십니다. 그제야 야곱은 자신의 이전 다짐을 떠올렸고, 문제점을 깨달은 것 같습니다. 라반의 집을 떠날 때 라헬이 외삼촌의 드라빔을 훔쳤듯이, 아마도 야곱 일행은 밧단아람의 모든 풍습과 연관된 것들을 다 지녔을 것입니다. 이제 야곱은 베델로 올라가기로 결정하면서, 그러한 우상과 미신, 그릇된 풍습을 전부 중단하고 버릴 것을 촉구합니다. 야곱의 회개, 야곱의 반성이라고 말할 수 있겠습니다.

델로 올라간다. 거기에다 나는, 내가 고생할 때에 나의 간구를 들어주시고, 내가 가는 길 어디에서나 나와 함께 다니면서 보살펴주신, 그 하나님께 제단을 쌓아서 바치고자 한다." 4 그들은, 자기들이 가지고 있는 모든 이방 신상과 귀에 걸고 있는 귀고리를 야곱에게 가져왔다. 야곱은 그것들을 세겜 근처 상수리나무 밑에 묻었다.

5 ○ 그런 다음에 그들은 길을 떠났다. 하나님이 사방에 있는 모든 성읍 사람을 두려워 떨게 하셨으므로, 아무도 야곱의 아들들을 추격하지 못하였다. 6 야곱과, 그가 거느린 모든 사람이, 가나안 땅 루스 곧 베델에 이르렀다. 7 야곱이 거기에서 제단을 쌓은 뒤에, 그가 형을 피해서 떠날 때에, 베델에서 하나님이 나타나신 것을 생각하고, 그곳 이름을 엘베델이라고 하였다. 8 ○ 리브가의 유모 드보라가 죽어서, 베델 아래쪽 상수리나무 밑에 묻으니, 사람들이 그 나무 이름을 알론바굿이라고 하였다. 9 ○ 야곱이 밧단아람에서 돌아온 뒤에, 하나님이 그에게 다시 나타나셔서 복을 주셨다. 10 하나님이 그에게 말씀하셨다. "너의 이름이 야곱이었지만, 이제부터 너의 이름은 야곱이 아니라 이스라엘이다." 하나님이 그의 이름을 이스라엘이라고 하

야곱 일가는 계속해서 이동하는 것으로 보입니다. 왜 그들은 계속 길을 떠나고 있나요? 처음 아버지 집을 떠나며 베델에서 하나님을 만났을 때, 야곱은 다시 아버지 집으로 돌아오게 하시기를 기도했습니다(28:21). 이제 무사히 돌아온 야곱은 세겜에서 땅을 구입하고 살려고 했지만, 디나를 둘러싼 참상이 벌어집니다. 그제야 그는 하나님의 말씀과 자신이 했던 약속을 따라 베델에 올라가서 하나님께 제단을 쌓았습니다. 이 여행은 오직 하나님의 명에 따라 순종하며 가는 여정이었습니다. 베델에서의 일을 마치고 이제 야곱은 아버지 집, 자신이 떠나왔던 아버지 집인 헤브론을 향해 이동합니다. 그리고 마침내 그는 아버지 집에 돌아왔습니다.

셨다. 11 하나님이 그에게 말씀하셨다. "나는 전능한 하나님이다. 너는 생육하고 번성할 것이다. 한 민족과 많은 갈래의 민족이 너에게서 나오고, 너의 자손에게서 왕들이 나올 것이다. 12 내가 아브라함과 이삭에게 준 땅을 너에게 주고, 그 땅을 내가 너의 자손에게도 주겠다." 13 그런 다음에 하나님은 야곱과 말씀하시던 곳을 떠나서 올라가셨다. 14 야곱은 하나님이 자기와 말씀을 나누시던 곳에 기둥 곧 돌기둥을 세우고, 그 위에 부어 드리는 제물을 붓고, 그 위에 기름을 부었다. 15 야곱은 하나님이 자기와 말씀을 나누시던 곳의 이름을 베델이라고 하였다.

라헬이 죽다

16 ○ 그들이 베델을 떠나 에브랏에 아직 채 이르기 전에, 라헬이 몸을 풀게 되었는데, 고통이 너무 심하였다. 17 아이를 낳느라고 산고에 시달리는데, 산파가 라헬에게 말하였다. "두려워하지 마셔요. 또 아들을 낳으셨어요." 18 그러나 산모는 숨을 거두고 있었다. 산모는 마지막 숨을 거두면서, 자기가 낳

아브라함보다는 사라가, 이삭보다는 라헬이 먼저 죽습니다. 그 시대에는 여성의 수명이 남성보다 짧았나요? 가장 큰 이유는 성경, 특히 창세기가 남자 가장을 중심으로 역사를 전개한다는 점을 들 수 있습니다. 지금까지 창세기가 다룬 인물들을 살펴보면 이를 확인할 수 있습니다. 아담과 하와의 자손 역시 남자만을 언급합니다. 아브라함 이후의 역사에서도 대체로 여성이 남자 가장보다 빨리 죽는 것은 하나님께서 약속을 전하신 아브라함과 이삭과 야곱이 그들에게 주어진 삶을 하나님의 은혜 가운데 모두 누렸음을 말하는 데 초점이 있기 때문이라고 여겨집니다.

한 가지 더 고려하자면, 고대 세계에서 여성의 지위는 참으로 낮고 힘겨웠던 것 같

은 아들의 이름을 베노니라고 하였다. 그러나 그 아이의 아버지는 아들의 이름을 베냐민이라고 하였다. 19 라헬이 죽으니, 사람들은 그를 에브랏 곧 베들레헴으로 가는 길가에다가 묻었다. 20 야곱이 라헬의 무덤 앞에 비석을 세웠는데, 오늘날까지도 이 묘비가 라헬의 무덤을 가리키고 있다.

21 ○ 이스라엘이 다시 길을 떠나서, 에델 망대 건너편에 자리를 잡고 장막을 쳤다. 22 이스라엘이 바로 그 지역에서 머물 때에, 르우벤이 아버지의 첩 빌하를 범하였는데, 이스라엘에게 이 소식이 들어갔다.

야곱의 아들들(대상 2:1-2)

○ 야곱의 아들은 열둘이다. 23 레아에게서 얻은 아들은 야곱의 맏아들 르우벤과 시므온과 레위와 유다와 잇사갈과 스불론이다. 24 라헬에게서 얻은 아들은, 요셉과 베냐민이다. 25 라헬의 몸종 빌하에게서 얻은 아들은 단과 납달리이다. 26 레아의 몸종 실바에게서 얻은 아들은 갓과 아셀이다. 이들은 모두 야곱이 밧단아람에서 얻은 아들들이다.

습니다. 아브라함의 아내 사라는 두 번이나 이방 왕에게 끌려갔고, 이삭의 아내 리브가도 그와 비슷한 위기를 겪을 뻔했으며, 야곱의 딸 디나는 성폭행까지 당합니다. 야곱의 아내들도 사정이 크게 다르지 않습니다. 레아와 라헬은 계속 질투하며 서로 다투고, 라헬의 여종 빌하에게는 배다른 아들과의 관계가 벌어지기도 합니다. 이 시기는 여성이 제대로 살기가 참 어려웠던 시절 같습니다.

이삭이 죽다

27 ○ 야곱이 기럇아르바 근처 마므레로 가서, 자기 아버지 이삭에게 이르렀다. 기럇아르바는 아브라함과 이삭이 살던 헤브론이다. 28 이삭의 나이는 백여든 살이었다. 29 이삭은 늙고, 나이가 들어서, 목숨이 다하자, 죽어서 조상들 곁으로 갔다. 아들 에서와 야곱이 그를 안장하였다.

{ 제36장 }

에서의 자손(대상 1:34-37)

1 에서 곧 에돔의 족보는 다음과 같다. 2 에서는 가나안 여인 세 사람을 아내로 맞아들였다. 아다는 헷 사람 엘론의 딸이다. 오홀리바마는 히위 사람 시브온의 딸 아나에게서 태어났다. 3 바스맛은 이스마엘의 딸이며, 느바욧의 누이이다. 4 아다는 엘리바스를 낳고, 바스맛은 르우엘을 낳고, 5 오홀리바마는 여우스

족보만 보더라도 에서는 크게 번성한 것으로 보입니다. 종족 번성이 축복의 중요한 증거라면, 에서 또한 하나님께 축복을 받은 건가요? 에서 족속 역시 하나님의 축복을 받았다고 할 수 있습니다. 사실 하나님께서 불러내신 아브라함과 이삭, 야곱으로 이어지는 후손에게만 복을 주신다면, 그 하나님은 이들의 하나님일 뿐 모든 인류의 하나님일 수는 없을 것입니다. 에서 자손에 대한 긴 족보가 창세기 한 부분에 등장한다는 것은 그 자체로 마침내 에서의 자손과 야곱의 자손이 함께 하나님 백성이 될 것에 대한 기대가 담겨 있다고 볼 수 있습니다. 에서의 후손 에돔은 계속해서 이스라엘과 마주치게 됩니다.

와 얄람과 고라를 낳았다. 이들은 에서의 아들인데, 에서가 가나안 땅에서 얻은 아들들이다.

6 ○ 에서는 아내들과 아들들과 딸들과 자기 집의 모든 사람과 집짐승과 또 다른 모든 짐승과 가나안 땅에서 얻은 모든 재산을 이끌고, 아우 야곱과는 좀 떨어진 다른 곳으로 갔다. 7 두 사람은 재산이 너무 많아서, 함께 살 수 없었다. 그들은 특히 집짐승이 많아서, 거기에서 그대로 살 수 없었다. 8 그래서 에서 곧 에돔은 세일산에 자리를 잡았다.

9 ○ 세일 산간지방에 사는 에돔 사람의 조상 에서의 족보는 다음과 같다. 10 에서의 아들들의 이름은 다음과 같다. 에서의 아내 아다가 낳은 아들은 이름이 엘리바스이고, 에서의 아내 바스맛이 낳은 아들은 르우엘이다. 11 엘리바스가 낳은 아들은 데만과 오말과 스보와 가담과 그나스이다. 12 에서의 아들 엘리바스와 그의 첩 딤나 사이에서는 아들 아말렉이 태어났다. 이들은 에서의 아내 아다가 낳은 자손이다. 13 르우엘이 낳은 아들은, 나핫과 세라와 삼마와 밋사이다. 이들은 에서의 아내 바스맛이 낳은 자손이다. 14 에서의 아내 오홀리바마(시브온

야곱과 에서가 모두 재산이 늘자 에서가 자리를 옮기는 것으로 나옵니다. 왜 형 에서가 이동했나요? 아브라함과 롯이 갈라설 때 조카 롯이 어디로 갈지 먼저 선택해 옮겼습니다(13:5-13). 본문에서도 에서가 다른 곳으로 이동했다는 언급이 있다는 점에서, 어디로 갈지 에서가 먼저 선택했다고 볼 수 있습니다. 롯은 하나님이 주신 땅을 벗어나 소돔으로 이동했고, 에서 역시 세일산으로 이동하면서 약속의 땅을 벗어났습니다. 아브라함과 야곱은 하나님이 약속하신, 여전히 한 뼘의 땅도 차지하지 못한 그 지역에 남았습니다. 아브라함과 이삭, 야곱은 모두 동족 가운데 아내를 얻었고, 에서는 가나안 민족 가운데서 아내를 얻었다는 점도 차이 납니다. 그래서 본문은 약속을 따라 살아간 이들과 그렇지 않은 이들을 대조한다고 볼 수 있습니다.

의 딸 아나의 소생)가 낳은 아들은 여우스와 얄람과 고라이다.
15 ○ 에서에게서 나온 종족들은 다음과 같다. 에서의 맏아들
엘리바스를 조상으로 하는 종족들은 데만과 오말과 스보와 그
나스와 16 고라와 가담과 아말렉이다. 이들은 에돔 땅에 있는
엘리바스 종족들이다. 이들은 에서의 아내 아다가 낳은 자손
이다. 17 에서의 아들 르우엘을 조상으로 하는 종족들은 나핫
과 세라와 삼마와 밋사이다. 이들은 에돔 땅에 있는 르우엘 종
족들이다. 이들은 에서의 아내 바스맛이 낳은 자손이다. 18 에
서의 아내 오홀리바마의 아들에게서 나온 종족들은 다음과 같
다. 여우스와 얄람과 고라이다. 이들은 에서의 아내 오홀리바
마(아나의 딸)가 낳은 아들들에게서 나온 종족들이다. 19 이들
은 에서 곧 에돔의 아들들이다. 이들이 족장들이 되었다.

세일의 자손(대상 1:38-41)

20 ○ 에돔 땅의 원주민들도 종족별로 갈리는데, 각 종족의 조상
들을 거슬러 올라가면, 호리 사람인 세일의 아들들에게로 가서
닿는다. 세일의 자손에게서 나온 종족들은 로단과 소발과 시브

성경이 에서의 가문에 대해 이렇게 상술해둔 이유는 무엇인가요? 에서와 야곱은 한
어머니에게 태어났지만, 전혀 다른 길을 갔습니다. 형제가 어머니 리브가의 뱃속에
있을 때부터, "형이 동생을 섬길 것"이라는 말씀이 있었습니다. 이 같은 미리 정함은
애초부터 에서는 안 되는 운명으로 결정되어 있다고 말하는 데 목적이 있는 것이 아
니라, 야곱의 선택이 전적으로 하나님께서 미리 정하신 은혜 때문임을 말하려는 목
적을 지닙니다. 그래서 에서와 야곱은 하나님의 전적인 은혜를 보여주는 중요한 인
물이라고 할 수 있습니다. 아울러 이후 역사에서 에서의 후예들은 계속 이스라엘과
엉키게 된다는 점에서, 창세기는 에서를 좀 더 상세히 다루었다고 볼 수 있습니다.

온과 아나와 21 디손과 에셀과 디산이다. 이들은 에돔 땅에 있는 세일의 아들들로서, 호리 사람의 종족들이다. 22 로단에게서 나온 종족은 호리와 헤맘과 딤나(로단의 누이)이다. 23 소발에게서 나온 종족은 알완과 마나핫과 에발과 스보와 오남이다. 24 시브온의 아들은 아야와 아나이다. 아버지 시브온의 나귀를 칠 때에, 광야에서 온천을 발견한 사람이 바로 아나이다. 25 아나의 자손은 디손과 오홀리바마(아나의 딸)이다. 26 디손에게서 나온 종족은 헴단과 에스반과 이드란과 그란이다. 27 에셀에게서 나온 종족은 빌한과 사아완과 아간이다. 28 디산에게서 나온 종족은 우스와 아란이다. 29 호리 종족의 조상들은 로단과 소발과 시브온과 아나와 30 디손과 에셀과 디산이다. 이들은 그 갈래를 따라 분류하면, 세일 땅에 사는 호리 종족의 조상들이다.

에돔의 왕들(대상 1:43–54)

31 ○ 이스라엘에 왕이 아직 없을 때에, 다음과 같은 왕들이 차례로 에돔 땅을 다스렸다. 32 브올의 아들 벨라가 에돔의 왕이 되었다. 그의 도성의 이름은 딘하바이다. 33 벨라가 죽으니,

성경이 누군가의 죽음, 묘지, 족보 등을 계속 언급하는 이유는 무엇인가요? 족보는 과거와 현재를 연결하는 중요한 장치입니다. 지금의 내가 갑자기 등장하고 홀로 떨어진 존재가 아니라, 이전에 존재했던 조상으로부터 이어진 사람임을 이와 같은 족보가 알려줍니다. 아브라함이 약속을 받았고 그 약속은 자손과 더불어 계속 이어집니다. 족보는 그렇게 이전 사람과 현재를 연결해줍니다. 사람은 영원하지 않기에 반드시 죽습니다. 누구라도 그의 무덤이 있을 수밖에 없지만, 족보에서 보듯 하나님의 약속은 영원하며 대를 넘어 이어집니다. 흐르는 세월 속에서 그 백성을 약속대로 지키시는 하나님을 우리는 죽음과 족보에서 엿볼 수 있습니다.

보스라 사람 세라의 아들 요밥이 그의 뒤를 이어서 왕이 되었다. 34 요밥이 죽으니, 데만 사람의 땅에서 온 후삼이 그의 뒤를 이어서 왕이 되었다. 35 후삼이 죽으니, 브닷의 아들 곧 모압 벌판에서 미디안 사람을 친 하닷이 그의 뒤를 이어서 왕이 되었다. 그의 도성의 이름은 아윗이다. 36 하닷이 죽으니, 마스레가 출신 삼라가 그의 뒤를 이어서 왕이 되었다. 37 삼라가 죽으니, 유프라테스강 가에 살던 르호봇 사람 사울이 그의 뒤를 이어서 왕이 되었다. 38 사울이 죽으니, 악볼의 아들 바알하난이 그의 뒤를 이어서 왕이 되었다. 39 악볼의 아들 바알하난이 죽으니, 그의 뒤를 이어서 하닷이 왕이 되었다. 그의 도성의 이름은 바우이다. 그의 아내의 이름은 므헤다벨인데, 마드렛의 딸이며, 메사합의 손녀이다.

40 ○ 에서에게서 나온 종족들을 가문과 거주지에 따라서 나누면, 각각 다음과 같다. 그 이름은 딤나와 알와와 여뎃과 41 오홀리바마와 엘라와 비논과 42 그나스와 데만과 밉살과 43 막디엘과 이람이다. 이들이 에돔의 종족들이다. 종족들의 이름이 각 종족들이 살던 거주지의 이름이 되었다. 에돔 사람의 조상은 에서이다.

에돔은 역사상 이스라엘에게 어떤 존재였나요? 에돔은 이스라엘의 형제 민족입니다. 그래서 훗날 애굽을 떠나 가나안 땅으로 들어가는 이스라엘은 에돔 땅을 정복하지 않고 둘러가야 했습니다(민 20:14-21; 신 2:4-6). 그렇지만 창세기에서도 에서는 강한 무력을 가진 존재로 그려지듯이, 이스라엘 역사 내내 에돔은 이스라엘을 위협하는 강력한 주변 국가로 등장합니다. 특히 예루살렘이 바벨론에게 멸망당할 때에 이스라엘의 멸망을 조롱하며 함께 약탈한 이들이라는 점에서, 구약성경 곳곳에서 에돔에 대한 규탄과 고발을 찾아볼 수 있습니다(시 137:7; 사 34장; 렘 49:7-22; 겔 25:12-14; 35:15; 욜 3:19; 옵 1:10, 12).

제37장

요셉과 형제들

1 야곱은 자기 아버지가 몸 붙여 살던 땅 곧 가나안 땅에서 살았다. 2 야곱의 역사는 이러하다.

○ 열일곱 살 된 소년 요셉이 아버지의 첩들인 빌하와 실바가 낳은 형들과 함께 양을 치는데, 요셉은 형들의 허물을 아버지에게 일러바치곤 하였다. 3 이스라엘은 늘그막에 요셉을 얻었으므로, 다른 아들들보다 요셉을 더 사랑하여서, 그에게 화려한 옷을 지어서 입혔다. 4 형들은 아버지가 그를 자기들보다 더 사랑하는 것을 보고서 요셉을 미워하며, 그에게 말 한마디도 다정스럽게 하는 법이 없었다.

5 ○ 한번은 요셉이 꿈을 꾸고서 그것을 형들에게 말한 일이 있는데, 그 일이 있은 뒤로부터 형들은 그를 더욱더 미워하였다. 6 요셉이 형들에게 말하였다. "내가 꾼 꿈 이야기를 한번 들어 보셔요. 7 우리가 밭에서 곡식 단을 묶고 있었어요. 그런데 갑자

형들의 입장에서 보면 요셉은 미운 짓을 골라 했습니다. 그런데도 아버지 야곱은 왜 별다른 조치를 취하지 않았나요? 야곱은 레아가 아니라 라헬을 사랑했고, 이 일은 두고두고 가족 전체에 영향을 끼쳤습니다. 레아의 딸 디나의 성폭행 사건을 대하는 야곱의 무심한 듯한 태도는 시므온과 레위의 분노를 일으키기도 했습니다. 라헬에 대한 그의 사랑은 라헬이 낳은 아들 요셉을 향한 편애로 이어졌고, 요셉에게만 화려한 옷을 지어 입히기도 했습니다. 더구나 요셉이 형들의 허물을 아버지에게 일러바치면서, 요셉에 대한 야곱의 편애는 더욱 깊어졌을 것입니다. 그리고 형들 역시 요셉에 대한 미움이 더욱 커졌습니다. 형들도, 야곱도, 요셉도 각자 자신의 방향으로만 나아갔고, 그 결과는 끔찍한 비극이었습니다. 생각해보면 과거 야곱은 형과 아버지를 속였고, 이제 야곱의 아들들은 그 아버지 야곱을 속이고 있습니다.

기 내가 묶은 단이 우뚝 일어서고, 형들의 단이 나의 단을 둘러서서 절을 하였어요." 8 형들이 그에게 말하였다. "네가 우리의 왕이라도 될 성싶으냐? 정말로 네가 우리를 다스릴 참이냐?" 형들은 그의 꿈과 그가 한 말 때문에 그를 더욱더 미워하였다.

9 O 얼마 뒤에 그는 또 다른 꿈을 꾸고, 그것을 형들에게 말하였다. "들어보셔요. 또 꿈을 꾸었어요. 이번에는 해와 달과 별 열한 개가 나에게 절을 했어요." 10 그가 아버지와 형들에게 이렇게 말할 때에, 그의 아버지가 그를 꾸짖었다. "네가 꾼 그 꿈이 무엇이냐? 그래, 나하고 너의 어머니하고 너의 형들이 함께 너에게로 가서, 땅에 엎드려서, 너에게 절을 할 것이란 말이냐?" 11 그의 형들은 그를 시기하였지만, 아버지는 그 말을 마음에 두었다.

꿈 이야기를 들려주는 요셉 *Joseph Telling His Dreams*,
Rembrandt van Rijn, 1638, Holland

요셉이 이집트로 팔려가다

12 ○ 그의 형들은 아버지의 양 떼를 치려고, 세겜 근처로 갔
다. 13 이스라엘이 요셉에게 말하였다. "네가 알고 있듯이, 너
의 형들이 세겜 근처에서 양을 치지 않느냐? 내가 너를 너의
형들에게 좀 보내야겠다." 요셉이 대답하였다. "다녀오겠습니
다." 14 이스라엘이 요셉에게 말하였다. "너의 형들이 잘 있는
지, 양들도 잘 있는지를 가서 살펴보고, 나에게 와서 소식을 전
해다오." 그의 아버지는 헤브론 골짜기에서 그를 떠나보냈다.
○ 요셉이 세겜에 도착하였다. 15 어떤 사람이 보니, 요셉이 들
에서 헤매고 있었다. 그가 요셉에게 물었다. "누구를 찾느냐?"
16 요셉이 대답하였다. "형들을 찾습니다. 우리 형들이 어디에
서 양을 치고 있는지, 나에게 일러주시겠습니까?" 17 그 사람이
대답하였다. "너의 형들은 여기에서 떠났다. '도단으로 가자'고
하는 말을 내가 들었다." 그래서 요셉은 형들을 뒤따라가서, 도
단 근처에서 형들이 있는 곳을 알아냈다. 18 그런데 그의 형들
은 멀리서 그를 알아보고서, 그를 죽여버리려고, 그가 그들에
게 가까이 오기 전에 음모를 꾸몄다. 19 그들은 서로 마주 보면

형들은 가차 없이 요셉을 상인들에게 팔아넘기고 은 스무 냥을 받았습니다. 그 돈
은 어느 정도의 값어치인가요? 다섯 살부터 스무 살 사이 남자 노예의 전형적인
몸값이 그 정도였다고 합니다. 요셉을 향한 형제들의 미움은 대단히 컸지만, 형들
은 굳이 죽이기보다는 차라리 노예로 팔아버려서 영원히 요셉을 제거하되 자신들
도 경제적인 이익을 얻기로 결정했습니다. 긴 시간에 걸쳐 쌓인 편애와 잠복되어 있
던 갈등은 결국 형제가 형제를 죽이려다가 끝내는 노예로 팔아버리는 참상으로 이
어집니다. 일찍 문제를 직면해서 다루지 않으면 결국 어찌할 수 없는 순간까지 이르
게 됩니다. 하지만 요셉과 형들의 만남은 여기서 끝나지 않고 계속 이어집니다.

서 말하였다. "야, 저기 꿈꾸는 녀석이 온다. 20 자, 저 녀석을 죽여서, 아무 구덩이에나 던져 넣고, 사나운 들짐승이 잡아먹었다고 하자. 그리고 그 녀석의 꿈이 어떻게 되나 보자." 21 르우벤이 이 말을 듣고서, 그들의 손에서 요셉을 건져내려고, 그들에게 이렇게 말하였다. "목숨만은 해치지 말자. 22 피는 흘리지 말자. 여기 들판에 있는 구덩이에 그 아이를 던져 넣기만 하고, 그 아이에게 손을 대지는 말자." 르우벤은 요셉을 그들에게서 건져내서 아버지에게 되돌려 보낼 생각으로 이렇게 말한 것이다. 23 요셉이 형들에게로 오자, 그들은 그의 옷 곧 그가 입은 화려한 옷을 벗기고, 24 그를 들어서 구덩이에 던졌다. 그 구덩이는 비어 있고, 그 안에는 물이 없었다.

25 ○ 그들이 앉아서 밥을 먹고 있는데, 고개를 들고 보니, 마침 이스마엘 상인 한 떼가 길르앗으로부터 오는 것이 눈에 띄었다. 낙타에다 향품과 유향과 몰약을 싣고, 이집트로 내려가는 길이었다. 26 유다가 형제들에게 말하였다. "우리가 동생을 죽이고 그 아이의 피를 덮는다고 해서, 우리가 얻는 것이 무엇이

르우벤과 유다는 요셉에 대해 다른 형제들과는 조금 다른 자세를 취합니다. 이들은 형제들 사이에서 좀 특별한 위치였나요? 르우벤은 형제들 가운데 제일 큰형입니다. 21-22절, 29-30절을 보면 르우벤은 요셉을 혼내는 정도로 무사히 돌아갈 수 있게 하려고 했던 것 같습니다. 요셉이 던져진 구덩이는 물이 없는 곳이었고, 사람이 견디기 어려운 상황이었을 것입니다(예, 렘 38:6-13). 유다는 이렇게 요셉을 두기보다 차라리 그를 상인들에게 팔자고 제안합니다. 결국 르우벤과 유다 두 사람의 제안으로 요셉은 겨우 죽음을 면할 수 있었지만, 아버지 집과 형제를 떠나 애굽으로 팔려가게 되었습니다. 르우벤과 유다의 역할 자체가 이 두 사람이 형제들 가운데 주도적인 위치였음을 보여줍니다. 나중에 요셉의 동생 베냐민이 어려움을 겪을 때도 르우벤과 유다가 중요한 역할을 합니다(42:22, 37; 43:8-10; 44:18-34).

냐? 27 자, 우리는 그 아이에게 손을 대지는 말고, 차라리 그 아이를 이스마엘 사람들에게 팔아넘기자. 아무래도 그 아이는 우리의 형제요, 우리의 피붙이이다." 형제들은 유다의 말을 따르기로 하였다.

28 ○ 그래서 미디안 상인들이 지나갈 때에, 형제들이 요셉을 구덩이에서 꺼내어, 이스마엘 사람들에게 은 스무 냥에 팔았다. 그들은 그를 이집트로 데리고 갔다. 29 르우벤이 구덩이로 돌아와 보니, 요셉이 거기에 없었다. 그는 슬픈 나머지 옷을 찢고서, 30 형제들에게 돌아와서 말하였다. "그 아이가 없어졌다! 나는 이제 어디로 가야 한단 말이냐?"

31 ○ 그들은 숫염소 한 마리를 죽이고, 요셉의 옷을 가지고 가서, 거기에 피를 묻혔다. 32 그들은 피 묻은 그 화려한 옷을 아버지에게로 가지고 가서 말하였다. "우리가 이 옷을 주웠습니

형들에 의해 팔려가는 요셉 *Joseph Sold by his Brothers*, Master of the Die, 1533, Italy

다. 이것이 아버지의 아들의 옷인지, 잘 살펴보시기 바랍니다." 33 그가 그 옷을 알아보고서 부르짖었다. "내 아들의 옷이다! 사나운 들짐승이 그 아이를 잡아먹었구나. 요셉은 찢겨서 죽은 것이 틀림없다." 34 야곱은 슬픈 나머지 옷을 찢고, 베옷을 걸치고, 아들을 생각하면서, 여러 날을 울었다. 35 그의 아들딸들이 모두 나서서 그를 위로하였지만, 그는 위로받기를 마다하면서 탄식하였다. "아니다. 내가 울면서, 나의 아들이 있는 스올로 내려가겠다." 아버지는 잃은 자식을 생각하면서 울었다. 36 그리고 미디안 사람들은 이집트에서 요셉을 보디발이라는 사람에게 팔았다. 그는 바로의 신하로서, 경호대장으로 있는 사람이었다.

야곱에게 요셉의 옷을 가져오다 *Joseph's Coat Brought to Jacob*, Rembrandt van Rijn, 1628–1638, Holland

{ 제38장 }

유다와 다말

1 그 무렵에 유다는 형제들에게서 떨어져나가, 히라라고 하는 아둘람 사람이 사는 곳으로 가서, 그와 함께 살았다. 2 유다는 거기에서 가나안 사람 수아라고 하는 사람의 딸을 만나서 결혼하고, 아내와 동침하였다. 3 그가 임신하여 아들을 낳으니, 유다가 그 아들 이름을 에르라고 하였다. 4 그가 또 임신하여 아들을 낳았다. 이번에는 아이의 어머니가 그 아들 이름을 오난이라고 하였다. 5 그가 또다시 아들을 낳고, 이름을 셀라라고 하였다. 그가 셀라를 낳은 곳은 거십이다.

6 ○ 유다가 자기 맏아들 에르를 결혼시켰는데, 그 아내의 이름은 다말이다. 7 유다의 맏아들 에르가 주님께서 보시기에 악하므로, 주님께서 그를 죽게 하셨다. 8 유다가 오난에게 말하였다. "너는 형수와 결혼해서, 시동생으로서의 책임을 다해라. 너는 네 형의 이름을 이을 아들을 낳아야 한다." 9 그러나 오난은 아들을 낳아도 그가 자기 아들이 안 되는 것을 알고 있었으므

유다와 다말 이야기는 조금 난데없이 끼어든 느낌입니다. 이렇게 난잡한 이야기가 왜 이 자리에 있는 걸까요? 성경은 38장을 통해 독자와 청중에게 요셉의 미래에 더욱 궁금증을 갖게 만들고, 이후 다시 요셉 이야기를 다루면서 애굽에서 많은 세월이 지났다고 생각하도록 이끕니다. 야곱은 염소 털을 이용해 아버지를 속였고, 그의 아들들은 요셉의 옷을 가지고 야곱을 속입니다. 그리고 유다는 생각지도 못한 채 며느리 다말에게 속아 자신의 물건을 주었습니다. 이러한 연결은 마침내 불의가 바로 잡히고 불의를 저지른 이들은 자신의 잘못을 인정하게 된다는 것을 보여줍니다. 37장에는 르우벤보다 요셉에 대한 선호가 있다면, 여기에는 유다의 첫 두 아들인 엘과

로, 형수와 동침할 때마다, 형의 이름을 이을 아들을 낳지 않으려고, 정액을 땅바닥에 쏟아버리곤 하였다. 10 그가 이렇게 한 것이 주님께서 보시기에 악하였다. 그래서 주님께서는 오난도 죽게 하셨다. 11 유다는 자기의 며느리 다말에게 말하였다. "나의 아들 셀라가 다 클 때까지, 너는 네 친정아버지 집으로 돌아가서, 과부로 살고 있거라." 유다는 셀라를 다말에게 주었다가는, 셀라도 제 형들처럼 죽을지 모른다고 생각하였다.

12 ○ 그 뒤에 오랜 세월이 지나서, 수아의 딸 유다의 아내가 죽었다. 곡을 하는 기간이 끝났을 때에, 유다는 친구 아둘람 사람 히라와 함께 자기 양들의 털을 깎으러 딤나로 올라갔다. 13 다말은 "너의 시아버지가 양털을 깎으러 딤나로 올라간다" 하는 말을 전해 듣고서, 14 과부의 옷을 벗고, 너울을 써서 얼굴을 가리고, 딤나로 가는 길에 있는 에나임 어귀에 앉았다. 그것은 막내아들 셀라가 이미 다 컸는데도, 유다가 자기와 셀라를 짝지어주지 않았기 때문이다.

15 ○ 길을 가던 유다가 그를 보았지만, 얼굴을 가리고 있었으므로, 유다는 그가 창녀인 줄 알았다. 16 그래서 유다는 그가 자기 며느리인 줄도 모르고, 길가에 서 있는 그에게로 가서 말

오난보다 셀라가, 다말의 아이 가운데는 형 세라보다 동생 베레스가 먼저 나온다는 내용이 있어서, 형보다 동생을 선호한다는 주제가 이어집니다. 이것은 형에 대한 차별보다는 작은 자, 어린 자에게 임하는 하나님의 은혜를 말하기 위한 것입니다. 아울러 동생을 팔아버린 유다가 며느리와의 사건을 통해 자신을 돌아보게 되는 38장 내용은 이후 베냐민이 어려움에 빠졌을 때 가장 앞장서서 책임지려 하는 유다의 변화를 이해하도록 돕기도 합니다. 이 일은 유다 인생에서 결코 잊을 수 없는 사건이 되었을 겁니다. 다소 난잡해 보이는 이야기의 주인공 유다와 다말이라는 이름은 예수님의 족보를 다룬 신약성경의 마태복음 1장에서 다시 나란히 등장합니다.

하였다. "너에게 잠시 들렀다 가마. 자, 들어가자." 그때에 그가 물었다. "저에게 들어오시는 값으로, 저에게 무엇을 주시겠습니까?" 17 유다가 말하였다. "나의 가축 떼에서 새끼 염소 한 마리를 보내마." 그가 물었다. "그것을 보내실 때까지, 어떤 물건이든지 담보물을 주시겠습니까?" 18 유다가 물었다. "내가 너에게 어떤 담보물을 주랴?" 그가 대답하였다. "가지고 계신 도장과 허리끈과 가지고 다니시는 지팡이면 됩니다." 그래서 유다는 그것들을 그에게 맡기고서 그에게 들어갔는데, 다말이 유다의 아이를 임신하게 되었다. 19 다말은 집으로 돌아와서, 너울을 벗고, 도로 과부의 옷을 입었다.

20 ○ 한편 유다는 자기 친구 아둘람 사람 편에 새끼 염소 한 마리를 보내고, 그 여인에게서 담보물을 찾아오게 하였으나, 그 친구가 그 여인을 찾지 못하였다. 21 그 친구는 거기에 사는 사람들에게, 에나임으로 가는 길가에 서 있던 창녀가 어디에 있느냐고 물었다. 그러나 그들의 말이, 거기에는 창녀는 없다고 하였다. 22 그는 유다에게 돌아가서 말하였다. "그 여인을 찾지 못하였네. 그보다도, 거기에 사는 사람들이 그러는데, 거기에는 창녀가 없다고 하네." 23 유다가 말하였다. "가질 테면 가지라지. 잘

대를 잇기 위해 동생이 형수를 취하는 형사취수제는 보편적이면서 강력한 법이었나요? 창세기의 이 본문을 비롯해 구약성경 여러 곳에 기록되어 있고(신 25:5-6; 룻 1:12-13), 신약성경에도 언급되는 것을 보면(마 22:23-27), 상당히 보편적으로 시행되었다고 볼 수 있습니다. 오늘날에는 이런 제도를 이해하기 어렵지만, 지금으로부터 수천 년 전 고대에 자녀 없이 홀로 남겨진 여인은 그야말로 삶 전체가 위태로운 지경에 처했습니다. 형제가 이 여인을 취해 자녀를 낳고 죽은 형제의 유업을 이어줌으로써 죽은 형제의 이름이 자손에게 전해지고 여인의 삶 역시 가능해진다는 점을 생각하면, 이 제도의 근본적인 취지는 서로에 대한 연대라고 말할 수 있습니다.

못하다가는 창피만 당하겠네. 어찌하였든지, 나는 새끼 염소 한 마리를 보냈는데, 다만 자네가 그 여인을 찾지 못한 것뿐일세." 24 ○ 석 달쯤 지난 다음에, 유다는 자기의 며느리 다말이 창녀짓을 하여 임신까지 했다는 소문을 들었다. 유다가 명하였다. "그를 끌어내서 화형에 처하여라!" 25 그는 끌려 나오면서, 시아버지에게 전갈을 보냈다. "저는 이 물건 임자의 아이를 배었습니다" 하고 말하였다. 다말은 또 말을 계속하였다. "잘 살펴보십시오. 이 도장과 이 허리끈과 이 지팡이가 누구의 것입니까!" 26 유다는 그 물건들을 알아보았다. "그 아이가 나보다 옳다! 나의 아들 셀라를 그 아이와 결혼시켰어야 했는데" 하고 말하였다. 유다는 그 뒤로 다시는 그를 가까이하지 않았다.

27 ○ 다말이 몸을 풀 때가 되었는데, 태 안에는 쌍둥이가 들어 있었다. 28 아기를 막 낳으려고 하는데, 한 아기가 손을 내밀었다. 산파가 진홍색 실을 가져다가, 그 아이의 손목에 감고서 말하였다. "이 아이가 먼저 나온 녀석이다." 29 그러나 그 아이는 손을 안으로 다시 끌어들였다. 그런 다음에 그의 아우가 먼저 나왔다. 산파가 "어찌하여 네가 터뜨리고 나오느냐!" 하고 말하였다. 그래서 이 아이 이름을 베레스라고 하고, 30 그의 형, 곧

다말이 유다에게 요청한 도장, 허리끈, 지팡이는 소중한 물건이었나요? 굳이 콕 집어서 그 물건을 요청한 이유가 있나요? 다말이 담보로 잡은 세 가지 물건이 중요했기 때문에 유다가 다시 찾으려 했을 것입니다. 예나 지금이나 도장은 자신을 대신하는 권위를 지닌 물건입니다. 도장을 허리끈에 매어서 몸에 지녔으리라고 여겨집니다. 지팡이 역시 권위의 상징입니다. 이 점은 임금의 권세를 상징하는 홀 같은 것에서 잘 드러납니다. 지팡이 머리 부분에는 소유자의 이름을 새겨두기도 했습니다. 결국 도장과 지팡이는 그 소유자가 누구인지를 명확하게 보여주는 물건이었습니다. 다말이 이것들을 제시했을 때, 유다는 핑계 댈 말을 전혀 찾을 수 없었습니다.

진홍색 실로 손목이 묶인 아이가 뒤에 나오니, 아이 이름을 세라라고 하였다.

{ 제39장 }

요셉과 보디발의 아내

1 요셉이 이집드로 끌려갔다. 요셉을 이집트로 끌고 내려간 이스마엘 사람들은, 바로의 신하인 경호대장 이집트 사람 보디발에게 요셉을 팔았다. 2 주님께서 요셉과 함께 계셔서, 앞길이 잘 열리도록 그를 돌보셨다. 요셉은 그 주인 이집트 사람의 집에서 살게 되었다. 3 그 주인은, 주님께서 요셉과 함께 계시며, 요셉이 하는 일마다 잘되도록 주님께서 돌보신다는 것을 알았다. 4 주인은, 요셉이 눈에 들어서, 그를 심복으로 삼고, 집안일과 재산을 모두 요셉에게 맡겨 관리하게 하였다. 5 그가 요셉에게 자기의 집안일과 그 모든 재산을 맡겨서 관리하게 한 그때부터, 주님께서 요셉을 보시고, 그 이집트 사람의 집에 복을 내리

주님이 "요셉과 함께 계셔서"라는 언급이 자주 나옵니다. 반면 요셉이 주님을 잘 섬겼다는 내용은 나오지 않지요. 주님이 일방적으로 요셉을 돌보신 건가요? 보디발의 아내가 요셉을 유혹했을 때 요셉이 했던 말을 보면, 요셉은 애굽 땅에서 노예로 살면서도 자신이 하나님 앞에 서 있음을 마음에 단단히 간직했다는 것을 알 수 있습니다. 그렇기에 그는 보디발의 집 노예로서 자신에게 맡겨진 일을 최선을 다해 수행했고, 그 아내의 유혹에 빠지지 않았으며, 심지어 억울하게 감옥에 갇혔을 때도 최선을 다해 자신의 일을 했습니다. 주님을 섬기는 일은 하나님께서 언제나 나를 지켜보심을 기억하며 맡은 일을 감당하는 것으로 나타난다고 할 수 있습니다.

셨다. 주님께서 내리시는 복이, 주인의 집 안에 있는 것이든지, 밭에 있는 것이든지, 그 주인이 가진 모든 것에 미쳤다. 6 그래서 그 주인은, 자기가 가진 모든 것을 요셉에게 맡겨서 관리하게 하고, 자기의 먹거리를 빼고는 아무것도 간섭하지 않았다.

○ 요셉은 용모가 준수하고 잘생긴 미남이었다. 7 일이 이렇게 된 지 얼마 지나지 않아서, 주인의 아내가 요셉에게 눈짓을 하며 "나하고 침실로 가요!" 하고 꾀었다. 8 그러나 요셉은 거절하면서, 주인의 아내에게 말하였다. "주인께서는, 모든 것을 나에게 맡겨 관리하게 하시고는, 집안일에는 아무 간섭도 하지 않으십니다. 주인께서는, 가지신 모든 것을 나에게 맡기셨으므로, 9 이 집안에서는, 나의 위에는 아무도 없습니다. 나의 주인께서 나의 마음대로 하지 못하게 한 것은 한 가지뿐입니다. 그것은 마님입니다. 마님은 주인어른의 부인이시기 때문입니다. 그런데 내가 어찌 이런 나쁜 일을 저질러서, 하나님을 거역하는 죄를 지을 수 있겠습니까?" 10 요셉이 이렇게 말하였는데도, 주인의 아내는 날마다 끈질기게 요셉에게 요구해왔

보디발의 아내가 요셉을 유혹하는 대목은 매우 트렌디한 드라마 한 편을 보는 것 같습니다. 설정이 우수한 시나리오처럼 보이는데, 이것은 순전히 요셉을 돋보이게 만드는 극적인 장치를 아닐까요? 정말 잘 짜인 드라마와 같아 보입니다. 주인이 요셉을 전적으로 신뢰해 '자기가 가진 모든 것'을 맡기며 '자기의 먹거리를 빼고는' 아무것도 간섭하지 않았다는 표현은 요셉에게 주어진 막대한 권한을 보여줍니다. 요셉과 같은 경우는 나중에 바벨론 땅에 끌려간 다니엘과 그의 세 친구에서도 볼 수 있습니다. 이렇게 이방 사람에게 큰 호의를 받게 되었을 때, 어느 날 자신의 손에 상당한 권력과 힘이 주어졌을 때, 우리는 어떤 사람일까요? 요셉 이야기는 그가 한낱 노예였을 때와 상당한 힘이 주어졌을 때 전혀 달라지지 않았음을 보여줍니다. 하나님에 대한 그의 신앙은 종교적인 행동 같은 것으로 드러나지 않고, 노예일 때나 죄수일 때나 큰 힘이 주어졌을 때나 한결같이 정직하고 진실한 모습으로 드러납니다.

다. 요셉은, 그 여인과 함께 침실로 가지도 않았을 뿐만 아니라, 아예 그 여인과 함께 있지도 않았다.

11 ○ 하루는 요셉이 할 일이 있어서 집 안으로 들어갔는데, 그 집 종들이 집 안에 하나도 없었다. 12 여인이 요셉의 옷을 붙잡고 "나하고 침실로 가요!" 하고 졸랐다. 그러나 요셉은, 붙잡힌 자기의 옷을 그의 손에 버려둔 채, 뿌리치고 집 바깥으로 뛰어나갔다. 13 여인은, 요셉이 그 옷을 자기의 손에 버려둔 채 집 바깥으로 뛰어나가는 것을 보고, 14 집에서 일하는 종들을 불러다가 말하였다. "이것 좀 보아라. 주인이, 우리를 웃음거리로 만들려고 이 히브리 녀석을 데려다 놓았구나. 그가 나를 욕보이려고 달려들기에, 내가 고함을 질렀더니, 15 그는 내가 고함지르는 소리를 듣고, 제 옷을 여기에 내버리고, 바깥으로 뛰어나갔

요셉과 보디발의 아내 *Joseph and Potiphar's Wife*, Rembrandt van Rijn, 1634, Holland

다." 16 이렇게 말하고, 그 여인은 그 옷을 곁에 놓고, 주인이 집으로 돌아오기를 기다렸다. 17 주인이 돌아오자, 그에게 이렇게 일러바쳤다. "당신이 데려다 놓은 저 히브리 사람이, 나를 농락하려고 나에게 달려들었어요. 18 내가 사람 살리라고 고함을 질렀더니, 옷을 내 앞에 버려두고, 바깥으로 뛰어나갔어요."

19 ○ 주인은 자기 아내에게서 "당신의 종이 나에게 이 같은 행패를 부렸어요" 하는 말을 듣고서, 화가 치밀어 올랐다. 20 요셉의 주인은 요셉을 잡아서 감옥에 가두었다. 그곳은 왕의 죄수들을 가두는 곳이었다. 요셉이 감옥에 갇혔으나, 21 주님께서 그와 함께 계시면서 돌보아주시고, 그를 한결같이 사랑하셔서, 간수장의 눈에 들게 하셨다. 22 간수장은 감옥 안에 있는 죄수를 모두 요셉에게 맡기고, 감옥 안에서 일어나는 온갖 일을 요셉이 혼자 처리하게 하였다. 23 간수장은 요셉에게 모든 일을 맡기고, 아무것도 간섭하지 않았다. 그렇게 된 것은 주님께서 요셉과 함께 계시기 때문이며, 주님께서 요셉을 돌보셔서, 그가 하는 일은 무엇이나 다 잘되게 해주셨기 때문이다.

요셉이 가는 곳마다, 하는 일마다 잘된 것은 순전히 주님이 돌보셨기 때문인가요? 그렇다면 요셉의 잘됨은 저절로 이루어진 일 아닌가요? 요셉은 보디발의 집에서 어떤 일을 했을까요? 그는 팔려온 노예 소년이었으니, 집 안을 청소하고 치우는 그야말로 허드렛일을 했을 것입니다. 하나님이 돌보셔서 하는 일마다 잘되었다는 것은 어떤 거창한 일이었다기보다는 맡겨진 청소를 잘 해낸 것, 맡겨진 잡다한 집안일들을 잘 해낸 것이었습니다. 감옥에 갇혀서도 그는 자신에게 맡겨진 온갖 일을 충실히 행했습니다. 하나님께서 돌보신 것이되, 요셉은 아무리 사소한 일이라도 자신에게 주어진 일을 결코 소홀히 여기지 않고 최선을 다했습니다. 요셉의 멋진 모습은 거대한 변화를 끌어낸 것이 아니라, 일상의 소소한 현실에서 최선을 다한 태도입니다. 하나님의 도우심은 종교적 행동보다는 그처럼 일상을 통해 드러납니다.

{ 제40장 }

요셉이 시종장의 꿈을 해몽하다

1 이런 일들이 있은 지 얼마 뒤에, 이집트 왕에게 술잔을 올리는 시종장과 빵을 구워 올리는 시종장이, 그들의 상전인 이집트 왕에게 잘못을 저지른 일이 있었다. 2 바로가 그 두 시종장 곧 술잔을 올리는 시종장과 빵을 구워 올리는 시종장에게 노하여서, 3 그들을 경호대장의 집 안에 있는 감옥에 가두었는데, 그곳은 요셉이 갇힌 감옥이었다. 4 경호대장이 요셉을 시켜서 그 시종장들의 시중을 들게 하였으므로, 요셉이 그들을 받들었다. 그들이 갇힌 지 얼마 뒤에, 5 감옥에 갇힌 두 사람 곧 이집트 왕에게 술잔을 올리는 시종장과 빵을 구워 올리는 시종장이, 같은 날 밤에 꿈을 꾸었는데, 꿈의 내용이 저마다 달랐다. 6 다음 날 아침에 요셉이 그들에게 갔는데, 요셉은 그들에게 근심스러운 빛이 있음을 보았다. 7 그래서 요셉은, 자기 주인의 집에 자기와 함께 갇혀 있는 바로의 두 시종장에게 물었다. "오늘은 안색이 좋아 보이지 않습니다. 왜 그러십니까?"

유독 요셉 이야기에는 꿈 이야기가 많이 나옵니다. 꿈의 의미는 무엇인가요? 고대 세계의 글에는 꿈을 통해 하늘의 뜻이 계시되는 경우가 적지 않게 등장합니다. 창세기와 구약성경에도 그러한 예를 무척 많이 볼 수 있습니다. 오늘 우리는 꿈을 너무 깊게 생각하는 것을 어리석다고 말할 수 있겠지만, 고대 세계에서는 오늘날처럼 발달한 과학도, 성경책처럼 또렷이 기록된 하나님의 말씀도 없다 보니, 꿈이나 기적, 예언자와 같이 하나님과 사람 사이를 연결하는 수단이 필요했습니다. 꿈에 관한 내용을 읽으며 오늘 우리도 꿈에 대해 신중히 생각하자고 여기기보다는, 하나님께서는 어느 시대든 그 시대에 맞게 그분의 뜻을 사람들에게 알리신다 생각하면 좋겠습니다.

8 그들이 그에게 대답하였다. "우리가 꿈을 꾸었는데, 해몽할 사람이 없어서 그러네." 요셉이 그들에게 말하였다. "해몽은, 하나님이 하시는 것이 아닙니까? 나에게 말씀하여보시기 바랍니다." 9 ○ 술잔을 올리는 시종장이, 자기가 꾼 꿈 이야기를 요셉에게 하였다. "내가 꿈에 보니, 나의 앞에 포도나무가 있고, 10 그 나무에는 가지가 셋이 있는데, 거기에서 싹이 나더니, 곧 꽃이 피고, 포도송이가 익었네. 11 바로의 잔이 나의 손에 들려 있기에, 내가 포도를 따다가, 바로의 잔에 그 즙을 짜서, 그 잔을 바로의 손에 올렸지." 12 요셉이 그에게 말하였다. "해몽은 이러합니다. 가지 셋은 사흘을 말합니다. 13 앞으로 사흘이 되면, 바로께서 시종장을 불러내서, 직책을 되돌려주실 것입니다. 시종장께서는 전날 술잔을 받들어 올린 것처럼, 바로의 손에 술잔을 올리게 될 것입니다. 14 시종장께서 잘되시는 날에, 나를 기억하여주시고, 나를 따로 생각해주시기 바랍니다. 그리고 바로에게 나의 사정을 말씀드려서, 나도 이 감옥에서 풀려나게 해주시기 바랍니다. 15 나는 히브리 사람이 사는 땅에

요셉은 배운 적도 없는데, 어떻게 그렇게 딱 떨어지는 해몽을 내놓을 수 있었나요? 요셉은 팔려온 노예에 불과한 자신을 하나님께서 돌보신다는 것을 여러 번 깨달았습니다. 그는 자신에게 주어진 일에 최선을 다했고, 하나님께서는 그를 통해 보디발의 집을 풍성하게 하셨습니다. 그럼에도 누명을 쓰고 감옥에 갇히기도 했기에, 아마도 요셉은 자기 인생이 술술 풀리지는 않을 것이라 생각했을 수도 있습니다. 그렇지만 하나님께서 함께 계셔서 그를 돌보시니 그를 통해 다른 사람들의 삶을 풍성케 하신다는 것은 알았을 것입니다. 사실, 이것이야말로 하나님이 요셉의 조상 아브라함을 부르신 까닭이었습니다(12:3). 그래서 감옥에서 만난 사람들이 꿈 때문에 고민할 때, 하나님의 은혜로 그들을 도울 수 있을 것이라 믿었을 것입니다. 꿈을 비롯한 세상 모든 것을 주신 하나님께서 필요하면 꿈도 깨닫게 하실 것이라는 믿음이 요셉으로 하여금 어려움을 겪는 사람들에게 용기 있게 다가가도록 했습니다.

서 강제로 끌려온 사람입니다. 그리고 여기에서도 내가 이런 구덩이 감옥에 들어올 만한 일은 하지 않았습니다."

16 ○ 빵을 구워 올리는 시종장도 그 해몽을 듣고 보니 좋아서, 요셉에게 말하였다. "나도 한 꿈을 꾸었는데, 나는 빵이 담긴 바구니 세 개를 머리에 이고 있었네. 17 제일 위에 있는 바구니에는, 바로에게 드릴 온갖 구운 빵이 있었는데, 새들이, 내가 이고 있는 바구니 안에서 그것들을 먹었네." 18 요셉이 말하였다. "해몽은 이러합니다. 바구니 셋은 사흘을 말합니다. 19 앞으로 사흘이 되면, 바로께서 시종장을 불러내서, 목을 베고 나무에 매다실 터인데, 새들이 시종장의 주검을 쪼아 먹을 것입니다."

20 ○ 그러한 지 사흘째 되는 날, 그날은 바로의 생일인데, 왕은 신하들을 다 불러 모으고 잔치를 베풀었다. 술잔을 올리는 시종장과 빵을 구워 올리는 시종장이, 신하들이 모인 자리에 불려 나갔다. 21 바로에게 술을 따라 올리는 시종장은 직책이 회복되어서, 잔에 술을 따라서 바로의 손에 올리게 되고, 22 빵을 구워 바치는 시종장은 매달려서 처형되니, 요셉이 그들에게 해몽하여준 대로 되었다. 23 그러나 술잔을 올리는 시종장은 요셉을 기억하지 못하였다. 그는 요셉을 잊고 있었다.

시종장을 단숨에 복권하기도 하고, 순식간에 사형시키기도 하는 이집트 왕 바로는 어떤 인물인가요? '바로'는 파라오를 우리말로 편하게 표기한 것입니다. 요셉의 시대가 정확히 언제인지 확인할 수는 없습니다. 고대 이집트 파라오의 절대 권력은 피라미드나 스핑크스와 같은 거대 조각물에서도 짐작할 수 있습니다. 파라오들은 스스로를 신과 같은 존재라 여겼습니다. 그렇기에 그들 앞에 선 신하나 백성은 그야말로 언제 어떻게 될지 모르는 신세였습니다. 하루아침에 감옥에 갇히기도 하고 복권되기도 했습니다. 이를 생각하면, 그 앞에서 눈치 보지 않고 옳은 일을 진행한다는 것은 정말 쉽지 않은 일이었습니다.

{ 제41장 }

요셉이 바로의 꿈을 해몽하다

1 그로부터 만 이 년이 지나서, 바로가 꿈을 꾸었다. 그가 나일
강 가에 서 있는데, 2 잘생기고, 살이 찐 암소 일곱 마리가 강에
서 올라와서, 갈밭에서 풀을 뜯는다. 3 그 뒤를 이어서, 흉측하
고 야윈 다른 암소 일곱 마리가 강에서 올라와서, 먼저 올라온
소들과 함께 강가에 선다. 4 그 흉측하고 야윈 암소들이, 잘생
기고 살이 찐 암소들을 잡아먹는다. 바로는 잠에서 깨어났다.
5 그가 다시 잠들어서, 또 꿈을 꾸었다. 이삭 일곱 개가 보인다.
토실토실하고 잘 여문 이삭 일곱 개가 나오는데, 그것들은 모
두 한 줄기에서 나와서 자란 것들이다. 6 그 뒤를 이어서, 또 다
른 이삭 일곱 개가 피어 나오는데, 열풍이 불어서, 야위고 마른
것들이다. 7 그 야윈 이삭이, 토실토실하게 잘 여문 이삭 일곱
개를 삼킨다. 바로가 깨어나 보니, 꿈이다. 8 아침에 그는 마음
이 뒤숭숭하여, 사람을 보내어서 이집트의 마술사와 현인들을
모두 불러들이고, 그가 꾼 꿈 이야기를 그들에게 하였다. 그러

요셉 자신도 꿈을 꾸고 요셉과 관련된 인물들도 꿈을 꿉니다. 고대의 사람들은 꿈
이 앞날을 예고한다고 믿었나요? 지금도 그런 경향이 다소 있지만, 고대로 갈수록
꿈은 어떤 의미를 지닌다고 여겨졌습니다. 지금이야 발전한 과학기술이 있고, 성경
과 같이 하나님의 뜻을 담은 책이 있다지만, 요셉이 활동하던 시대에는 그와 같은 과
학기술도 성경도 없었으니, 하나님의 뜻을 알기란 쉽지 않았을 것입니다. 그런 시대
에 꿈은 하나님께서 뜻을 알리시는 중요한 방편이었습니다. 사실 고대인들은 일상에
서 벌어지는 삶의 모든 순간이 모두 하나님께서 그분의 뜻을 알리시는 통로라고 여
겼습니다. 하물며 현실을 반영하는 꿈은 더욱 그러했을 것입니다.

나 아무도 그에게 그 꿈을 해몽하여주는 사람이 없었다.

9 ○ 그때에 술잔을 올리는 시종장이 바로에게 말하였다. "제가 꼭 했어야 할 일을 못한 것이 오늘에야 생각납니다. 10 임금님께서 종들에게 노하셔서, 저와 빵을 구워 올리는 시종장을 경호대장 집 감옥에 가두신 일이 있습니다. 11 저희들이 같은 날 밤에 각각 꿈을 꾸었는데, 두 꿈의 내용이 너무나 달랐습니다. 12 그때에 그곳에, 경호대장의 종인 히브리 소년이 저희와 함께 있었습니다. 저희가 꾼 꿈 이야기를 그에게 해주었더니, 그가 그 꿈을 풀었습니다. 저희 두 사람에게 제각기 그 꿈을 해몽하여주었던 것입니다. 13 그리고 그가 해몽한 대로, 꼭 그대로 되어서, 저는 복직되고, 그 사람은 처형되었습니다."

14 ○ 이 말을 듣고서, 바로가 사람을 보내어 요셉을 불러오게 하였고, 사람들은 곧바로 그를 구덩이에서 끌어냈다. 요셉이 수염을 깎고, 옷을 갈아입고, 바로 앞으로 나아가니, 15 바로가 요셉에게 말하였다. "내가 꿈을 하나 꾸었는데, 그것을 해몽할 수 있는 사람이 없다. 나는 네가 꿈 이야기를 들으면 잘 푼다고 들었다. 그래서 너를 불렀다." 16 요셉이 바로에게 대답하였다. "저에게는 그런 능력이 없습니다. 임금님께서 기뻐하실 대답은,

술잔 올리는 시종장은 요셉을 히브리 소년으로 기억합니다. 이집트 사람들에게 요셉은 이방인인 데다가 젊은 사람인데, 그것에 대한 거부감은 없었을까요? 창세기는 일어난 모든 일을 상세히 기록하는 역사책이 아니라, 낯선 땅을 살아간 하나님의 사람, 그리고 그들을 지키며 동행하신 하나님에 대한 증언입니다. 그래서 창세기는 나머지 부분에 대해서 그리 자세하거나 친절하게 설명하지는 않습니다. 요셉이 어떻게 곧바로 왕 앞에 나설 수 있게 되는지 아마도 나름의 복잡한 과정이 생략된 채 표현되었을 것이라 여겨집니다. 창세기는 요셉의 고통에 대해서도 언급하지 않은 채, 우리의 상상에 맡깁니다.

하나님이 해주실 것입니다." 17 바로가 요셉에게 말하였다. "꿈에 내가 나일강 가에 서 있는데, 18 살이 찌고 잘생긴 암소 일곱 마리가 강에서 올라와서, 갈밭에서 풀을 뜯었다. 19 그것들의 뒤를 이어서, 약하고 아주 흉측하고 야윈 다른 암소 일곱 마리가 올라오는데, 이집트 온 땅에서 내가 일찍이 본 일이 없는 흉측하기 짝이 없는 그런 암소들이었다. 20 그 야위고 흉측한 암소들은 먼저 올라온 기름진 암소 일곱 마리를 잡아먹었다. 21 흉측한 암소들은 살이 찐 암소들을 잡아먹었는데도, 여전히 굶은 암소처럼 흉측하였다. 그러고는 내가 깨어났다. 22 내가 또다시 꿈에 보니, 한 줄기에서 자란 이삭 일곱 개가 있는데, 잘 여물고 실한 것들이었다. 23 그것들의 뒤를 이어서, 다른 이삭 일곱 개가 피어나오는데, 열풍이 불어서, 시들고 야위고 마른 것들이었다. 24 그 야윈 이삭이 잘 여문 일곱 이삭을 삼켜버렸다. 내가 이 꿈 이야기를 마술사와 현인들에게 들려주었지만, 아무도 나에게 그 꿈을 해몽해주지 못하였다."

25 ○ 요셉이 바로에게 말하였다. "임금님께서 두 번 꾸신 꿈의 내용은 다 같은 것입니다. 임금님께서 장차 하셔야 할 일을 하나님이 보여주신 것입니다. 26 그 좋은 암소 일곱 마리는 일곱

바로 앞에 나간 요셉은 해몽을 해주는 분은 하나님이라고 밝힙니다. 태양신을 믿는 이집트에서 요셉은 어떻게 하나님을 당당하게 말할 수 있었던 건가요? 고대 세계는 기본적으로 여러 신의 존재를 당연한 것으로 여기며 인정했습니다. 어떤 도시의 최고 신은 태양신이지만, 다른 지역이나 다른 민족에게 존재하는 다른 신의 존재를 부정하지 않았습니다. 요셉이 이집트에서 태양신의 존재를 부정하거나 맞서지 않는 한, 외국인이었을 그가 가진 신앙 자체가 문제 되지는 않았을 것입니다. 그리고 여기에 쓰인 '하나님'이라는 표현은 '하느님' 같은 지극히 일반적인 표현이기에, 이집트 사람이 듣기에 전혀 거부감 없는 표현이기도 했을 것입니다.

해를 말하고, 잘 여문 이삭 일곱 개도 일곱 해를 말하는 것입니다. 두 꿈이 다 같은 내용입니다. 27 뒤따라 나온 야위고 흉측한 암소 일곱 마리나, 열풍에 말라버린 쓸모없는 이삭 일곱 개도, 역시 일곱 해를 말합니다. 이것들은 흉년 일곱 해를 말하는 것입니다. 28 이제, 제가 임금님께 말씀드린 바와 같이, 임금님께서 앞으로 하셔야 할 일을 하나님이 보여주신 것입니다. 29 앞으로 올 일곱 해 동안에는, 온 이집트 땅에 큰 풍년이 들 것입니다. 30 그런데 곧 이어서, 일곱 해 동안 흉년이 들 것입니다. 그렇게 되면, 이집트 땅에 언제 풍년이 있었더냐는 듯이, 지나간 일을 다 잊어버리게 될 것입니다. 그리고 기근이 이 땅을 황폐하게 할 것입니다. 31 풍년이 든 다음에 오는 흉년은 너무나도 심하여서, 이집트 땅에서는 아무도 그전에 풍년이 든 일을 기억하지 못할 것입니다. 32 임금님께서 같은 꿈을 두 번이나 거듭 꾸신 것은, 하나님이 이 일을 하시기로 이미 결정하시고, 그 일을 꼭 그대로 하시겠다는 것을 말씀해주시는 것입니다. 33 이제 임금님께서는, 명철하고 슬기로운 사람을 책임자로 세우셔서, 이집트 땅을 다스리게 하시는 것이 좋을 듯합니다. 34 임금님께서는 전국에 관리들을 임명하셔서, 풍년이 계속되는 일곱 해 동안

요셉은 바로의 꿈 또한 듣자마자 막힘없이 해몽하고 단숨에 총리에 오릅니다. 과연 이 또한 주님의 돌보심인가요? 감옥에 들어온 시종장이든 한 나라 전체를 다스리는 바로이든 요셉에게는 상대방을 대하는 태도에서 아무런 차이가 없었습니다. 사실 요셉은 보디발의 집에 종으로 있을 때나 감옥의 죄수로 있을 때나 그저 어디서든 하나님의 돌보심을 신뢰하며 자신에게 주어진 일을 행했고, 그를 통해 가는 곳마다 복되게 했습니다. 세상 모든 존재가 하나님께로부터 왔다면, 시종장의 꿈이든 바로의 꿈이든 하나님의 뜻 가운데 있기는 마찬가지겠지요. 요셉은 어디서든 하나님을 신뢰하며 주어진 일을 행할 따름입니다.

에, 이집트 땅에서 거둔 것의 오분의 일을 해마다 받아들이도록 하심이 좋을 듯합니다. 35 앞으로 올 풍년에, 그 관리들은 온갖 먹거리를 거두어들이고, 임금님의 권한 아래, 각 성읍에 곡식을 갈무리하도록 하십시오. 36 이 먹거리는, 이집트 땅에서 일곱 해 동안 이어갈 흉년에 대비해서, 그때에 이 나라 사람들이 먹을 수 있도록 갈무리해두셔야 합니다. 그렇게 하시면, 기근이 이 나라를 망하게 하지 못할 것입니다."

요셉이 이집트의 총리가 되다

37 ○ 바로와 모든 신하들은 이 제안을 좋게 여겼다. 38 바로가 신하들에게 말하였다. "하나님의 영이 함께하는 사람을, 이 사람 말고, 어디에서 또 찾을 수 있겠느냐?" 39 바로가 요셉에게 말하였다. "하나님이 너에게 이 모든 것을 알리셨는데, 너처럼 명철하고 슬기로운 사람이 어디에 또 있겠느냐? 40 네가 나의 집을 다스리는 책임자가 되어라. 나의 모든 백성은 너의 명령을 따를 것이다. 내가 너보다 높다는 것은, 내가 이 자리에 앉아 있다는 것뿐이다." 41 바로가 또 요셉에게 말하였다.

바로가 요셉을 전적으로 믿고 등용한 이유는 무엇인가요? 짧은 본문 안에 여러 내용이 있다 보니 순식간에 일이 처리된다는 인상을 받을 수 있습니다. 그러나 아마도 바로는 시종장을 통해 요셉이 감옥에서 어떻게 생활했으며, 이전에는 어떻게 살았는지 들었을 것입니다. 무엇보다도 요셉이 풀이한 해석의 타당함이 바로와 다른 신하들의 마음도 움직였을 것입니다. 바로는 요셉을 단지 꿈을 해석하는 신비한 재주를 가진 사람 정도가 아니라 명철하고 슬기롭다 평하는데, 많은 사람을 상대하고 만났던 바로인 만큼 그 나름대로 요셉을 알아본 것이라 할 수 있겠습니다. 바로는 이 젊은 사람이 해야 할 일을 정확히 알고 있다고 생각했습니다.

"내가 너를 온 이집트 땅의 총리로 세운다." 42 그렇게 말하면서, 바로는 손가락에 끼고 있는 옥새 반지를 빼서 요셉의 손가락에 끼우고, 고운 모시옷을 입히고, 금목걸이를 목에다 걸어주었다. 43 그런 다음에, 또 자기의 병거에 버금가는 병거에 요셉을 태우니, 사람들이 "물러나거라!" 하고 외쳤다. 이렇게 해서, 바로는 요셉을 온 이집트 땅의 총리로 세웠다.

44 ○ 바로가 요셉에게 말하였다. "나는 바로다. 이집트 온 땅에서, 총리의 허락이 없이는, 어느 누구도 손 하나 발 하나도 움직이지 못한다." 45 바로는 요셉에게 사브낫바네아라는 이름을 지어주고, 온의 제사장 보디베라의 딸 아스낫과 결혼을 시켰다. 요셉이 이집트 땅을 순찰하러 나섰다.

46 ○ 요셉이 이집트 왕 바로를 섬기기 시작할 때에, 그의 나이는 서른 살이었다. 요셉은 바로 앞에서 물러나와서, 이집트 온 땅을 두루 다니면서 살폈다. 47 풍년을 이룬 일곱 해 동안에, 땅에서 생산된 것은 대단히 많았다. 48 요셉은, 이집트 땅에서 일곱 해 동안 이어간 풍년으로 생산된 모든 먹거리를 거두어들여, 여러 성읍에 저장해두었다. 각 성읍 근처 밭에서 나는 곡식은 각각 그 성읍에 쌓아두었다. 49 요셉이 저장한 곡식

요셉이 총리로 발탁되었을 때 서른 살이라고 나오는데, 한 나라의 살림을 책임지기에는 너무 젊지 않나요? 그 시절엔 이 같은 파격 인사가 가능했나요? 이집트는 바로가 다스리는 절대 권력 체제였기에, 임금의 뜻이라면 무엇이든 가능했을 것입니다. 절대 권력은 권력의 변덕에 모든 것이 좌우된다는 점에서 매우 위태롭기도 했지만, 또 이처럼 매우 혁신적일 수도 있었습니다. 오늘날 사회의 중추적인 힘을 지닌 이들이 지나치게 나이가 많고, 젊은이들은 종종 완전히 배제되고 있다는 점에서, 오히려 고대 이집트는 신선한 변화와 개혁이 가능했다고 볼 수 있습니다. 실제로 총리의 자리에 오른 요셉은 이집트의 토지 정책의 근본을 뒤바꿔버립니다.

의 양은 엄청나게 많아서, 마치 바다의 모래와 같았다. 그 양이 셀 수 없을 만큼 많아져서, 기록을 중단할 수밖에 없었다.

50 ○ 요셉과 온의 제사장 보디베라의 딸 아스낫 사이에서 두 아들이 태어난 것은 흉년이 들기 전이었다. 51 요셉은 "하나님이 나의 온갖 고난과 아버지 집 생각을 다 잊어버리게 하셨다" 하면서, 맏아들의 이름을 므낫세라고 지었다. 52 둘째는 "내가 고생하던 이 땅에서, 하나님이 자손을 번성하게 해주셨다" 하면서, 그 이름을 에브라임이라고 지었다.

53 ○ 이집트 땅에서 일곱 해 동안 이어가던 풍년이 지나니, 54 요셉이 말한 대로 일곱 해 동안의 흉년이 시작되었다. 온 세상에 기근이 들지 않은 나라가 없었으나, 이집트 온 땅에는 아직도 먹거리가 있었다. 55 그러나 마침내, 이집트 온 땅의 백성이 굶주림에 빠지자, 그들은 바로에게 먹을 것을 달라고 부르짖었다. 바로는 이집트의 모든 백성에게 "요셉에게로 가서, 그가 시키는 대로 하여라" 하였다. 56 온 땅에 기근이 들었으므로, 요셉은 모든 창고를 열어서, 이집트 사람들에게 곡식을 팔았

요셉은 제사장의 딸과 결혼했다고 나오는데, 여기서 말하는 제사장은 어떤 역할을 하는 사람인가요? 요셉은 온의 제사장의 딸과 결혼했습니다. 온은 '태양의 도시'라는 뜻을 지닌 헬리오폴리스라 불리는 애굽 도시이며, 그 이름 안에 담긴 대로 태양 숭배의 중심지입니다. 그러므로 온의 제사장은 당연히 태양신을 숭배하는 제사장이었을 것입니다. 구약성경은 이스라엘 땅에서 이방인과 결혼하는 것은 강력히 반대하지만(예, 에스라기와 느헤미야기), 이방 땅에 살면서 이방 남자나 여자와 결혼하는 것에는 관대하다고 할 수 있습니다(예, 이방 왕과 결혼한 에스더). 요셉은 하나님의 이름을 빈번히 말하며 그 신앙을 전하는 것으로 자신의 신앙을 드러내기보다, 거의 대부분 하나님의 이름을 언급하지 않은 채 자신의 일을 충실하게 수행하는 것으로 하나님 앞에서 살아갑니다. 요셉의 결혼 역시 그런 맥락에서 이해할 수 있습니다.

다. 이집트 땅 모든 곳에 기근이 심하게 들었다. 57 기근이 온 세상을 뒤덮고 있었으므로, 다른 나라 사람들도 요셉에게서 곡식을 사려고 이집트로 왔다.

{ 제42장 }

요셉의 형들이 이집트로 가다

1 야곱은 이집트에 곡식이 있다는 말을 듣고서, 아들들에게 말하였다. "얘들아, 왜 서로 얼굴들만 쳐다보고 있느냐?" 2 야곱이 말을 이었다. "듣자 하니, 이집트에 곡식이 있다고 하는구나. 그러니 그리로 가서, 곡식을 좀 사오너라. 그래야 먹고살지, 가만히 있다가는 굶어 죽겠다." 3 그래서 요셉의 형 열 명이 곡식을 사려고 이집트로 갔다. 4 야곱은 요셉의 아우 베냐민만은 형들에게 딸려 보내지 않았다. 베냐민을 같이 보냈다가, 무슨 변이라도 당할까 보아, 겁이 났기 때문이다. 5 가나안 땅에도 기근이 들었으므로,

7년 계속된 풍년, 이어서 7년 계속된 흉년. 이집트는 긴 흉년을 대비할 정도로 저장 시설과 능력을 갖춘 체계적인 국가였나요? 고대 이집트의 찬란한 문명은 '나일 문명'이라는 인류 최초의 문명으로 잘 알려져 있습니다. 이집트를 관통해서 흐르는 나일강은 그러한 이집트의 번영을 가능하게 한 젖줄이었습니다. 이집트는 고대 시기부터 대단한 곡창 지대로 알려졌고, 그로 인해 상당한 양의 곡물 생산과 저장이 가능했을 것입니다. 그렇지만 창세기 본문 자체는 애굽의 저장 시설과 행정 체계에 관심을 두지는 않습니다. 창세기에서 언급된 7년의 풍년과 흉년은 글자 그대로 7년일 수도 있지만, '엄청난 풍년', '엄청난 흉년'을 의미하는 상징적 숫자로 볼 수도 있습니다. 본문의 초점은 요셉이 이 상황에 어떻게 대처해가는지에 있습니다.

이스라엘의 아들들도 곡식을 사러 가는 사람들 틈에 끼었다.

6 ○ 그때에 요셉은 나라의 총리가 되어서, 세상의 모든 백성에게 곡식을 파는 책임을 맡고 있었다. 요셉의 형들은 거기에 이르러서, 얼굴을 땅에 대고 엎드려, 요셉에게 절을 하였다. 7 요셉은 그들을 보자마자, 곧바로 그들이 형들임을 알았다. 그러나 짐짓 모르는 체하고, 그들에게 엄하게 물었다. "당신들은 어디에서 왔소?" 그들이 대답하였다. "먹거리를 사려고, 가나안 땅에서 왔습니다." 8 요셉은 형들을 알아보았으나, 형들은 요셉을 알아보지 못하였다. 9 그때에 요셉은 형들을 두고 꾼 꿈을 기억하고, 그들에게 말하였다. "당신들은 첩자들이오. 이 나라의 허술한 곳이 어디인지를 엿보러 온 것이 틀림없소!" 10 그들이 대답하였다. "아닙니다. 총리 어른, 소인들은 그저 먹거리를 사러 왔을 뿐입니다. 11 우리는 한 아버지의 자식들입니다. 소인들은 순진한 백성이며, 첩자가 아닙니다." 12 그가 말하였다. "아니오! 당신들은 이 나라의 허술한 곳이 어디인지를 엿보러 왔소." 13 그들이 대답하였다. "소인들은 형제들입니다. 모

형들을 알아본 요셉은 어린 시절의 꿈을 기억합니다. 요셉은 지난날을 한시도 잊지 않고 있었던 건가요? 더 사랑한 쪽이, 더 그리워한 쪽이 더 잘 기억하는 것 아닐까요? 아마도 요셉은 애굽에 온 이래 매일같이 혹시라도 아버지와 형들이 자신을 데리러 찾아오지 않을까 기다렸을 것 같습니다. 그동안 그의 마음이 얼마나 괴로웠고, 얼마나 많은 미움과 증오, 그리움과 외로움으로 뒤범벅이 되었을까요? 요셉이 애굽에서 낳은 첫째 아들의 이름은 므낫세인데, 그 의미는 "하나님이 나의 온갖 고난과 아버지 집 생각을 다 잊어버리게 하셨다"(41:51)입니다. 므낫세를 낳고서야 요셉은 겨우 이 모든 괴로움과 고통을 내려놓을 수 있었던 것 같습니다. 어쩌면 요셉은 그때서야 형들과 아버지를 용서할 수 있었을지도 모릅니다. 그랬던 요셉이기에 형들이 찾아오자 단번에 알아볼 수 있었을 것입니다.

두 열둘입니다. 가나안 땅에 사는 한 아버지의 아들들입니다. 막내는 소인들의 아버지와 함께 있고, 또 하나는 잃었습니다." 14 요셉이 그들에게 말하였다. "내 말이 틀림없소. 당신들은 첩자들이오. 15 그러나 당신들이 진실을 증명할 길은 있소. 바로께서 살아계심을 두고 맹세하오. 당신들이 막내아우를 이리로 데려오지 않으면, 당신들은 여기에서 한 발자국도 벗어나지 못하오. 16 당신들 가운데서 한 사람을 보내어, 당신들 집에 남아있는 아우를 이리로 데려오게 하고, 나머지는 감옥에 가두어 두겠소. 나는 이렇게 하여, 당신들이 한 말이 사실인지를 시험해보겠소. 바로께서 살아계심을 두고 맹세하오. 당신들이 그렇게 하지 못하면, 당신들은 첩자라는 누명을 벗지 못할 것이오." 17 요셉은 그들을 감옥에 사흘 동안 가두어두었다.

18 ○ 사흘 만에 요셉이 그들에게 말하였다. "나는 하나님을 두려워하오. 당신들은 이렇게 하시오. 그래야 살 수 있소. 19 당신들이 정직한 사람이면, 당신들 형제 가운데서 한 사람만 여기에 갇혀 있고, 나머지는 나가서, 곡식을 가지고 돌아가서, 집안 식구들이 허기를 면하도록 하시오. 20 그러나 당신들은 반드시

형들에게 사흘 만에 막내아우를 데려오라고 제안하면서 왜 요셉은 "나는 하나님을 두려워하오"(18절)라는 말로 시작했나요? 그것은 관용어인가요? 아브라함이 이방인들은 하나님을 두려워하지 않는다는 생각을 지니고 있었음을 볼 때(20:11), 요셉의 말은 다른 사람들에게 매우 파격적이고 놀라운 말로 들렸을 것입니다. 요셉은 이러한 말로 형제를 안심시키고 평안하게 만듭니다. 그에 이어 양식을 가져서 어려움을 극복하도록 조치하는 것을 볼 때, 요셉에게 있어서 "하나님을 경외한다"는 말은 궁핍하고 가난한 이와 나그네를 돌아본다는 의미로 쓰였음을 짐작할 수 있습니다. 그래서 요셉의 말은 막내아우를 데려오라는 맥락과 연결되기보다는 곡식을 가져가서 먹고살 수 있도록 하는 조치와 연결됩니다.

막내아우를 나에게로 데리고 와야 하오. 그래야만 당신들의 말이 사실이라는 것을 증명할 수 있을 것이며, 당신들이 죽음을 면할 것이오." 그들은 그렇게 하기로 하였다. 21 그들이 서로 말하였다. "그렇다! 아우의 일로 벌을 받는 것이 분명하다! 아우가 우리에게 살려달라고 애원할 때에, 그가 그렇게 괴로워하는 것을 보면서도, 우리가 아우의 애원을 들어주지 않은 것 때문에, 우리가 이제 이런 괴로움을 당하는구나." 22 르우벤이 그들에게 대답하였다. "그러기에 내가 그 아이에게 못할 짓을 하는 죄를 짓지 말자고 하지 않더냐? 그런데도 너희는 나의 말을 들은 체도 하지 않았다! 이제 우리가 그 아이의 핏값을 치르게 되었다." 23 그들은, 요셉이 통역을 세우고 말하였으므로, 자기들끼리 하는 말을 요셉이 알아듣는 줄은 전혀 알지 못하였다. 24 듣다 못한 요셉은, 그들 앞에서 잠시 물러가서 울었다. 다시 돌아온 요셉은 그들과 말을 주고받다가, 그들 가운데서 시므온을 끌어내어서, 그들이 보는 앞에서 끈으로 묶었다. 25 요셉은 사람들을 시켜서, 그들이 가지고 온 통에다가 곡식을 채우게 하고, 각 사람이 낸 돈은 그 사람의 자루에 도로 넣게 하고, 또 길에서 먹을 것은 따로 주게 하였다. 요셉이 시킨 대로 다 되었다.

요셉은 왜 맏형 르우벤이 아닌 둘째 형 시므온을 이집트에 남겨두게 했나요? 형제들 가운데 누군가 이집트에 남아야 하는 상황이 발생하자, 그들은 이러한 상황이 모두 자신들이 이전에 요셉에게 했던 잘못으로 인한 결과라고 생각하게 되었습니다. 이 가운데 22절에 있는 르우벤의 말은 과거 형제들이 죄를 지을 때 르우벤이 요셉에게 악하게 행하지 말라고 형제들을 말렸음을 보여줍니다. 아마도 요셉이 르우벤의 행동에 대해 알게 되었기에 그가 아니라 둘째인 시므온을 남게 하라 했을 수 있습니다. 혹은 라헬의 둘째 아들인 베냐민을 데려오라는 뜻으로 레아의 둘째 아들인 시므온을 남게 한 것이라고 볼 수도 있습니다.

요셉의 형들이 가나안으로 돌아가다

26 ○ 그들은 곡식을 나귀에 싣고, 거기를 떠났다. 27 그들이 하룻밤 묵어갈 곳에 이르렀을 때에, 그들 가운데서 한 사람이 자기 나귀에게 먹이를 주려고 자루를 풀다가, 자루 아귀에 자기의 돈이 그대로 들어 있는 것을 보았다. 28 그는 이것을 자기 형제들에게 알렸다. "내가 낸 돈이 도로 돌아왔다. 나의 자루 속에 돈이 들어 있어!" 이 말을 들은 형제들은, 얼이 빠진 사람처럼 떨면서, 서로 쳐다보며 한탄하였다. "하나님이 어찌하여 우리에게 이런 일을 하셨는가!"

29 ○ 그들은 가나안 땅으로 아버지 야곱에게 돌아가서, 그동안 겪은 일을 자세히 말씀드렸다. 30 "그 나라의 높으신 분이 우리를 보더니, 엄하게 꾸짖고, 우리를 그 나라를 엿보러 간 첩자로 여기는 것입니다. 31 그래서 우리는 그에게 '우리는 정직한 사람입니다. 우리는 첩자가 아닙니다. 32 우리는 모두 한 아버지의 자식들로서 열두 형제입니다. 하나는 잃고, 또 막내는 가나안 땅에 우리 아버지와 함께 있습니다' 하고 말씀을 드렸습니다. 33 그랬더니 그 나라의 높으신 분이 우리에게 이르

자루에 든 돈을 확인한 형제들은 그 상황에서 왜 하나님에 대한 원망부터 했을까요? "하나님께서 어찌하여 우리에게 이런 일을 하셨는가!"(28절)라는 말은 원망으로 보일 수도 있지만, 자신들에게 일어난 모든 일이 근본적으로 하나님께로부터 비롯되었다는 생각에서 나온 말일 수도 있습니다. 분명히 돈을 지불했는데 자신의 자루 안에 돈이 그대로 들어 있다는 점은 자신들이 돈을 지불하지 않은 채 곡식을 가져온 셈이 되며, 장차 이집트로 다시 돌아갈 때 더 큰 재앙이 기다리고 있음을 능히 짐작하게 했을 것입니다. 그들은 자루 속에 든 돈을 보며 하나님께서 자신들의 잘못을 철저하게 심판하신다고 생각했을 수 있습니다.

기를 '어디, 너희가 정말 정직한 사람들인지, 내가 한번 알아 보겠다. 너희 형제 가운데서 한 사람은 여기에 나와 함께 남아 있고, 나머지는 너희 집안 식구들이 굶지 않도록, 곡식을 가지고 돌아가거라. 34 그리고 너희의 막내아우를 나에게로 데리고 오너라. 그래야만 너희가 첩자가 아니고 정직한 사람이라는 것을 내가 알 수 있겠다. 그런 다음에야, 내가 여기 잡아둔 너희 형제를 풀어주고, 너희가 이 나라에 드나들면서 장사를 할 수 있게 하겠다' 하였습니다."

35 ○ 그들은 자루를 비우다가, 각 사람의 자루에 각자가 치른 그 돈 꾸러미가 그대로 들어 있는 것을 보았다. 그들과 그들의 아버지는 그 돈 꾸러미를 보고서, 모두들 겁이 났다. 36 아버지 야곱이 아들들에게 말하였다. "너희가 나의 아이들을 다 빼앗아가는구나. 요셉을 잃었고, 시므온도 잃었다. 그런데 이제 너희는 베냐민마저 빼앗아가겠다는 거냐? 하나같이 다 나를 괴롭힐 뿐이로구나!" 37 르우벤이 아버지에게 말하였다. "제가 베냐민을 다시 아버지께로 데리고 오지 못한다면, 저의 두 아

야곱과 그의 아들들은 어쩌면 가장 큰 위기에 봉착했다고 볼 수 있습니다. 그러자 서로를 탓하고 원망합니다. 과연 이들은 하나님을 믿고 의지하는 사람인가요? 야곱으로서는 아들들이 원망스러웠을 것입니다. 그들을 살펴보고 오라고 요셉을 보냈더니 그 요셉이 들짐승에 찢겨 죽었다는 말과 함께 형제들이 돌아왔고, 양식을 구하겠다며 이집트로 가더니 시므온은 남겨둔 채 돌아왔을 뿐 아니라, 이제 베냐민마저 데려가야 한다니 얼마나 원망스러웠겠습니까? 거기에 자루마다 돈은 그대로 들었으니 도둑이라는 말까지 듣게 되었고, 가지 않자니 시므온을 포기해야 하고…. 야곱은 참 괴로웠을 것입니다. 야곱의 반응을 들은 르우벤은 자신의 아들들을 걸고서 반드시 시므온을 데려오겠다고 다짐합니다. 아버지의 괴로움, 그리고 형제간에 서로 책임지는 모습이 이제 드러나게 됩니다.

들을 죽이셔도 좋습니다. 막내를 저에게 맡겨주십시오. 제가 반드시 아버지께로 다시 데리고 오겠습니다." 38 야곱이 말하였다. "막내를 너희와 함께 그리로 보낼 수는 없다. 그 아이의 형은 죽고, 그 아이만 홀로 남았는데, 그 아이가 너희와 같이 갔다가, 또 무슨 변을 당하기라도 하면 어찌하겠느냐? 너희는, 백발이 성성한 이 늙은 아버지가 슬퍼하며 죽어서 스올로 내려가는 꼴을 보겠다는 거냐?"

{ 제43장 }

형들이 베냐민을 데리고 이집트로 가다

1 그 땅에 기근이 더욱 심해갔다. 2 그들이 이집트에서 가지고 온 곡식이 다 떨어졌을 때에, 아버지가 아들들에게 말하였다. "다시 가서, 먹거리를 조금 더 사오너라." 3 유다가 아버지에게 말하였다. "그 사람이 우리에게 엄하게 경고하면서 '너희가 막내아우를 데리고 오지 않으면, 다시는 나의 얼굴을 못 볼 것이

야곱의 아들들도 모두 장성했지만, 여전히 아버지 야곱이 중요한 결정을 내리는 것으로 보입니다. 당시의 유대 사회는 가부장적인 사회였나요? 그렇습니다. 오늘날과 차이가 있다면 가족의 수가 좀 더 크고 많았다는 점일 것입니다. 고대 이스라엘은 대체로 3대가 하나의 가족을 이루고 살았고, 가장 나이가 많은 남자가 가족 전체의 중요한 판단과 결정을 내렸습니다. 아브라함처럼 살던 곳을 떠나 이전에 알지 못하던 낯선 땅으로 이주를 결정하기도 했고, 야곱처럼 곡식을 구하기 위한 결정을 내리기도 했습니다. 아버지의 결정에 가족들은 저항하지 않고 따랐고, 그만큼 아버지의 권위는 가정에서 크게 인정받았습니다.

다' 하고 말하였습니다. 4 우리가 막내를 데리고 함께 가게 아버지께서 허락하여주시면, 다시 가서 아버지께서 잡수실 것을 사오겠습니다. 5 그러나 아버지께서 막내를 보낼 수 없다고 하시면, 우리는 갈 수 없습니다. 그분이 우리에게 말하기를 '너희가 막내아우를 데리고 오지 않으면, 다시는 나의 얼굴을 못 볼 것이다' 하였기 때문입니다." 6 이스라엘이 자식들을 탓하였다. "어찌하려고 너희는, 아우가 있다는 말을 그 사람에게 해서, 나를 이렇게도 괴롭히느냐?" 7 그들이 대답하였다. "그 사람은 우리와 우리 가족에 관하여서 낱낱이 캐물었습니다. '너희 아버지가 살아계시냐?' 하고 묻기도 하고, 또 '다른 형제가 더 있느냐?' 하고 묻기도 하였습니다. 우리는 그저, 그가 묻는 대로 대답하였을 뿐입니다. 그가 우리의 아우를 그리로 데리고 오라고 말할 것이라고는 상상도 하지 못하였습니다." 8 유다가 아버지 이스라엘에게 말하였다. "제가 막내를 데리고 가게 해주십시오. 그러면 우리가 곧 떠나겠습니다. 그렇게 하여야, 우리도, 아버지도, 우리의 어린 것들도, 죽지 않고 살 수 있을 것입니다. 9 제가 그 아이의 안전을 책임지겠습니다. 아버지께서는, 그 아이에 대해서는, 저에게 책임을 물어주십시오. 제가 그 아

베냐민을 보내기로 결정한 야곱은 한편으로는 환심을 살 만한 방법을 일러주면서, 한편으로는 하나님을 의지합니다. 야곱의 이런 태도는 신앙인으로서 최선인가요? 하나님께서 하실 일은 하나님께서 하실 것이고, 사람이 해야 할 일은 사람이 해야 할 것입니다. 만일 하나님을 의지한다면서 우리 스스로 할 일을 하지 않는다면, 사람은 평생 하나님만 의지하며 스스로는 아무것도 할 수 없는 존재가 되고 말 것입니다. 하나님께서 원하시는 것은 하나님 없이 아무것도 못 하는 존재가 아니라 하나님을 굳게 신뢰하며 옳은 일을 올바르게 끝까지 행하는 것, 그래서 하나님께서 도우실 것이니 겁먹지 말고 해야 할 일을 하는 존재로 살아가는 것입니다.

이를 아버지께로 다시 데리고 와서 아버지 앞에 세우지 못한다면, 그 죄를 제가 평생 달게 받겠습니다. 10 우리가 이렇게 머뭇거리고 있지 않았으면, 벌써 두 번도 더 다녀왔을 것입니다."

11 ○ 아버지 이스라엘이 아들들에게 말하였다. "꼭 그렇게 해야만 한다면, 이렇게 하도록 하여라. 이 땅에서 나는 것 가운데 가장 좋은 토산물을 너희 그릇에 담아 가지고 가서, 그 사람에게 선물로 드리도록 하여라. 유향과 꿀을 얼마쯤 담고, 향품과 몰약과 유향나무 열매와 감복숭아를 담아라. 12 돈도 두 배를 가지고 가거라. 너희 자루 아귀에 담겨 돌아온 돈은 되돌려주어야 한다. 아마도 그것은 실수였을 것이다. 13 너희 아우를 데리고, 어서 그 사람에게로 가거라. 14 너희들이 그 사람 앞에 설 때에, 전능하신 하나님이 그 사람을 감동시키셔서, 너희에게 자비를 베풀게 해주시기를 빌 뿐이다. 그가 거기에 남아 있는 아이와 베냐민도 너희와 함께 돌려보내 준다면, 더 바랄 것이 없겠다. 자식들을 잃게 되면 잃는 것이지, 난들 어떻게 하겠느냐?"

15 ○ 사람들은 선물을 꾸리고, 돈도 갑절을 지니고, 베냐민을 데리고 급히 이집트로 가서, 요셉 앞에 섰다. 16 요셉은, 베냐

야곱은 베냐민까지 이집트로 보내며 곡식을 얻어오게 합니다. 야곱의 선택과 결정은 과연 아버지로서 합당한 것인가요? 만일 베냐민을 보내지 않는다면 애굽에 억류된 시므온은 어떻게 될까요? 남은 사람들이 살기 위한 선택을 한다면, 형제 전체를 대표해 애굽에 남았던 시므온은 그야말로 희생되고 말 것입니다. 한 사람을 희생시켜 전부를 살리는 것은 그렇게 희생되는 당사자가 선택할 순 있어도, 어느 누구도 그에게 그렇게 하라고 요구하거나 강요할 수 없습니다. 한동안은 그런 생각도 했겠지만, 다시 양식이 떨어지면서 야곱과 형제들에겐 다른 선택이 없었습니다. 어떻게든 전부를 걸고 모두 살 수 있는 선택을 해야 했습니다. 사실 한 사람을 희생시켜서 얻은 평화는 결코 오래갈 수 없는 법입니다.

민이 그들과 함께 온 것을 보고서, 자기 집 관리인에게 말하였다. "이 사람들을 집으로 데리고 가시오. 짐승을 잡고, 밥상도 준비하시오. 이 사람들은 나와 함께 점심을 먹을 것이오." 17 요셉이 말한 대로, 관리인이 그 사람들을 요셉의 집으로 안내하였다. 18 그 사람들은 요셉의 집으로 안내를 받아 들어가면서, 겁이 났다. 그들은 '지난번에 여기에 왔을 적에, 우리가 낸 돈이, 알지도 못하는 사이에 우리의 자루 속에 담겨서 되돌아왔는데, 그 돈 때문에 우리가 이리로 끌려온다. 그 일로 그가 우리에게 달려들어서, 우리의 나귀를 빼앗고, 우리를 노예로 삼으려는 것이 틀림없다' 하고 걱정하였다. 19 그래서 그들은 요셉의 집 문 앞에 이르렀을 때에, 요셉의 집 관리인에게 가서 물었다. 20 "우리는 지난번에 여기에서 곡식을 사간 일이 있습니다. 21 하룻밤 묵어갈 곳에 이르러서 자루를 풀다가, 우리가 치른 돈이, 액수 그대로, 우리 각자의 자루 아귀 안에 고스란히 들어 있는 것을 보았습니다. 그래서 우리가 그것을 다시 가지고 왔습니다. 22 또 우리는 곡식을 살 돈도 따로 더 가지고 왔습니다. 우리는, 누가 그 돈을 우리의 자루 속에 넣었는지 모릅니다." 23 그 관리인이 말하였다. "그동안 별고 없으셨습

두려움에 떨었던 형들은 요셉의 집에서 예상과 달리 환대를 받습니다. 그들은 요셉을 팔아넘긴 죄의 대가를 치르고 있는 건가요? 욕심과 시기심 때문에 다른 사람에게 부당한 일을 행했다면, 우리 역시 두고두고 그 일이 마음에 걸리고 진정한 마음의 평화를 얻기 어려울 것입니다. 기근 때문에 이집트에 내려온 이래, 그들은 요셉에 대한 기억을 떠올려야 했고, 시므온을 남겨두어야 했으며, 이제는 베냐민까지 위태로울 수 있는 처지가 되었습니다. 그래서 한 걸음이 불안하고 초조하고 두려움 가득할 수밖에 없었습니다. 하나님께서 그들로 대가를 치르게 하신다기보다는, 죄 지은 이들 스스로 불안과 염려, 두려움에 빠지게 된 것이라 볼 수 있습니다.

니까? 걱정하지 마십시오. 댁들을 돌보시는 하나님, 댁들의 조
상을 돌보신 그 하나님이 그 자루에 보물을 넣어주신 것입니
다. 나는 댁들이 낸 돈을 받았습니다." 이렇게 말하면서, 관리
인은 시므온을 그들에게로 데리고 왔다. 24 관리인은 그 사람
들을 요셉의 집 안으로 안내하고서, 발 씻을 물도 주고, 그들
이 끌고 온 나귀에게도 먹이를 주었다. 25 그들은 거기에서 점
심을 먹게 된다는 말을 들었으므로, 정오에 올 요셉을 기다리
면서, 장만해온 선물을 정돈하고 있었다.

26 ㅇ 요셉이 집으로 오니, 그들은 집 안으로 가지고 들어온
선물을 요셉 앞에 내놓고, 땅에 엎드려 절을 하였다. 27 요셉
은 그들의 안부를 묻고 난 다음에 "전에 그대들이 나에게 말
한 그 연세 많으신 아버지도 안녕하시오? 그분이 아직도 살아
계시오?" 하고 물었다. 28 그들은 "총리 어른의 종인 소인들의
아버지는 지금도 살아 있고, 평안합니다" 하고 대답하면서, 몸
을 굽혀서 절을 하였다. 29 요셉이 둘러보다가, 자기의 친어머
니의 아들, 친동생 베냐민을 보면서 "이 아이가 지난번에 그대
들이 나에게 말한 바로 그 막내아우요?" 하고 물었다. 그러면
서 그는 "귀엽구나! 하나님이 너에게 복 주시기를 빈다" 하고

왜 요셉은 처음부터 자신의 신분을 밝히지 않은 채 시간을 끌며 여러 시나리오를 가동
했나요? 창세기 본문은 요셉이 왜 그렇게 행동하는지 전혀 알려주지 않습니다. 그래
서 창세기 본문은 독자로 하여금 요셉의 심정을 상상해보도록 초대합니다. 모든 것을
파악할 수는 없지만, 그리고 보는 사람에 따라 다를 수 있지만, 결국 요셉의 행동으로
인해 형들은 자신들이 저질렀던 일을 되돌아보고 뉘우치게 되었고, 시므온은 홀로 남
겨지는 괴로움을 겪었고, 이제 베냐민을 지키기 위해 유다가 나서기도 합니다. 단지 오
랜만에 만나 눈물 흘리며 안는 것이 아니라, 이 과정을 통해 형들에게는 이전의 자신들
의 행동을 인정하고 바로잡을 기회가 다시 주어졌다고 할 수 있습니다.

말하였다. 30 요셉은 자기 친동생을 보다가, 마구 치밀어 오르는 형제의 정을 누르지 못하여, 급히 울 곳을 찾아 자기의 방으로 들어가서, 한참 동안 울고, 31 얼굴을 씻고 도로 나와서, 그 정을 누르면서, 밥상을 차리라고 명령하였다. 32 밥상을 차리는 사람들은 요셉에게 상을 따로 차려서 올리고, 그의 형제들에게도 따로 차리고, 요셉의 집에서 먹고사는 이집트 사람들에게도 따로 차렸다. 이집트 사람들은, 히브리 사람들과 같은 상에서 먹으면 부정을 탄다고 생각하기 때문에, 상을 같이 차리지 않은 것이다. 33 요셉의 형제들은 안내를 받아가며, 요셉 앞에 앉았는데, 앉고 보니, 맏아들로부터 막내아들에 이르기까지 나이 순서를 따라서 앉게 되었다. 그 사람들은 어리둥절하면서 서로 쳐다보았다. 34 각 사람이 먹을 것은, 요셉의 상에서 날라다 주었는데, 베냐민에게는 다른 사람보다 다섯 몫이나 더 주었다. 그들은 요셉과 함께 취하도록 마셨다.

형들은 요셉의 초대와 식탁을 마주하고도 정말 아무것도 몰랐을까요? 그들은 요셉을 보는 순간부터 계속해서 엎드려 절을 하며 제대로 얼굴을 맞대기 어려웠을 것입니다. 지금 요셉은 그들의 목숨을 쥐고 있는 애굽의 높은 어르신이니까요. 또 애굽 식의 화장을 하고 화려한 옷을 입었을 요셉을 보면서 형들이 예전의 어린 요셉을 떠올리기는 어려웠을 것입니다. 밥을 먹는 순간 역시 요셉과 형제들은 다른 상에 앉아서 먹었기에 좀 더 자세히 볼 수 있는 기회가 없었습니다. 아마도 요셉 스스로 자신이 누구인지 아직 드러내고자 하지 않았으므로 형들은 요셉을 알아보기 어려웠을 것으로 짐작됩니다.

{ 제44장 }

잔이 없어지다

1 요셉이 집 관리인에게 명령하였다. "저 사람들이 가지고 갈 수 있을 만큼 많이, 자루에 곡식을 담으시오. 그들이 가지고 온 돈도 각 사람의 자루 아귀에 넣으시오. 2 그리고 어린아이의 자루에다가는, 곡식값으로 가지고 온 돈과 내가 쓰는 은잔을 함께 넣으시오." 관리인은 요셉이 명령한 대로 하였다. 3 다음 날 동이 틀 무렵에, 그들은 나귀를 이끌고 길을 나섰다. 4 그들이 아직 그 성읍에서 얼마 가지 않았을 때에, 요셉이 자기 집 관리인에게 말하였다. "빨리 저 사람들의 뒤를 쫓아가시오. 그들을 따라잡거든, 그들에게 '너희는 왜 선을 악으로 갚느냐? 5 어찌하려고 은잔을 훔쳐 가느냐? 그것은 우리 주인께서 마실 때에 쓰는 잔이요, 점을 치실 때에 쓰는 잔인 줄 몰랐느냐? 너희가 이런 일을 저지르다니, 매우 고약하구나!' 하고 호통을 치시오."
6 ○ 관리인이 그들을 따라잡고서, 요셉이 시킨 말을 그들에게

총리 요셉이 쓰는 은잔의 용도는 무엇인가요? 요셉의 집 관리인은 진행되는 상황을 잘 알고 있고 자신의 역할이 무엇인지도 잘 알고 있습니다. 요셉의 명을 따라 은잔을 베냐민의 자루에 집어넣었고, 이제 그 은잔을 가리키며 자신의 주인 요셉이 쓰는 잔이면서 점을 치는 잔이라고 말합니다. 고대에는 잔에 담긴 액체의 모양과 상태로 점을 치는 일이 흔했다고 합니다. 그러나 그렇다고 요셉이 그렇게 점을 쳤다는 말은 아닐 것입니다. 관리인은 이 잔이 요셉에게 얼마나 중요한 것인지를 강조하기 위해 이같이 표현합니다. 그를 통해 지금 형제들이 저지른 짓이 얼마나 심각한 죄인지를 알리려고 합니다. 형제들은 자신들이 한 일이 아니지만, 어떤 일이 벌어졌는지 깨달으며 두려움과 공포에 사로잡혔을 것입니다.

그대로 하면서, 호통을 쳤다. 7 그러자 그들이 그에게 말하였다. "어찌하여 그런 말씀을 하십니까? 소인들 가운데는 그런 일을 저지를 사람이 하나도 없습니다. 8 지난번 자루 아귀에서 나온 돈을 되돌려드리려고, 가나안 땅에서 여기까지 가지고 오지 않았습니까? 그런데 어떻게 우리가 그대의 상전댁에 있는 은이나 금을 훔친다는 말입니까? 9 소인들 가운데서 어느 누구에게서라도 그것이 나오면, 그를 죽여도 좋습니다. 그리고 나머지 우리는 주인의 종이 되겠습니다." 10 그가 말하였다. "그렇다면 좋소. 당신들이 말한 대로 합시다. 그러나 누구에게서든지 그것이 나오면, 그 사람만이 우리 주인의 종이 되고, 당신들 나머지 사람들에게는 죄가 없소." 11 그들은 얼른 각자의 자루를 땅에 내려놓고서 풀었다. 12 관리인이 맏아들의 자루부터 시작하여 막내아들의 자루까지 뒤지니, 그 잔이 베냐민의 자루에서 나왔다. 13 이것을 보자, 그들은 슬픔이 북받쳐서 옷을 찢고 울면서, 저마다 나귀에 짐을 다시 싣고, 성으로 되돌아갔다.

14 ○ 유다와 그의 형제들이 요셉의 집에 이르니, 요셉이 아직

요셉이 자신을 밝히지 않고 형들을 곤란한 지경으로 몰아가는 이유는 무엇인가요? "당신들은 이제 어떻게 할 것인가"를 묻는 게 아닐까요? 그 잔이 발견된 자루의 주인인 베냐민을 애굽에 남겨둔 채 자신들은 얻은 양식을 가지고 무사히 돌아가서 편안히 살 것인지, 아니면 베냐민을 끝까지 책임질 것인지 요셉은 형들에게 묻고 있습니다. 그리고 이것은 형들에게 기회를 주는 것이기도 하겠지요. 우리는 살면서 어리석고 이기적인 선택을 할 때가 많습니다. 지나고 나서야 후회하며 가슴 아파할 때가 많습니다. 그러나 하나님께서는 우리에게 다시 기회를 주십니다. 이전처럼 비겁하게 나만 살겠다고 할 것인지, 다른 사람의 곤경을 모른 체하고 나만 편안하면 된다며 빠져나올 것인지, 또 다른 선택의 기회는 반드시 또 다가옵니다. 그때 우리는 어떻게 행할까요? 형들의 선택을 주목해보십시오.

거기에 있었다. 그들이 요셉 앞에 나아가서, 땅에 엎드리자, 15 요셉이 호통을 쳤다. "당신들이 어찌하여 이런 일을 저질렀소? 나 같은 사람이 점을 쳐서 물건을 찾는 줄을, 당신들은 몰랐소?" 16 유다가 대답하였다. "우리가 주인어른께 무슨 할 말이 있겠습니까? 무슨 변명을 할 수 있겠습니까? 어찌 우리의 죄 없음을 밝힐 수 있겠습니까? 하나님이 소인들의 죄를 들추어내셨으니, 우리와 이 잔을 가지고 간 아이가 모두 주인어른의 종이 되겠습니다." 17 요셉이 말하였다. "그렇게까지 할 것은 없소. 이 잔을 가지고 있다가 들킨 그 사람만 나의 종이 되고, 나머지는 평안히 당신들의 아버지께로 돌아가시오."

유다가 베냐민을 위하여 탄원하다

18 ○ 유다가 그에게 가까이 가서 간청하였다. "이 종이 주인어른께 감히 한 말씀 드리는 것을 용서하여주시기 바랍니다. 어른께서는 바로와 꼭 같은 분이시니, 이 종에게 너무 노여워

야곱의 아들 중 유다가 가장 많이 등장합니다. 장자도 아닌 그가 중요한 장면마다 나오는 이유는 무엇인가요? 창세기가 지금과 같은 형태로 완성된 것은 바벨론 포로기 이후일 것입니다. 이스라엘 땅에 나라가 세워지고 바벨론에게 멸망할 때까지, 이스라엘의 주력은 북쪽에서는 에브라임 지파, 남쪽에서는 유다 지파입니다. 다윗은 유다 지파의 후손입니다. 바벨론에 포로로 끌려간 이들 역시 유다 지파가 중심입니다. 아마도 이 같은 사실이 창세기의 중요한 부분에 유다 지파와 연관된 내용이 자꾸 언급되는 까닭이라고 볼 수 있습니다. 유다는 자신의 삶을 걸고 베냐민을 지키려고 나섭니다. 그 옛날 요셉을 팔아버렸던 유다는 이제 자신의 목숨을 대신 내어놓고 베냐민을 살리려고 합니다. 그래서 요셉을 팔아버린 유다가 예수님을 팔아버린 가룟 유다를 떠올리게 한다면, 베냐민을 위해 자신의 목숨을 내어놓는 유다는 유다 지파의 후손인 예수 그리스도를 떠올리게도 합니다.

하지 마시기 바랍니다. 19 이전에 어른께서는 종들에게, 아버지나 아우가 있느냐고 물으셨습니다. 20 그때에 종들은, 늙은 아버지가 있고, 그가 늘그막에 얻은 아들 하나가 있는데, 그 아이와 한 어머니에게서 난 그의 친형은 죽고, 그 아이만 있기 때문에, 아버지가 그 아이를 무척이나 사랑한다고 말씀드렸습니다. 21 그때에 어른께서는 종들에게 말씀하시기를, 어른께서 그 아이를 직접 만나보시겠다고, 데리고 오라고 하셨습니다. 22 그래서 종들이 어른께, 그 아이는 제 아버지를 떠날 수 없으며, 그 아이가 아버지 곁을 떠나면, 아버지가 돌아가실 것이라고 말씀드렸습니다. 23 그러나 어른께서는 이 종들에게, 그 막내아우를 데리고 오지 않으면 어른의 얼굴을 다시는 못볼 것이라고 말씀하셨습니다. 24 그래서 종들은 어른의 종인 저의 아버지에게 가서, 어른께서 하신 말씀을 다 전하였습니다. 25 얼마 뒤에 종들의 아버지가 종들에게, 다시 가서 먹거리를 조금 사오라고 하였습니다만, 26 종들은, 막내아우를 우리와 함께 보내시면 가겠지만, 그렇지 않으면 갈 수도 없고 그

유다는 요셉에게 절박한 마음으로 호소합니다. 한편으로는 다소 극적인 효과를 노리는 것 같기도 하고요. 창세기가 이 이야기를 굳이 반복하는 이유는 무엇인가요? 유다의 절박한 말은 그가 베냐민을 살리려는 시늉을 하며 생색을 내는 것이 아니라 정말로 동생을 지키기 위해 자신의 전부를 걸었음을 보여줍니다. 일찍이 그는 요셉을 장사꾼들에게 팔아버리자고 제안했던 장본인이었고, 이는 나이 든 아버지에게서 사랑하는 아들을 빼앗는 결과를 초래했습니다. 이제 그때와 비슷한 상황이 되자, 그는 온 힘을 다해 아버지가 사랑하는 아들을 지키려고 합니다. 우리에게도 이처럼 자신의 어리석었던 과거 행동과 선택을 바로잡을 또 다른 기회가 옵니다. 저질렀던 잘못이 관건이 아니라, 훗날에라도 돌이키고 바로잡는 것이 관건입니다. 성경은 의로운 사람의 기록이 아니라, 죄인이었으나 돌아선 사람들에 대한 이야기입니다.

분 얼굴을 뵐 수도 없다고 말했습니다. 27 그러나 어른의 종인 소인의 아버지는 이 종들에게 '너희도 알지 않느냐? 이 아이의 어머니가 낳은 자식이 둘뿐인데, 28 한 아이는 나가더니, 돌아오지 않는다. 사나운 짐승에게 변을 당한 것이 틀림없다. 그 뒤로 나는 그 아이를 볼 수 없다. 29 그런데 너희가 이 아이마저 나에게서 데리고 갔다가, 이 아이마저 변을 당하기라도 하면, 어찌하겠느냐? 너희는, 백발이 성성한 이 늙은 아버지가, 슬퍼하며 죽어가는 꼴을 보겠다는 거냐?' 하고 걱정하였습니다. 30 아버지의 목숨과 이 아이의 목숨이 이렇게 얽혀 있습니다. 소인이 어른의 종, 저의 아버지에게 되돌아갈 때에, 우리가 이 아이를 데리고 가지 못하거나, 31 소인의 아버지가 이 아이가 없는 것을 알면, 소인의 아버지는 곧바로 숨이 넘어가고 말 것입니다. 일이 이렇게 되면, 어른의 종들은 결국, 백발이 성성한 아버지를 슬퍼하며 돌아가시도록 만든 꼴이 되고 맙니다. 32 어른의 종인 제가 소인의 아버지에게, 그 아이를 안전하게 다시 데리고 오겠다는 책임을 지고 나섰습니다. 만일 이 아이를 아버지에게 다시 데리고 돌아가지 못하면, 소인이 아버지 앞에서 평생 그 죄를 달게 받겠다고 다짐하고 왔습니다.

창세기는 야곱의 열두 아들 중 요셉을 중심으로 이야기를 펼쳐갑니다. 그 이유는 무엇인가요? 창세기는 바벨론 포로기를 지나며 지금 같은 모양으로 완성되었습니다. 포로기 이전 이스라엘은 므낫세와 에브라임, 즉 요셉의 두 아들을 중심으로 한 북 이스라엘과 유다 지파를 중심으로 한 남 유다로 이루어졌습니다. 창세기에서 요셉과 유다가 두드러지게 언급되는 것은 이후의 변화와 발전을 반영한 것이라 볼 수 있습니다. 특히 요셉의 경우 가나안 땅을 떠나 이집트까지 가서 살게 되었다는 점에서, 바벨론에게 멸망당한 후 바벨론 땅에 포로로 끌려가 살아야 했던 이스라엘과 겹쳐진다는 점도, 창세기가 요셉에게 주목하는 까닭일 것입니다.

33 그러니, 저 아이 대신에 소인을 주인어른의 종으로 삼아 여기에 머물러 있게 해주시고, 저 아이는 그의 형들과 함께 돌려보내 주시기를 바랍니다. 34 저 아이 없이, 제가 어떻게 아버지의 얼굴을 뵙겠습니까? 그럴 수는 없습니다. 저의 아버지에게 닥칠 불행을, 제가 차마 볼 수 없습니다."

{ 제45장 }

요셉이 형제들에게 자기를 밝히다

1 요셉은 북받치는 감정을 억누르지 못하고, 자기의 모든 시종들 앞에서 그만 모두들 물러가라고 소리쳤다. 주위 사람들을 물러나게 하고, 요셉은 드디어 자기가 누구인지를 형제들에게 밝히고 나서, 2 한참 동안 울었다. 그 울음소리가 어찌나 크던지 밖으로 물러난 이집트 사람들에게도 들리고, 바로의 궁에도 들렸다. 3 "내가 요셉입니다! 아버지께서 아직 살아계시다고요?" 요셉이 형제들에게 이렇게 말하였으나, 놀란 형제들은

요셉의 오열에는 그가 살아온 인생이 담겨 있는 것 같습니다. 그는 어떤 힘으로 지금까지 버텨왔던 걸까요? 5절은 다른 사람을 살리기 위해 하나님께서 자신을 미리 보내셨다는 요셉의 깨달음을 보여줍니다. 자신의 고난에 담긴 의미를 깨달은 것이 요셉으로 하여금 그의 괴로웠던 어린 시절을 이해하는 데 도움이 되었을 것 같습니다. 나의 고난과 괴로움의 의미를 늦게라도 알게 되면 그래도 우리 역시 한 걸음 더 나아갈 수 있지 않습니까? 아울러 요셉의 이집트 시절 내내 어디에서든 자신의 몫을 성실히 해내며 하나님의 함께하심을 경험했던 것 역시 그로 하여금 홀로 살던 괴로운 시간을 견뎌내게 했을 것입니다.

어리둥절하여, 요셉 앞에서 입이 얼어붙고 말았다.

4 ○ "이리 가까이 오십시오" 하고 요셉이 형제들에게 말하니, 그제야 그들이 요셉 앞으로 다가왔다. "내가, 형님들이 이집트로 팔아넘긴 그 아우입니다. 5 그러나 이제는 걱정하지 마십시오. 자책하지도 마십시오. 형님들이 나를 이곳에 팔아넘기긴 하였습니다만, 그것은 하나님이, 형님들보다 앞서서 나를 여기에 보내셔서, 우리의 목숨을 살려주시려고 그렇게 하신 것입니다. 6 이 땅에 흉년이 든 지 이태가 됩니다. 앞으로도 다섯 해 동안은 밭을 갈지도 못하고 거두지도 못합니다. 7 하나님이 나를 형님들보다 앞서서 보내신 것은, 하나님이 크나큰 구원을 베푸셔서 형님들의 목숨을 지켜주시려는 것이고, 또 형님들의 자손을 이 세상에 살아남게 하시려는 것입니다. 8 그러므로 실제로 나를 이리로 보낸 것은 형님들이 아니라 하나님이십니다. 하나님이 나를 이리로 보내셔서, 바로의 아버지가 되게 하시고, 바로의 온 집안의 최고의 어른이 되게 하시고, 이집트 온 땅의 통치자로 세우신 것입니다. 9 이제 곧 아버지께로 가서서, 아버지의 아들 요셉이 하는 말이라고 하시고, 이렇게 말씀을 드려

과거지사를 생각하면 형제들을 원망할 법도 한데, 요셉은 오히려 그 모든 일을 하나님이 하신 일이라고 이야기합니다. 너무 성인 같은 이야기처럼 들리는데, 그것은 그의 진심이었을까요? 요셉은 정말 괴로웠을 것입니다. 그런데 므낫세를 낳고 아버지가 되면서, 아버지 집의 괴로움을 내려놓을 수 있게 되었습니다. 무엇보다도 요셉은 자신이 겪은 고난의 뜻을 깨달았습니다. 형들에게 말했듯이, 지금과 같은 엄청난 기근에서 모두의 생명을 살리기 위해 하나님께서 자신을 먼저 보내셨다는 것을 깨달았습니다(5, 7–8절). 자신의 삶이 왜 이렇게 엉키고 고통스럽고 괴로운지 알 수 없을 때는 더욱 힘겨웠겠지만, 모두를 위해 먼저 보내신 길이라는 그 뜻을 깨달을 때 아마도 요셉의 남은 괴로움과 아픔이 씻겨 내려갔을 것입니다.

주십시오. '하나님이 저를 이집트 온 나라의 주권자로 삼으셨습니다. 아버지께서는 지체하지 마시고, 저에게로 내려오시기 바랍니다. 10 아버지께서는 고센 지역에 사시면서, 저와 가까이 계실 수 있습니다. 아버지께서는 아버지의 여러 아들과 손자를 거느리시고, 양과 소와 모든 재산을 가지고 오시기 바랍니다. 11 흉년이 아직 다섯 해나 더 계속됩니다. 제가 여기에서 아버지를 모시겠습니다. 아버지와 아버지의 집안과 아버지께 딸린 모든 식구가 아쉬운 것이 없도록 해드리겠습니다' 하고 여쭈십시오. 12 지금 형님들에게 말을 하고 있는 것이 이 요셉임을 형님들이 직접 보고 계시고, 나의 아우 베냐민도 자기의 눈으로 보고 있습니다. 13 형님들은, 내가 이집트에서 누리고 있는 이 영화와 형님들이 보신 모든 것을, 아버지께 다 말씀드리고, 빨리 모시고 내려오십시오." 14 요셉이 자기 아우 베냐민의 목을 얼싸안고 우니, 베냐민도 울면서 요셉의 목에 매달렸다. 15 요셉이 형들과도 하나하나 다 입을 맞추고, 부둥켜안고 울었다. 그제야 요셉의 형들이 요셉과 말을 주고받았다.

16 ○ 요셉의 형제들이 왔다는 소문이 바로의 궁에 전해지자, 바

요셉이 아버지나 형제들을 챙기는 모습을 보면 인품 또한 뛰어난 것처럼 보입니다. 창세기는 왜 이렇게 요셉을 완벽한 인물로 그리고 있나요? 이런저런 결점을 보여준 아브라함과 이삭, 야곱과는 달리, 요셉은 거의 온전한 사람으로 그려집니다. 아마도 아브라함부터 이어져 오는 약속을 붙잡고 살아가는 신앙의 성숙한 본보기로 요셉을 제시한다고 볼 수 있겠습니다. 무엇보다도 요셉은 이집트라는 완전히 낯선 환경에서 신앙을 간직한 채로 신앙과는 거리가 먼 상황을 살아가기에 창세기와 같은 책이 형성된 바벨론 포로기 시대의 유대인을 상징한다고 볼 수 있습니다. 이와 비슷한 인물로 에스더와 다니엘을 들 수 있습니다. 이들 역시 매우 온전한 신앙인이었습니다. 이러한 내용을 통해 창세기는 낯선 땅에서 어떻게 살아갈 것인지를 전합니다.

로와 그의 신하들이 기뻐하였다. 17 바로가 요셉에게 말하였다. "그대의 형제들에게 나의 말을 전하시오. 짐승들의 등에 짐을 싣고 가나안 땅으로 돌아가서, 18 그대의 부친과 가족을 내가 있는 곳으로 모시고 오게 하시오. 이집트에서 가장 좋은 땅을 드릴 터이니, 그 기름진 땅에서 나는 것을 누리면서 살 수 있다고 이르시오. 19 그대는 또 이렇게 나의 말을 전하시오. 어린 것들과 부인들을 태우고 와야 하니, 수레도 이집트에서 여러 대를 가지고 올라가도록 하시오. 그대의 아버지도 모셔오도록 하시오. 20 이집트 온 땅 가운데서도 가장 좋은 땅이 그들의 것이 될 터이니, 가지고 있는 물건들은 미련 없이 버리고 오라고 하시오."

21 ○ 이스라엘의 아들들은, 바로가 하라는 대로 하였다. 요셉은, 바로가 명령한 대로, 그들에게 수레를 여러 대 내주고, 여행길에 먹을 것도 마련하여주었다. 22 또 그들에게 새 옷을 한 벌씩 주고, 베냐민에게는 특히 은돈 삼백 세겔과 옷 다섯 벌을 주었다. 23 요셉은 아버지에게 드릴 또 다른 예물을 마련하였다. 이집트에서 나는 귀한 물건을 수나귀 열 마리에 나누어 싣

요셉의 이야기는 한편으로는 전형적인 성공 스토리 느낌이 듭니다. 성경도 성공을 중요하게 보는 것인가요? 요셉은 보디발의 집에서도 나름 성공했지만 순식간에 누명을 쓰고 감옥에 갇힙니다. 감옥에서도 시종장의 꿈을 해석해주고 곧 누명을 벗을 수 있으리라 여겼지만, 훨씬 오랜 시간이 지나서야 감옥에서 나올 수 있었습니다. 억울한 일도 많고 괴로운 일도 많지만, 요셉은 자신의 삶의 의미를 알았습니다. 창세기가 말하고 싶은 핵심은 이 점일 것입니다. 그리고 요셉은 보디발 집의 노예일 때나 감옥의 죄수일 때나 한결같은 태도로 살았습니다. 이제 총리가 되었지만, 달라진 것은 없습니다. 그는 이전처럼 자신에게 주어진 일을 마음 다해 행하며 살아갈 따름입니다. 그래서 요셉의 삶에는 여러 삶의 모습이 다 담겨 있습니다. 그 각각의 순간에 우리가 어떻게 살아가야 하는지 요셉의 삶은 좋은 예를 보여줍니다.

고, 아버지가 이집트로 오는 길에 필요한 곡식과 빵과 다른 먹거리는 암나귀 열 마리에 나누어 실었다. 24 요셉은 자기 형제들을 돌려보냈다. 그들과 헤어지면서, 요셉은 "가시는 길에 서로들 탓하지 마십시오" 하고 형들에게 당부하였다.

25 ○ 그들은 이집트에서 나와 가나안 땅으로 들어가서, 아버지 야곱에게 이르렀다. 26 그들이 야곱에게 말하였다. "요셉이 지금까지 살아 있습니다. 이집트 온 나라를 다스리는 총리가 되었습니다." 이 말을 듣고서 야곱은 정신이 나간 듯 어리벙벙하여, 그 말을 곧이들을 수가 없었다. 27 그러나 요셉이 한 말을 아들들에게서 모두 전해 듣고, 또한 요셉이 자기를 데려오라고 보낸 그 수레들을 보고 나서야, 아버지 야곱은 비로소 제정신이 들었다. 28 "이제는 죽어도 한이 없다. 내 아들 요셉이 아직 살아 있다니! 암, 가고말고! 내가 죽기 전에 그 아이를 보아야지!" 하고 이스라엘은 중얼거렸다.

{ 제46장 }

야곱 가족이 이집트로 들어가다

1 이스라엘이 식구를 거느리고, 그의 모든 재산을 챙겨서 길을 떠났다. 브엘세바에 이르렀을 때에, 그는 아버지 이삭의 하나님께 희생제사를 드렸다. 2 밤에 하나님이 환상 가운데서 "야곱아, 야곱아!" 하고 이스라엘을 부르셨다. 야곱은 "제가 여기 있습니다!" 하고 대답하였다. 3 하나님이 말씀하셨다. "나는 하나님, 곧 너의 아버지의 하나님이다. 이집트로 내려가는 것을 두려워하지 말아라. 내가 거기에서 너를 큰 민족이 되게 하고, 4 나도 너와 함께 이집트로 내려갔다가, 내가 반드시 너를 거기에서 데리고 나오겠다. 요셉이 너의 눈을 직접 감길 것이다."

5 ○ 야곱 일행이 브엘세바를 떠날 차비를 하였다. 이스라엘의 아들들은, 자기들의 아버지 야곱과 아이들과 아내들을, 바로가 야곱을 태워오라고 보낸 수레에 태웠다. 6 야곱과 그의 모든 자손은, 집짐승과 가나안에서 모은 재산을 챙겨서, 이집트

야곱은 이집트로 가기 전 이삭의 하나님께 희생제사를 드렸다고 하는데, 왜 '이삭의 하나님'이라고 한 것인가요? 희생제사는 무엇인가요? 이스라엘은 자신들의 하나님을 부를 때 자주 '아브라함의 하나님, 이삭의 하나님, 야곱의 하나님'과 같은 방식으로 표현합니다. 오래전에 조상들과 약속을 맺으신 하나님을 상기하면서 하나님께서 맺으신 그 약속을 오늘도 지키시고 이루어주시길 구하는 마음으로 이렇게 조상의 이름과 하나님을 결합시켜 부릅니다. 야곱 역시 그의 아버지 이삭을 돌보시고 인도하신 하나님을 불러 예배하며 이제 자신의 길을 인도하시길 구합니다. 희생제사는 가축을 잡아 제물로 드리는 제사이며, 자신을 대신해 가축 제물을 드리며 하나님을 의지하고 그분의 인도하심을 구하는 표현입니다.

를 바라보며 길을 떠났다. 7 이렇게 야곱은 자기 자녀들과 손자들과 손녀들 곧 모든 자손들을 다 거느리고 이집트로 갔다.

8 ○ 이집트로 내려간 이스라엘 사람들 곧 야곱과 그의 자손들의 이름은 다음과 같다.

○ 야곱의 맏아들 르우벤, 9 르우벤의 아들들인 하녹과 발루와 헤스론과 갈미, 10 시므온의 아들들인 여무엘과 야민과 오핫과 야긴과 스할, 가나안 여인이 낳은 아들 사울, 11 레위의 아들들인 게르손과 고핫과 므라리, 12 유다의 아들들인 에르와 오난과 셀라와 베레스와 세라, (그런데 에르와 오난은 가나안 땅에 있을 때에 이미 죽었다.) 베레스의 아들들인 헤스론과 하물, 13 잇사갈의 아들들인 돌라와 부와와 욥과 시므론, 14 스불론의 아들들인 세렛과 엘론과 얄르엘, 15 이들은 밧단아람에서 레아와 야곱 사이에서 태어난 자손이다. 이 밖에 딸 디나가 더 있다. 레아가 낳은 아들딸이 모두 서른세 명이다.

16 ○ 갓의 아들들인 시본과 학기와 수니와 에스본과 에리와 아로디와 아렐리, 17 아셀의 아들들인 임나와 이스와와 이스위와 브리아와 그들의 누이 세라, 브리아의 아들들인 헤벨과 말기엘, 18 이들은 실바와 야곱 사이에서 태어난 자손이다. 실

야곱과 그의 자손들이 이집트로 내려간 일은 이스라엘의 역사에서 어떤 의미가 있나요? 하나님께서 가나안 땅을 약속으로 주셨지만, 그 땅을 받기는커녕 도리어 이집트까지 가게 되었다는 점에서 하나님의 약속과는 거리가 아주 멀어진 것 같습니다. 결국 그들은 이집트에서 약 400년을 머물다가 마침내 다시 가나안 땅으로 돌아와 그 땅을 얻게 됩니다. 그러므로 이집트 시절은 하나님을 믿고 약속을 기다리며 사는 삶을 상징합니다. 그리고 야곱 가족의 이집트살이는 훗날 이스라엘이 바벨론 포로가 되어 살아가던 시기를 상징하기도 합니다. 야곱 자손이 다시 돌아오듯, 바벨론 포로도 다시 돌아갈 것입니다.

바는 라반이 자기 딸 레아를 출가시킬 때에 준 몸종이다. 그가 낳은 자손이 모두 열여섯 명이다. 19 야곱의 아내 라헬이 낳은 아들들인 요셉과 베냐민과 20 므낫세와 에브라임, (이 두 아들은 이집트 땅에서 온의 제사장 보디베라의 딸 아스낫과 요셉 사이에서 태어났다.) 21 베냐민의 아들들인 벨라와 베겔과 아스벨과 게라와 나아만과 에히와 로스와 뭅빔과 훕빔과 아릇, 22 이들은 라헬과 야곱 사이에서 태어난 자손인데, 열네 명이다. 23 단의 아들인 후심, 24 납달리의 아들들인 야스엘과 구니와 예셀과 실렘, 25 이들은 빌하와 야곱 사이에서 태어난 자손이다. 빌하는 라반이 자기 딸 라헬을 출가시킬 때에 준 몸종이다. 그가 낳은 자손은 모두 일곱 명이다. 26 야곱과 함께 이집트로 들어간 사람들은, 며느리들을 뺀 그 직계 자손들이 모두 예순여섯 명이다. 27 이집트에서 요셉이 낳은 아들 둘까지 합하면, 야곱의 집안 식구는 모두 일흔 명이다.

야곱 일행이 이집트에 도착하다

28 ○ 이스라엘이 유다를 자기보다 앞세워서 요셉에게로 보내

이집트로 내려간 야곱과 그의 자손들을 열거하면서, 야곱과 4명의 부인을 중심으로 구분해 기술합니다. 그렇게 적은 이유는 무엇인가요? 태어난 순서대로 적기보다 레아-실바-라헬-빌하의 순으로 적어, 레아와 라헬의 자손을 좀 더 중요하게 여겼음을 보여줍니다. 이 가운데는 이미 가나안 땅에서 죽은 에르와 오난이 있고, 이집트에서 태어난 요셉의 두 아들도 있으며, 아마도 이집트에서 태어났을 베냐민의 열 명의 아들도 포함되어 있습니다. 그런 점에서 '이집트로 내려간 70명'은 엄밀한 사실이 아니라 상징적인 표현입니다. 창세기를 잇는 출애굽기의 첫머리는 이집트에 내려왔던 야곱 자손 70명으로 시작합니다. 그래서 이 '70명'은 '온 이스라엘'을 상징합니다.

어, 야곱 일행이 고센으로 간다는 것을 알리게 하였다. 일행이 고센 땅에 이르렀을 때에, 29 요셉이 자기 아버지 이스라엘을 맞으려고, 병거를 갖추어서 고센으로 갔다. 요셉이 아버지 이스라엘을 보고서, 목을 껴안고 한참 울다가는, 다시 꼭 껴안았다. 30 이스라엘이 요셉에게 말하였다. "나는 이제 죽어도 여한이 없다. 내가 너의 얼굴을 보다니, 네가 여태까지 살아 있구나!" 31 요셉이 자기의 형들과 아버지의 집안 식구들에게 말하였다. "제가 이제 돌아가서, 바로께 이렇게 말씀드리겠습니다. '가나안 땅에 살던 저의 형제들과 아버지의 집안이 저를 만나보려고 왔습니다. 32 그들은 본래부터 목자이고, 집짐승을 기르는 사람들인데, 그들이 가지고 있는 양과 소와 모든 재산을 챙겨서 이리로 왔습니다.' 이렇게 말씀을 드려둘 터이니, 33 바로께서 형님들을 부르셔서 '그대들의 생업이 무엇이오?' 하고 물으시거든, 34 '종들은 어렸을 때부터 줄곧 집짐승을 길러온 사람들입니다. 우리와 우리 조상이 다 그러합니다' 하고 대답하셔야 합니다. 그래야 형님들이 고센 땅에 정착하실 수 있습니다. 이집트 사람은 목자라고 하면, 생각할 것도 없이 꺼

이집트 사람들이 목자를 꺼린 이유는 무엇인가요? 이유를 명확히 알 수 없지만, 실제로 애굽에서 출토된 유물을 보면 온갖 그림이 다 있는데, 목자를 표현한 경우는 거의 없습니다. 아울러 목자 자체에 대한 거부보다는, 애굽 사람처럼 눌러앉아 살아가는 정착민은 목자처럼 외부에서 흘러 들어온 외국인 나그네를 불편해하고 꺼렸습니다. 그래서 아브라함의 아내 사라를 데려간 것(12:11-15)이나 애굽 사람이 외국인과 함께 식사하는 일을 부정하다 여긴 것(43:32)도 그런 맥락에서 이해할 수 있습니다. 요셉은 자신들이 모든 가축을 끌고 왔다는 것을 이야기해서 애굽 왕실에 아무런 부담을 주지 않을 사람들임을 강조했으며, 다만 자신들에게 목초지가 필요하다는 것을 알려 고센 땅에 야곱 가족이 정착할 수 있도록 했습니다.

리기 때문에, 가까이 하지 않습니다."

{ 제47장 }

1 요셉이 바로에게 가서 아뢰었다. "저의 아버지와 형제들이 소 떼와 양 떼를 몰고, 모든 재산을 챙겨가지고, 가나안 땅을 떠나서, 지금은 고센 땅에 와 있습니다." 2 요셉은 형들 가운데 서 다섯 사람을 뽑아서 바로에게 소개하였다. 3 바로가 그 형제들에게 물었다. "그대들은 생업이 무엇이오?" 그들이 바로에게 대답하였다. "임금님의 종들은 목자들입니다. 우리 조상들도 마찬가지였습니다." 4 그들은 또 그에게 말하였다. "소인들은 여기에 잠시 머무르려고 왔습니다. 가나안 땅에는 기근이 심하여, 소 떼가 풀을 뜯을 풀밭이 없습니다. 그러하오니, 소인들이 고센 땅에 머무를 수 있도록 허락하여주시기를 바랍니다." 5 바로가 요셉에게 대답하였다. "그대의 아버지와 형제

야곱의 형제들은 잠시 머무르려고 왔다고 말합니다. 하지만 그들은 왜 계속 이집트에 살게 되었나요? 처음에는 흉년을 피해 내려왔지만, 요셉이 이곳에서 고위직 관리까지 수행했으니 흉년이 끝난 뒤에라도 가나안에 돌아가기 어려웠을 것입니다. 아마도 이 시기 이집트는 요셉처럼 아시아에서 온 사람들로 여겨지는 '힉소스'가 통치하던 시절이었다는 점도 야곱의 가족이 이집트에 더 오래 머물도록 했을 수 있습니다. 야곱은 에서의 분노를 피해 잠시 머물려고 밧단아람에 가서 20년을 지냈습니다. 야곱의 가족 역시 이집트 땅에 정말 잠시 머물려고 왔을 것이지만, 결국 400년 넘는 세월을 그곳에 머물게 되었습니다. 사실 이집트 땅이건, 가나안 땅이건 야곱 가족에게는 어디나 나그네 세월일 것입니다. 우리 역시 자신의 미래를 쉽게 예측할 수 없는 것과 비슷하겠지요.

들이 그대에게로 왔소. 6 이집트 땅이 그대 앞에 있으니, 그대의 아버지와 형제들이 이 땅에서 가장 좋은 곳에서 살도록 거주지를 마련하시오. 그들이 고센 땅에서 살도록 주선하시오. 형제들 가운데서, 특별한 능력이 있는 사람들을 그대가 알면, 그들이 나의 짐승을 맡아 돌보도록 하시오."

7 ○ 요셉은 자기 아버지 야곱을 모시고 와서, 바로를 만나게 하였다. 야곱이 바로를 축복하고 나니, 8 바로가 야곱에게 말하였다. "어른께서는 연세가 어떻게 되시오?" 9 야곱이 바로에게 대답하였다. "이 세상을 떠돌아다닌 햇수가 백 년 하고도 삼십 년입니다. 저의 조상들이 세상을 떠돌던 햇수에 비하면, 제가 누린 햇수는 얼마 되지 않지만, 험악한 세월을 보냈습니다." 10 야곱이 다시 바로에게 축복하고, 그 앞에서 물러났다. 11 요셉은 자기 아버지와 형제들을 이집트 땅에서 살게 하고, 바로가 지시한 대로, 그 땅에서 가장 좋은 곳인 라암세스 지역을 그들의 소유지로 주었다. 12 요셉은, 자기 아버지와 형제들과 아버지의 온 집안에, 식구 수에 따라서 먹거리를 대어주었다.

야곱이 바로에게 설명한 대로 그의 인생에는 '이 세상을 떠돌아다닌' '험악한 세월'이 있었습니다. 그럼에도 불구하고 야곱을 하나님이 축복하신 인생이라고 할 수 있나요? 야곱은 아버지를 속이고 형을 속여 사랑하는 어머니 곁을 떠나야 했고, 외삼촌에게 무수히 속임을 당했고, 급기야는 아들들까지 요셉을 팔아넘기고서는 야곱에게 막내아들이 죽었다고 거짓말로 속였습니다. 그는 부모와도 살았지만 멀리 밧단아람에서도 20년을 살았고, 이제는 이집트까지 내려와 살게 되었으니 참으로 그의 삶은 파란만장한 나그네살이라고 할 수 있습니다. 그러나 빈손으로 집을 떠난 그를 하나님께서 지키셔서 큰 가족을 이루고 마침내 죽었다 여겼던 요셉까지 다시 보게 되었으니, 야곱의 삶은 하나님의 은혜와 축복이 무엇인지를 생생하게 보여주는 인생입니다.

기근이 심해지다

13 ○ 기근이 더욱 심해지더니, 온 세상에 먹거리가 떨어지고, 이집트 땅과 가나안 땅에서는 이 기근 때문에 사람들이 야위어갔다. 14 사람들이 요셉에게 와서, 곡식을 사느라고 돈을 치르니, 이집트 땅과 가나안 땅의 모든 돈이 요셉에게로 몰렸고, 요셉은 그 돈을 바로의 궁으로 가지고 갔다. 15 이집트 땅과 가나안 땅에서 돈마저 떨어지자, 이집트 사람들이 모두 요셉에게 와서 말하였다. "우리에게 먹거리를 주십시오. 돈이 떨어졌다고 하여, 어른께서 보시는 앞에서 죽을 수야 없지 않습니까?" 16 요셉이 말하였다. "그러면, 당신들이 기르는 집짐승이라도 가지고 오시오. 돈이 떨어졌다니, 집짐승을 받고서 먹거리를 팔겠소." 17 그래서 백성들은 자기들이 기르는 집짐승을 요셉에게로 끌고 왔다. 요셉은 그들이 끌고 온 말과 양 떼와 소 떼와 나귀를 받고서 먹거리를 내주었다. 이렇게 하면서 요셉은, 한 해 동안 내내, 집짐승을 다 받고서 먹거리를 내주었다. 18 그해가 다 가고, 이듬해가 되자, 백성들이 요셉에

이집트의 토지법은 역사적으로도 증명된 것인가요? 토지법이 백성들에게 미친 영향이 궁금합니다. 성경 외에는 이러한 토지법의 실행이 기록되어 있지 않아서 더 자세히 알 수는 없습니다. 처음에는 돈을 치르고 곡식을 샀던 사람들은 기근이 길어지자 결국 집짐승부터 자신이 가진 전부, 땅까지도 다 팔아야 했으며, 마침내 자신의 몸까지도 팔아야 했습니다. 결국 애굽 모든 땅이 바로의 땅이 되고, 모든 사람이 바로의 종이 되었습니다. 얼핏 사정이 더 나빠진 것 같지만, 임금 외에는 모두 동등해진 것이고 임금은 일상에서 볼 일이 없으니 사실 모두가 평등해진 셈입니다. 비록 땅은 없어졌지만 누구든 원하면 오분의 일의 사용료(지대)를 내고 경작할 땅을 얻을 수 있었으니, 실제로 백성들의 삶은 더 나아졌을 것입니다.

게로 와서 말하였다. "돈은 이미 다 떨어지고, 집짐승마저 다 어른의 것이 되었으므로, 이제 어른께 드릴 수 있는 것으로 남은 것이라고는, 우리의 몸뚱아리와 밭뙈기뿐입니다. 어른께 무엇을 더 숨기겠습니까? 19 어른께서 보시는 앞에서, 우리가 밭과 함께 망할 수야 없지 않습니까? 그러니, 우리의 몸과 우리의 밭을 받고서 먹거리를 파십시오. 우리가 밭까지 바쳐서, 바로의 종이 되겠습니다. 우리에게 씨앗을 주십시오. 그러면, 우리가 죽지 않고 살아날 것이며, 밭도 황폐하게 되지 않을 것입니다."

20 ○ 요셉은 이집트에 있는 밭을 모두 사서, 바로의 것이 되게 하였다. 이집트 사람들은, 기근이 너무 심하므로, 견딜 수 없어서, 하나같이 그들이 가지고 있는 밭을 요셉에게 팔았다. 그래서 그 땅은 바로의 것이 되었다. 21 요셉은 이집트 이 끝에서 저 끝까지를 여러 성읍으로 나누고, 이집트 전 지역에 사는 백성을 옮겨서 살게 하였다. 22 그러나 요셉은, 제사장들이 가꾸는 밭은 사들이지 않았다. 제사장들은 바로에게서 정기적으로 녹을 받고 있고, 바로가 그들에게 주는 녹 가운데는 먹거리가 넉넉하였으므로, 그들은 땅을 팔 필요가 없었다. 23 요셉이

기근이 점점 심해지자 모든 돈과 땅이 바로의 것이 됩니다. 이 과정에서 요셉이 시행한 정책은 어떤 의미가 있나요? 요셉의 정책과 더불어 이제 애굽의 모든 땅은 국유화되었고, 누구든 경작하겠다고 하면 20%의 지대를 내고 쓸 수 있게 되었습니다. 이제 땅은 소유의 대상이 아니라 이용의 대상이 되었습니다. 동서고금을 막론하고, 토지가 소수의 손에 집중되고 사유화되는 과정에서 가난과 불평등이 발생합니다. 오늘날에도 사정은 다르지 않습니다.

그래서 요셉의 토지 정책은 참으로 획기적입니다. 레위기에 따르면 하나님께서는 모든 땅이 하나님의 것이며 이스라엘에게는 토지 사용권을 준다고 선언하십니다

백성에게 말하였다. "이제, 내가 당신들의 몸과 당신들의 밭을 사서, 바로께 바쳤소. 여기에 씨앗이 있소. 당신들은 이것을 밭에 뿌리시오. 24 곡식을 거둘 때에, 거둔 것에서 오분의 일을 바로께 바치고, 나머지 오분의 사는 당신들이 가지시오. 거기에서 밭에 뿌릴 씨앗을 따로 떼어놓으면, 그 남는 것이 당신들과 당신들의 집안과 당신들 자식들의 먹거리가 될 것이오." 25 ○ 백성들이 말하였다. "어른께서 우리의 목숨을 건져주셨습니다. 어른께서 우리를 어여삐 보시면, 우리는 기꺼이 바로의 종이 되겠습니다." 26 요셉이 이렇게 이집트의 토지법 곧 밭에서 거둔 것의 오분의 일을 바로에게 바치는 법을 만들었으며, 지금까지도 그 법은 유효하다. 다만, 제사장의 땅만은 바로의 것이 되지 않았다.

야곱의 마지막 요청

27 ○ 이스라엘 자손은 이집트의 고센 땅에 자리를 잡았다. 거기에서 그들은 재산을 얻고, 생육하며 번성하였다. 28 야곱이 이집트 땅에서 열일곱 해를 살았으니, 그의 나이가 백마흔일

(레 25:23). 이를 생각하면 · 요셉은 이와 같은 하나님의 토지법을 애굽에서 먼저 시행한 셈입니다. 더구나 요셉은 이 정책을 시행하면서 종교적인 어휘나 신앙적인 표현을 전혀 사용하지 않습니다. 세속 사회에서 총리로서 자신의 일을 성실히 수행하되, 말끝마다 하나님을 운운하는 것이 아니라, 하나님을 전혀 언급하지 않은 채 모든 사람을 위한 토지 정책을 실행해냈습니다. 아마도 이것이야말로 하나님께서 요셉을 먼저 보내신 까닭일 것입니다.

곱 살이었다.

29 ㅇ 이스라엘은 죽을 날을 앞두고, 그의 아들 요셉을 불러놓고 일렀다. "네가 이 아버지에게 효도를 할 생각이 있으면, 너의 손을 나의 다리 사이에 넣고, 네가 인애와 성심으로 나의 뜻을 받들겠다고 나에게 약속하여라. 나를 이집트에 묻지 말아라. 30 내가 눈을 감고, 조상들에게로 돌아가면, 나를 이집트에서 옮겨서, 조상들께서 누우신 그곳에 나를 묻어다오." 요셉이 대답하였다. "아버지 말씀대로 하겠습니다." 31 야곱이 다짐하였다. "그러면 이제 나에게 맹세하여라." 요셉이 아버지에게 맹세하니, 이스라엘이 침상 맡에 엎드려서, 하나님께 경배하였다.

손을 다리 사이에 넣고 하는 맹세는 어떤 의미가 있나요? 중요한 맹세를 할 때 고대 사람들은 어떤 신성한 물건에 손을 얹고 진행했습니다. 오늘날 성경에 손을 얹는 것도 이와 비슷합니다. "다리 사이에 손을 넣는다"는 것은 실제로 상대의 생식기에 손을 얹는 행위를 의미할 것입니다. 특히 아브라함의 자손은 할례를 행했고 할례는 하나님의 언약 백성의 상징이라는 점에서, 하나님의 약속과 연관해 매우 신중하면서도 엄숙한 맹세의 표시로 이와 같은 행동을 했을 것이라 짐작할 수 있습니다. 하나님의 언약이 아브라함의 자손을 둘러싼 것이라는 점에서도 다리 사이에 손을 넣는 행동은 특별하고 엄숙한 맹세 방식이었을 것입니다. 아브라함은 이삭의 아내를 구해오라고 종을 보낼 때 이같이 맹세하게 했고(24:2), 야곱은 아브라함의 행동을 그대로 따라 하고 있습니다. 그 내용이 자신을 애굽이 아니라 하나님께서 마침내 주실 땅에 묻어달라는 요구임을 보면, 이 역시 하나님의 언약의 성취와 연관된 맹세임을 알 수 있습니다.

{ 제48장 }

야곱이 에브라임과 므낫세를 축복하다

1 이런 일이 있은 지 얼마 되지 않아서, 요셉은 아버지의 병환소식을 들었다. 요셉은 두 아들 므낫세와 에브라임을 데리고, 아버지를 뵈러 갔다. 2 야곱 곧 이스라엘은 자기의 아들 요셉이 왔다는 말을 듣고서, 기력을 다하여 침상에서 일어나 앉았다. 3 야곱이 요셉에게 말하였다. "전능하신 하나님이 가나안 땅 루스에서 나에게 나타나셔서, 거기에서 나에게 복을 허락하시면서, 4 나에게 이르시기를 '내가 너에게 수많은 자손을 주고, 그 수가 불어나게 하겠다. 내가 너에게서 여러 백성이 나오게 하고, 이 땅을 너의 자손에게 주어서, 영원한 소유가 되게 하겠다' 하셨다. 5 내가 너를 보려고 여기 이집트로 오기 전에 네가 이집트 땅에서 낳은 두 아이는, 내가 낳은 아들로 삼고 싶다. 르우벤과 시므온이 나의 아들이듯이, 에브라임과 므낫세도 나의 아들이다. 6 이 두 아이 다음에 낳은 자식들은 너의 아들이다. 이 두 아이는 형들과 함께 유산을 상속받게 할 것이다. 7

야곱은 요셉의 두 아들을 "내가 낳은 아들로 삼고 싶다"(5절)고 말합니다. 이것은 양자로 삼겠다는 의미인가요? 상속의 축복을 위해 그렇게 말한 건가요? 두 가지 모두 해당됩니다. 야곱은 요셉이 낳은 두 아들을 모두 자신의 양자로 맞겠다고 합니다. 고대 중동 문헌에 이렇게 할아버지가 손자를 양자로 맞은 사례가 발견됩니다. 굳이 양자로 맞는 까닭은 손자이지만 할아버지의 아들로 되면서 같은 반열로 유업 혹은 상속을 이을 자격이 주어지게 하려는 목적입니다. 르우벤과 시므온, 유다에 대해 므낫세와 에브라임은 조카이지만 이제 형제처럼 여겨집니다. 훗날 므낫세와 에브라임은 이스라엘 열두 지파의 대표로 각각 속하게 됩니다.

내가 밧단을 떠나서 고향으로 돌아올 때에, 슬프게도, 너의 어머니 라헬이 가나안 땅에 다 와서, 조금만 더 가면 에브랏에 이를 것인데, 그만 길에서 세상을 떠나고 말았다. 나는 너의 어머니를 에브랏 곧 베들레헴으로 가는 길옆에 묻었다."

8 ○ 이스라엘이 요셉의 아들들을 보면서 물었다. "이 아이들이 누구냐?" 9 요셉이 자기 아버지에게 대답하였다. "이 아이들은 여기에서 하나님이 저에게 주신 자식들입니다." 이스라엘이 말하였다. "아이들을 나에게로 가까이 데리고 오너라. 내가 아이들에게 축복하겠다." 10 이스라엘은 나이가 많았으므로, 눈이 어두워서 앞을 볼 수 없었다. 요셉이 두 아들을 아버지에게로 이끌고 가니, 야곱이 그들에게 입을 맞추고 끌어안았다. 11 이스라엘이 요셉에게 말하였다. "내가 너의 얼굴을 다시 볼 것이라고는 생각도 못하였는데, 이제 하나님은, 내가 너의 자식들까지 볼 수 있도록 허락하셨구나." 12 요셉은 이스라엘의 무릎 사이에서 두 아이들을 물러나게 하고, 땅에 얼굴을 대고 엎드려서 절을 하였다. 13 그런 다음에 요셉은 두 아이를 데려다가, 오른손으로 에브라임을 이끌어서 이스라엘의 왼쪽에 서게 하고, 왼손으로 므낫세를 이끌어서 이스라엘의 오른

에서와 야곱도 그렇고, 므낫세와 에브라임도 그렇고, 성경 속 인물들은 둘째가 더 큰 축복을 받는 것 같습니다. 그 이유가 궁금합니다. 창세기는 계속해서 첫째가 아니라 둘째가 더 주목받는 경우를 보여줍니다. 가인과 아벨이 그렇고, 무엇보다 에서와 야곱이 그러했습니다. 첫째에게 무엇이 주어진다면 당연히 갈 것이 가는구나 싶겠지만, 둘째에게 더 큰 것이 주어질 때는 놀라게 되고 은혜라고 여기게 될 것입니다. 창세기는 이 같은 첫째-둘째 역전을 통해 우리에게 있는 것이 당연하지 않다고 이야기합니다. 둘째를 향한 하나님의 행하심은 우리를 겸손하게 하며, 주어진 것이 은혜임을 기억하게 합니다.

쪽에 서게 하였다. 14 그런데 이스라엘은, 에브라임이 작은아들인데도 그의 오른손을 에브라임의 머리 위에 얹고, 므낫세는 맏아들인데도 그의 왼손을 므낫세의 머리 위에 얹었다. 야곱이 그의 팔을 엇갈리게 내민 것이다.

15 ○ 야곱이 요셉을 축복하였다. "나의 할아버지 아브라함과 아버지 이삭을 보살펴주신 하나님, 내가 태어난 날로부터 오늘에 이르기까지 나의 목자가 되어주신 하나님, 16 온갖 어려움에서 나를 건져주신 천사께서 이 아이들에게 복을 내려주시기를 빕니다. 나의 이름과 할아버지의 이름 아브라함과 아버지의 이름 이삭이 이 아이들에게서 살아 있게 하여주시기를 빕니다. 이 아이들의 자손이 이 땅에서 크게 불어나게 하여주시기를 빕니다."

17 ○ 요셉은 아버지가 오른손을 에브라임의 머리 위에 얹은 것을 보고서, 못마땅하게 여겼다. 요셉은 아버지의 오른손을 에브라임의 머리에서 므낫세의 머리로 옮기려고, 아버지의 오른손을 잡고 말하였다. 18 "아닙니다, 아버지! 이 아이가 맏아들입니다. 아버지의 오른손을 큰아이의 머리에 얹으셔야 합니다." 19 그러나 그의 아버지는 거절하면서 대답하였다. "나도

야곱은 왜 일부러 손을 엇갈리게 내민 것인가요? 오른손으로 축복하는 것이 더 중요한가요? 각 시대마다 나름의 풍습과 생각이 있듯이, 성경 속의 고대 세계는 오른쪽이 명예와 축복의 위치라고 여긴 듯합니다. 주 하나님은 그의 택한 메시야를 향해 "내 오른쪽에 앉아 있어라"(시 110:1) 이르십니다. 마지막 심판 날에 하나님께 합당하게 살아간 이들은 영생을 얻는데, 그들은 하나님의 오른편으로 가게 됩니다(마 25:33). 하나님의 아들 예수 그리스도는 지극히 크신 하나님의 오른쪽에 앉으십니다(히 1:3). 요셉은 첫째 아들 므낫세가 야곱의 오른손 아래 놓이기를 원했지만, 야곱은 의도적으로 손을 엇갈려 둘째 아들에게 오른손을 얹었습니다. 이를 통해 야곱은 에브라임을 더욱 축복하기를 원했다는 것을 알 수 있습니다.

안다. 내 아들아, 나도 안다. 므낫세가 한 겨레를 이루고 크게
되겠지만, 그 아우가 형보다 더 크게 되고, 아우의 자손에게서
여러 겨레가 갈라져 나올 것이다."

20 ○ 그날, 야곱은 이렇게 그들을 축복하였다. "이스라엘 백성
이 너희의 이름으로 축복할 것이니 '하나님이 너를 에브라임과
같고 므낫세와 같게 하시기를 빈다'고 할 것이다." 이렇게 야곱
은 에브라임을 므낫세보다 앞세웠다. 21 이스라엘이 요셉에게
말하였다. "나는 곧 죽는다. 그러나 하나님이 너희와 함께 계시
고, 너희를 조상들의 땅으로 돌아가게 하실 것이다. 22 그리고
네 형제들 위에 군림할 너에게는, 세겜을 더 준다. 세겜은 내가
칼과 활로 아모리 사람의 손에서 빼앗은 것이다."

요셉의 아들들을 축복하는 야곱 *Study for Jacob Blessing the Sons of Joseph (recto);*
Sketches: Saint Christopher, Two Figures in Conversation over Money (verso), Guercino,
1615–1625, Italy

{ 제49장 }

야곱의 유언

1 야곱이 아들들을 불러놓고서 일렀다. "너희는 모여라. 너희가 뒷날에 겪을 일을, 내가 너희에게 말하겠다. 2 야곱의 아들들아, 너희는 모여서 들어라. 너희의 아버지 이스라엘이 하는 말에 귀를 기울여라. 3 르우벤아, 너는 나의 맏아들이요, 나의 힘, 나의 정력의 첫 열매다. 그 영예가 드높고, 그 힘이 드세다. 4 그러나 거친 파도와 같으므로, 또 네가 아버지의 침상에 올라와서 네 아버지의 침상을 더럽혔으므로, 네가 으뜸이 되지는 못할 것이다. 5 시므온과 레위는 단짝 형제다. 그들이 휘두르는 칼은 난폭한 무기다. 6 나는 그들의 비밀 회담에 들어가지 않으며, 그들의 회의에 끼어들지 않을 것이다. 그들은 화가 난다고 사람을 죽이고, 장난삼아 소의 발목 힘줄을 끊었다. 7 그 노여움이 혹독하고, 그 분노가 맹렬하니, 저주를 받을 것이다. 그들을

야곱의 유언은 마치 예언처럼 들립니다. 거기엔 좋은 말만 있는 것은 아니었습니다. 굳이 자식에게 그럴 필요가 있었나요? 그런데도 그것을 "알맞게 축복하였다"(28절)고 한 것은 어떤 의미인가요? 1절에서 언급하듯이, 49장은 '뒷날에 겪을 일'입니다. 28절에서도 이스라엘 열두 지파를 언급합니다. 야곱의 열두 아들에 대한 내용이 주된 것이 아니라, 이스라엘 열두 지파에 대해 다룬 것입니다. 고대 시대에는 이와 같이 이제 곧 죽음을 맞이하는 이의 유언을 통해 현실을 다루고 표현하는 문학작품이 꽤 많고, 49장도 전형적인 예라고 할 수 있습니다. 이 장의 핵심은 유다 지파에서 통치자가 나올 것이라는 점, 그리고 요셉의 후손의 번성입니다. 이것은 실제 이스라엘의 이후 역사에서 유다 지파가 세운 남왕국 유다, 그리고 요셉 자손이 중심이 된 북왕국 이스라엘과 직접적으로 연관됩니다. 이 같은 유언은 현실을 하나님의 약속 안에서 이해하게 해줍니다.

야곱 자손 사이에 분산시키고, 이스라엘 백성 사이에 흩어버릴 것이다. 8 유다야, 너의 형제들이 너를 찬양할 것이다. 너는 원수의 멱살을 잡을 것이다. 너의 아버지의 아들들이 네 앞에 무릎을 꿇을 것이다. 9 유다야, 너는 사자 새끼 같을 것이다. 나의 아들아, 너는 움킨 것을 찢어 먹고, 굴로 되돌아갈 것이다. 엎드리고 웅크리는 모양이 수사자 같기도 하고, 암사자 같기도 하니, 누가 감히 범할 수 있으랴! 10 임금의 지휘봉이 유다를 떠나지 않고, 통치자의 지휘봉이 자손만대에까지 이를 것이다. 권능으로 그 자리에 앉을 분이 오시면, 만민이 그에게 순종할 것이다. 11 그는 나귀를 포도나무에 매며, 그 암나귀 새끼를 가장 좋은 포도나무 가지에 맬 것이다. 그는 옷을 포도주에다 빨며, 그 겉옷은 포도의 붉은 즙으로 빨 것이다. 12 그의 눈은 포도주 빛보다 진하고, 그의 이는 우윳빛보다 흴 것이다. 13 스불론은 바닷가에 살며, 그 해변은 배가 정박하는 항구가 될 것이다. 그의 영토는 시돈에까지 이를 것이다. 14 잇사갈은 안장 사이에 웅크린, 뼈만 남은 나귀 같을 것이다. 15 살기에 편한 곳을 보거나, 안락한 땅을 만나면, 어깨를 들이밀어서 짐이나 지고, 압제

야곱의 유언에 대해서는 시간이 지날수록 해석이 분분할 것 같습니다. 야곱의 후손들은 이것을 어떻게 받아들였나요? '뒷날에 겪을 일'이라고 했지만, 아들들의 잘못에 대한 언급이 있다는 것은 이 '뒷날'이 이제까지 걸어온 삶과 연관됨을 알려줍니다. 그렇다면 유언이나 예언이라고 해서 미래에 반드시 그렇게 이루어진다고 볼 수는 없을 것입니다. 가령 레위의 경우, 이 유언에서의 내용과 실제 이스라엘 지파에서의 내용은 상당히 달라졌습니다. 지금처럼 살아간다면 그런 미래가 올 것입니다. 그러나 이제라도 지금까지의 삶을 돌아보며 다른 선택을 하고 다른 길을 걸어간다면, 유언이나 예언과는 다른 삶을 살게 될 것입니다. 그런 점에서 유언은 경고이면서 동시에 권면이라고 말할 수 있습니다.

를 받으며, 심기는 노예가 될 것이다. 16 단은 이스라엘의 한 지파 구실을 톡톡히 하여, 백성을 정의로 다스릴 것이다. 17 단은 길가에 숨은 뱀 같고, 오솔길에서 기다리는 독사 같아서, 말발굽을 물어, 말에 탄 사람을 뒤로 떨어뜨릴 것이다. 18 주님, 제가 주님의 구원을 기다립니다. 19 갓은 적군의 공격을 받을 것이다. 마침내 적군의 뒤통수를 칠 것이다. 20 아셀에게서는 먹거리가 넉넉히 나올 것이니 그가 임금의 수라상을 맡을 것이다. 21 납달리는 풀어놓은 암사슴이어서, 그 재롱이 귀여울 것이다. 22 요셉은 들망아지, 샘 곁에 있는 들망아지, 언덕 위에 있는 들나귀다. 23 사수들이 잔인하게 활을 쏘며 달려들어도, 사수들이 적개심을 품고서 그를 과녁으로 삼아도, 24 요셉의 활은 그보다 튼튼하고, 그의 팔에는 힘이 넘친다. 야곱이 섬기는 '전능하신 분'의 능력이 그와 함께하시고, 목자이신 이스라엘의 반석께서 그와 함께 계시고, 25 너의 조상의 하나님이 너를 도우시고, 전능하신 분께서 너에게 복을 베푸시기 때문이다. 위로 하늘에서 내리는 복과, 아래로 깊은 샘에서 솟아오르는 복과, 젖

야곱의 유언에서 요셉에 대한 내용은 매우 긴 분량의 축복이 대부분인 반면, 베냐민에 대해서는 애매하고도 매우 짧습니다. 여기에도 야곱의 편애가 절대적으로 작용한 것인가요? 베냐민에 대한 야곱의 유언 내용이 어디에서 비롯되었는지 알기 어렵습니다. 이전 내용에서 야곱은 막내아들 베냐민을 향한 아버지의 안타까운 마음을 보여주었기 때문입니다. 이 부분은 이후 사사 시대나 사울의 시대에까지 대단한 전투적 능력을 지닌 베냐민 지파를 보여주는 것 같습니다. 요셉에 대한 축복은 창세기 맥락에서 충분히 이해됩니다. 다른 이들이 그를 적대했으나 이스라엘의 반석이 함께하시며 하나님이 그를 도우셔서 복을 주셨습니다. 괴로움과 슬픔, 재앙을 겪었으나 그 모든 괴로움을 다른 사람을 살리고 가족을 회복하는 기회로 삼았다는 점에서, 요셉의 축복 부분은 가장 적절해 보입니다.

가슴에서 흐르는 복과, 태에서 잉태되는 복을 베푸실 것이다. 26 너의 아버지가 받은 복은 태고적 산맥이 받은 복보다 더 크며, 영원한 언덕이 받은 풍성함보다도 더 크다. 이 모든 복이 요셉에게로 돌아가며, 형제들 가운데서 으뜸이 된 사람에게 돌아갈 것이다. 27 베냐민은 물어뜯는 이리다. 아침에는 빼앗은 것을 삼키고, 저녁에는 움킨 것을 나눌 것이다."

28 ○ 이들은 모두 이스라엘의 열두 지파이다. 이것은 그들의 아버지가 그들을 축복할 때에 한 말이다. 그는 아들 하나하나에게 알맞게 축복하였다.

야곱이 죽다

29 ○ 야곱이 아들들에게 일렀다. "나는 곧 세상을 떠나서, 나의 조상들에게로 돌아간다. 내가 죽거든, 나의 조상들과 함께 있게 헷 사람 에브론의 밭에 있는 묘실에 묻어라. 30 그 묘실은 가나안 땅 마므레 앞 막벨라 밭에 있다. 그 묘실은 아브라함 어른께서 묘실로 쓰려고, 헷 사람 에브론에게서 밭과 함께 사두신 것이다. 31 거기에는 아브라함과 그분의 아내 사라, 이

왜 그들은 한결같이 막벨라 굴에 묻히려고 했나요? 그 무덤이 특별한 의미라도 있나요? 하나님께서는 가나안 땅을 주겠다고 약속하셨습니다. 그러나 아브라함이 죽을 때, 또 이삭과 야곱이 죽을 때도 땅은 주어지지 않았습니다. 다만 그 땅에서 죽은 이들은 그 땅에서 최초로 구입했던 막벨라 굴에 묻혔습니다. 비록 죽은 뒤에야 그 땅에 묻히지만, 막벨라 굴에 묻힌 이들은 하나님께서 마침내 그 땅을 주실 것을 기대했습니다. 그리고 설령 현재 이방 땅에 있더라도 하나님께서 반드시 그 땅을 주실 것이니 그 땅에 묻어줄 것을 유언했습니다. 그러므로 막벨라 굴에 묻힌 것은 하나님의 약속은 반드시 이루어진다는 것을 상징적으로 보여줍니다.

두 분이 묻혀 있고, 이삭과 그분의 아내 리브가, 이 두 분도 거기에 묻혀 있다. 나도 너희 어머니 레아를 거기에다 묻었다. 32 밭과 그 안에 있는 묘실은 헷 사람들에게서 산 것이다." 33 야곱은 자기 아들들에게 이렇게 이르고 나서, 침상에 똑바로 누워 숨을 거두고, 조상에게로 돌아갔다.

{ 제50장 }

1 요셉이 아버지의 얼굴에 엎드려서, 울며 입을 맞추고, 2 시의들을 시켜서, 아버지 이스라엘의 시신에 방부제 향 재료를 넣게 하였다. 시의들이 방부제 향 재료를 넣는데, 3 꼬박 사십 일이 걸렸다. 시신이 썩지 않도록 향 재료를 넣는 데는 이만큼 시간이 걸린다. 그리고 이집트 사람들이 그의 죽음을 애도하며, 칠십 일을 곡하였다.

4 O 곡하는 기간이 지나니, 요셉이 바로의 궁에 알렸다. "그대들이 나를 너그럽게 본다면, 나를 대신하여 바로께 말씀을 전

야곱의 장례 규모나 수준은 거의 국장(國葬)급으로 느껴집니다. 이것이 의미하는 바는 무엇인가요? 야곱의 시신은 지금 미라로 보존 처리되고 있습니다. 고대 이집트에서 미라로 보존되는 것은 존귀한 인물이었음을 보여준다고 할 수 있습니다. 미라 처리에는 본문에서 보듯 꽤 긴 시간이 걸렸습니다. 창세기에서 이렇게 죽은 뒤에 미라로 처리되는 이는 야곱과 요셉입니다. 요셉이 바로에게 하는 말에서도 보듯, 미라로 처리하는 까닭은 가나안 땅에 묻기 위해서입니다. 그래서 야곱과 요셉의 미라 처리는 약속의 땅으로 돌아가게 될 이스라엘을 미리 보여주고 상징합니다. 요셉은 야곱을 장사하기 위해 '올라간다'(5절)고 표현하는데, 그것은 마침내 가나안 땅으로 올라가게 될 이스라엘을 상징합니다.

해주시오. 5 우리 아버지가 운명하시면서 '내가 죽거든, 내가 가나안 땅에다가 준비하여둔 묘실이 있으니, 거기에 나를 묻어라' 하시고, 우리 아버지가 나에게 맹세하라고 하셔서, 내가 그렇게 하겠다고 맹세하였소. 내가 올라가서 아버지를 장사 지내고 올 수 있도록, 허락을 받아주시오." 6 요셉이 이렇게 간청하니, 고인이 맹세시킨 대로, 올라가서 선친을 장사 지내도록 하라는 바로의 허락이 내렸다. 7 요셉이 자기 아버지를 묻으러 올라갈 때에, 바로의 모든 신하와, 그 궁에 있는 원로들과, 이집트 온 나라에 있는 모든 원로와, 8 요셉의 온 집안과, 그 형제들과, 아버지의 집안사람이, 그들에게 딸린 어린아이들과 양 떼와 소 떼는 고센 땅에 남겨둔 채로 요셉과 함께 올라가고, 9 거기에다 병거와 기병까지 요셉을 호위하며 올라가니, 그 굉장한 상여 행렬이 볼 만하였다. 10 그들은 요단강 동쪽 아닷 타작마당에 이르러서, 크게 애통하며 호곡하였다. 요셉은 아버지를 생각하며, 거기에서 이레 동안 애곡하였다. 11 그들이 타작마당에서 그렇게 애곡하는 것을 보고, 그 지방에 사는 가나안 사람들은 "이집트 사람들이 이렇게 크게 애곡하고 있구나" 하면서, 그곳 이름을 아벨미스라임이라고 하였으니, 그곳

요셉이 아닷 타작마당에서 이레씩이나 멈춰 곡을 한 이유는 무엇인가요? 그곳이 특별한 의미가 있나요? 오늘날까지도 '요단강 동쪽 아닷 타작마당'의 정확한 위치는 알 수 없습니다. 어딘지는 몰라도 요단강을 동쪽에서부터 서쪽으로 건너기 전의 어느 지점이라면, 애굽에서부터 막벨라 굴까지 가는 요셉의 경로는 훗날 모세와 더불어 이스라엘이 출애굽해서 가나안 땅으로 가는 여정과 거의 비슷했을 것입니다. 이제 요단강을 건너면 아버지를 매장할 가나안 본토입니다. 그런 이유로, 요셉은 마지막으로 아버지의 죽음을 애통했을 것이라고 추측해볼 수 있습니다. 7일의 애곡은 '충분한 애곡'을 의미합니다.

은 요단강 동쪽이다.

12 ○ 야곱의 아들들은, 아버지가 명령한 대로 하였다. 13 아들들이 아버지의 시신을 가나안 땅으로 모셔다가, 마므레 앞 막벨라 밭에 있는 굴에 장사하였다. 그 굴과 거기에 딸린 밭은 아브라함이 못자리로 쓰려고 헷 사람 에브론에게서 사둔 곳이다. 14 요셉은 아버지의 장례를 치르고 난 다음에, 그의 아버지를 장사 지내려고 그와 함께 갔던 형제들과 다른 모든 사람들을 데리고, 이집트로 돌아왔다.

요셉이 형들을 안심시키다

15 ○ 요셉의 형제들은 아버지를 여의고 나서, 요셉이 자기들을 미워하여, 그들에게서 당한 온갖 억울함을 앙갚음하면 어찌하나 하는 생각이 들어서, 16 요셉에게 전갈을 보냈다. "아버지께서 돌아가시기 전에 남기신 유언이 있습니다. 17 아우님에게 전하라고 하시면서 '너의 형들이 너에게 몹쓸 일을 저

야곱이 죽은 후 기록된 유일한 이야기는 형들의 거짓말입니다. 이것은 형들의 두려움을 다루기 위한 것인가요, 요셉의 너그러움을 강조하기 위한 것인가요? 요셉에게 모진 짓을 했던 형들은 야곱이 죽자 요셉이 보복이라도 할까 봐 두려웠습니다. 형들의 두려움을 본 요셉은 무척 괴로웠습니다. 아직도 형들은 과거에 매여 있으니까요. 그러나 요셉은 자신이 애굽으로 온 것, 자신이 겪었던 극심한 고난은 수많은 생명을 건지기 위해 하나님께서 먼저 보내신 것임을 깨달았기에, 형들을 진즉 용서할 수 있었습니다. 누군가를 용서하는 것은 원래 마음이 넓어서 가능할 수도 있지만, 자신의 삶을 향한 하나님의 뜻을 깨달을 때 그렇게 마음이 넓어지기도 하고 용서도 가능해질 것입니다. 그래서 이 본문은 요셉의 너그러움이나 형들의 어리석음보다는 하나님의 뜻을 깨달은 이에게 생긴 변화를 보여준다고 할 수 있습니다.

질렀지만, 이제 이 아버지는 네가 형들의 허물과 죄를 용서하여주기를 바란다' 하셨습니다. 그러니 아우님은, 우리 아버지께서 섬기신 그 하나님의 종들인 우리가 지은 죄를 용서하여주시기 바랍니다." 요셉은 이 말을 전해 듣고서 울었다. 18 곧이어서 요셉의 형들이 직접 와서, 요셉 앞에 엎드려서 말하였다. "우리는 아우님의 종입니다." 19 요셉이 그들에게 말하였다. "두려워하지 마십시오. 내가 하나님을 대신하기라도 하겠습니까? 20 형님들은 나를 해치려고 하였지만, 하나님은 오히려 그것을 선하게 바꾸셔서, 오늘과 같이 수많은 사람의 생명을 구원하셨습니다. 21 그러니 형님들은 두려워하지 마십시오. 내가 형님들을 모시고, 형님들의 자식들을 돌보겠습니다." 이렇게 요셉은 그들을 간곡한 말로 위로하였다.

요셉이 죽다

22 ○ 요셉이 아버지의 집안과 함께 이집트에 머물렀다. 요셉은 백 년 하고도 십 년을 더 살면서, 23 에브라임의 자손 삼 대

야곱도 그랬지만 요셉도 자신의 죽음을 감지하고 앞서 유언을 남깁니다. 성경 속 인물들은 다들 자신의 죽음을 미리 알고 있었나요? 죽음을 미리 알았다기보다 살만큼 살고 나서, 이제 이 땅에서 자신의 삶이 끝나감을 깨달은 것이라고 할 수 있습니다. 우리 곁의 어르신들도 때로 이 땅에서의 삶의 끝을 아시는 경우가 있지 않습니까? 요셉은 천년만년 살기를 구하는 것이 아니라 인간의 삶의 유한함을 인정하며, 자신의 갈 길이 한계가 있음을 당연하게 받아들입니다. 다른 구약의 인물들도 마찬가지인 것 같습니다. 놀랍게도 이들은 자신의 삶이 끝나기까지 하나님의 약속이 이루어지지 않으면 더 살고자 하는 것이 아니라, 자신의 삶이 끝나더라도 하나님의 약속은 훗날에 반드시 이루어질 것임을 확신하며 자손에게 전합니다. ´

를 보았고, 므낫세의 아들 마길에게서 태어난 아이들까지도 요셉이 자기의 자식으로 길렀다.

24 ○ 요셉이 자기 친족들에게 말하였다. "나는 곧 죽는다. 그러나 하나님께서 반드시 너희를 돌보시고, 너희를 이 땅에서 인도하여내셔서, 아브라함과 이삭과 야곱에게 맹세하신 땅에 이르게 하실 것이다." 25 요셉은 이스라엘 자손에게 맹세를 시키면서 일렀다. "하나님께서 반드시 너희를 돌보실 날이 온다. 그때에 너희는 나의 뼈를 이곳에서 옮겨서, 그리로 가지고 가야 한다."

26 ○ 요셉이 백열 살에 세상을 떠나니, 사람들은 그의 시신에 방부제 향 재료를 넣은 다음에, 이집트에서 그를 입관하였다.

창세기 우주와 세상 만물, 시간, 인류가 어디서 비롯되었으며 어떻게 존재하게 되었는지 설명한다. 한편으로는 하나님이 손수 인간을 빚어 만든 뜻은 무엇이며, 그 하나하나와 어떤 관계를 맺고 싶어 하는지, 인류를 향해 어떤 계획과 기대를 가지고 있으며 또 무얼 약속하는지, 그 약속이 어떻게 한 세대에서 다음 세대로 꿋꿋이 흘러내려 갔는지 그려낸다. 천지창조의 파노라마에서 출발해서, 약속을 간직한 야곱 일가가 기근을 피해 이집트로 내려가 정착한 내력으로 마감된다.

출애굽기 이집트에서 종살이를 하던 이스라엘 백성의 탈출기. 하나님은 모세라는 지도자를 내세워 가혹한 착취와 노역에 시달리던 이스라엘 백성을 건져내 약속의 땅으로 안내한다. 끝까지 거부하고 버티는 파라오에게 내린 열 가지 엄청난 재앙, 바다가 갈라져 길이 열리는 사건을 비롯해 하나님이 이스라엘 백성에게 베푼 갖가지 기적 등 흥미진진한 이야기들이 실려 있다. 두고두고 지키도록 하나님이 직접 정해준 여러 절기와 예배의식, 법률 제도 등도 볼 수 있다.

레위기 이스라엘 백성이 지켜야 할 규칙을 모은 법률서. 언약을 품은 백성이 깨끗한 삶과 마음으로 하나님과 친밀한 관계를 맺으며 살아갈 여러 방법을 구체적으로 제시한다. 하나님께 드리는 제사와 제물의 종류, 제사장의 자격과 권위, 정결한 짐승과 부정한 짐승, 성적인 규례, 결혼과 가정을 둘러싼 제도, 사형으로 다스려야 할 범죄, 땅의 소유권, 안식년과 희년 제도 등을 자세히 다룬다.

민수기 두 차례의 인구조사 기록을 밑그림으로 이스라엘 백성의 광야 생활을 따라간다. 종살이에서 풀려난 감격은 어느 결에 사라지고 불평과 불만이 이스라엘 백성 가운데 자리 잡는다. 원망은 모세와 그 가족, 그리고 실질적으로는 하나님을 향하기에 이르고, 마침내 온 백성이 불순종의 대가를 치르게 된다. 이집트에서 출발한 첫 세대는 영영 약속의 땅에 들어가지 못하고 광야에서 스러지고 만다.

신명기 약속의 땅을 코앞에 두고, 모세가 이스라엘 백성에게 남긴 마지막 당부. 모세는 이집트의 손아귀에서 벗어난 뒤로 40년에 걸쳐 광야를 떠돌았던 세월을 되짚는다. 하나님을 외면하고 우상을 숭배했던 죄를 지적하는 한편, 그럼에도 불구하고 조금도 부족함 없이 먹이고 입힌 하나님의 돌보심을 일깨운다. 이어서 율법의 가르침을 일일이 꼽아가며 하나님 앞에서 거룩하게 사는 일이 얼마나 중요한지 강조한다. 하나님의 법에 따르는 이가 누릴 축복과 거부하는 이에게 향하는 저주를 낱낱이 열거한다. 모세가 눈을 감으면서 이스라엘 역사도 새로운 국면으로 넘어간다.

여호수아기 새로운 지도자 여호수아를 따라 요단강을 건넌 이스라엘 백성의 가나안 정복기. 하나님의 능력에 힘입어 견고하기 이를 데 없는 여리고 성을 무너뜨리면서 시작된 정복 전쟁은 치열한 공방을 거듭하며 길게 이어진다. 하나님이 알려준 전투 원칙에 충실했을 때는 어김없이 승리를 거뒀지만, 자만해서 또는 속임수에 넘어가 명령을 어겼을 때는 막대한 피해를 입었다. 여호수아는 싸워 얻은 땅들을 각 지파에 나눠주고, 끝까지 하나님께 충실하겠다는 백성의 다짐을 받는다.

사사기 모세와 여호수아 이후, 이스라엘에 임금이 나오기 전까지 긴 세월 동안 백성을 다스렸던 숱한 지도자(사사)들의 이야기. 약속의 땅에 자리를 잡았지만, 이스라엘 백성은 누가 자신들의 참 하나님인지를 이내 잊고 말았다. 신앙은 흐트러지고, 우상숭배가 만연했다. 세상은 거칠어졌고, 틈만 나면 뭇 민족들의 침략과 압제에 시달렸다. 하나님은 그때마다 사사들을 세워 백성을 구출하고, 그분과 맺은 약속을 소중히 여기라고 요구한다.

룻기 사사 시대에 살았던 룻이라는 여인의 일대기. 독특하게도 주인공 룻은 히브리인이 아니었다. 멸시의 대상이었던 이방인, 그것도 이스라엘과 적대지간인 모압의 여인이 어떻게 히브리 역사의 한 장을 차지하게 되었을까? 남편과 사별하고, 먹고살 길조차 막막했던 이방 여인이 율법이 정한 의무를 충실히 이행하려는 진실한 사내와 만나 건강하고 안정된 삶을 회복하는 이 단순한 이야기가 오늘을 사는 우리에게 전하는 메시지는 무엇일까?

사무엘기상 사사의 시대가 마무리되고 왕의 통치가 시작되는 시기의 거대한 역사 드라마. 주요 등장인물은 사무엘, 사울, 다윗이다. 일찌감치 제사장 손에 맡겨져 성전에서 살았던 사무엘은 곧바른 사사로 성장하고, 이스라엘의 왕정을 여는 중책을 맡는다. 첫 왕 사울은 뛰어난 자질을 가졌지만 제 힘과 능력을 과신한 탓에 서서히 몰락의 길을 걷는다. 하나님의 명령에 따라 사무엘은 다시 다윗에게 기름을 붓고 왕위를 넘긴다. 저 유명한 '다윗과 골리앗'의 한판 승부 이야기도 여기서 볼 수 있다.

사무엘기하 이스라엘 역사를 통틀어 가장 위대한 임금으로 꼽히는 다윗의 통치와 추락을 그린다. 난국을 진정시키고 왕위에 오른 그는 주변 국가들을 잇달아 굴복시키고 빼앗겼던 법궤를 되찾았으며, 영토를 크게 넓혀 강국으로 성장할 토대를 놓는다. 하지만 간통을 저지르고 충직한 부하를 사지에 내몰아 죽게 하는 치명적인 범죄를 저지르면서 단번에 추락하고 만다. 이윽고 사랑했던 아들이 반란을 일으키고, 함께 사지를 넘나들었던 신하들이 갈라져 서로 죽이는 비극적인 사태가 벌어진다.

열왕기상 솔로몬과 그 이후에 등장한 왕들, 그리고 걸출한 예언자들의 행적을 기록한 책. 왕위 다툼의 최종 승자가 된 솔로몬은 통치 초기, 대대적인 제사를 드리고 웅장한 성전을 건축하는 등 하나님을 향한 진심을 드러낸다. 하지만 명성과 권력이 드높아지자 초심을 잃고 백성에게 높은 세금과 힘든 노역을 강요하는 한편, 끝없는 정략결혼으로 동맹을 늘려간다. 결국 솔로몬이 눈을 감기 무섭게 왕국은 이스라엘과 유다로 갈라진다. 두 나라는 제각기 왕위를 이어가며 끝없이 부대낀다. 하나님은 엘리야를 통해 권능을 드러내 보이며 거룩한 약속을 상기시키고 회개를 촉구한다.

열왕기하 이스라엘과 유다 왕국이 차례로 무너져 내리는 쇠락의 역사를 다룬다. 하나님은 예언자들을 숱하게 보내 멸망을 경고하고 바른길로 돌아서길 요구하지만, 두 나라의 대다수 임금들은 귀를 단단히 틀어막고 거룩하지 못한 삶으로 오로지한다. 예언자 엘리야의 뒤를 이은 엘리사는 수없이 많은 기적들을 일으키고 개혁을 부르짖었지만, 보람을 얻지 못한다. 결국 북쪽 이스라엘은 앗시리아에, 남쪽 유다는 바빌론에 차례로 멸망당하고 만다.

역대지상 아담부터 다윗에 이르는 이스라엘의 방대한 족보, 그리고 다윗이 통치하던 시절의 역사를 기록한 책. 족보는 포로로 끌려갔다 간신히 고향으로 돌아온 이스라엘 백성에게 민족의 정체성을 확인시키고 궁극적으로 되돌아가야 할 지점이 어디인지 가리켜 보여준다. 족보를 상세하게 소개한 뒤에는 언약궤를 되찾고 성전 지을 준비를 완벽하게 갖춰놓았던 다윗 임금에 초점을 맞춘다. 다윗 왕국은 영광스러운 역사의 첫 줄이었고, 성전은 하나님과 맺은 약속의 상징이었기 때문이다.

역대지하 역대지하는 솔로몬 왕국으로 시선을 돌린다. 솔로몬이 지은 성전이 얼마나 화려하고 웅장했는지, 그 안에 들어가는 기구 하나하나까지 상세히 그려가며 소개한다. 아울러 솔로몬의 부귀와 영화가 얼마나 대단했으며 지혜가 얼마나 탁월했는지 낱낱이 되새김질한다. 뒤를 이은 임금들의 발자취를 따라가며 이스라엘이 몰락하고 포로 신세가 되었음을 알리지만, 끝머리에는 고레스가 내린 해방 명령을 실어 또 다른 시대가 열릴 것임을 예고한다.

에스라기 페르시아로 끌려갔다가 풀려난 이스라엘 백성의 귀향, 그리고 성전과 성벽을 다시 세우는 힘겨운 씨름, 무너진 이스라엘 백성의 신앙을 되세우려는 선지자 에스라의 분투를 다룬다. 기적처럼 포로 신세에서 벗어나 고향으로 돌아온 백성은 감격 속에 제사를 드리고 성전과 성읍 재건에 나서지만, 완공을 보기까지는 악랄하고도 치밀한 적들의 방해 공작에 시달려야 했다. 뒤늦게 2진을 이끌고 이스라엘에 돌아온 에스라는 신앙이 형편없이 흐트러진 동포들의 모습에 경악하고 곧장 회복운동에 나선다.

느헤미야기 에스라와 비슷한 시대를 살았던 느헤미야가 고향으로 돌아와 펼친 개혁운동을 담고 있다. 바빌론에서 임금을 모시는 관리로 일하던 느헤미야는 재건 공사가 지지부진하다는 고국 소식에 귀환을 결심한다. 고향에 돌아온 느헤미야는 적대 세력의 압박을 뿌리치고 여러 가문과 힘을 모아 재건 공사를 마무리한다. 마침내 공사가 끝나자, 이스라엘 백성은 한데 모여 율법을 낭독하고, 죄를 뉘우치고, 예배를 드리고, 삶의 자세를 가다듬었다.

에스더기 페르시아의 임금 아하수에로의 왕비가 된 유대 여인 에스더의 파란만장 일대기. 에스더가 포로의 처지에서 단번에 왕비가 되었을 즈음, 유대인들은 총체적인 난국을 맞는다. 임금의 총애를 받는 고관 하만이 자신에게 고분고분 고개를 숙이지 않는 유대인들을 모조리 말살하기로 작정하고 실행에 들어간 까닭이다. 에스더는 제 목숨을 내놓고 동족을 살리는 데 앞장선다.

욥기 더없이 풍요롭고 행복한 삶을 누리던 이가 하루아침에 가진 걸 다 잃어버리고 고통의 수렁에 빠진다면, 그이의 뇌리엔 어떤 생각들이 오갈까? 나무랄 데 없이 선한 성품, 풍요로운 삶, 화목한 가정까지 무엇 하나 모자람 없던 욥은 거대한 불행에 휩쓸려 고통의 바다 깊숙이 가라앉고 만다. 친구들은 잘못한 게 있으니 벌을 받는 게 아니냐고 하지만, 욥으로선 불행의 원인을 도무지 가늠할 수 없다. 토론이 이어지고 목소리가 높아지지만, 결론은 나지 않는다. 이제 하나님의 답을 들어볼 차례다. 그분은 무어라 하는가?

시편 하나님의 백성이 부르는 노래 모음. 다윗과 솔로몬을 비롯해 여러 시인들의 노래를 모았다. 하나님의 됨됨이와 이룬 일들을 높이고 찬양하는 노래가 많지만, 그것이 전부는 아니다. 더러는 베풀어준 은혜에 감격하기도 하고, 괴로움을 호소하며 도움을 구하기도 하고, 허물을 고백하고 용서를 구하기도 하고, 하나님이 준 약속을 되새기기도 하며, 예배의 즐거움을 노래하기도 한다.

잠언 하나님을 임금으로 삼고 사는 백성의 눈으로 어떻게 세상을 살아야 할지 간결하게 정리한 글 모음. 지혜가 얼마나 소중한 보물인지 누누이 설명한 뒤, 좋은 친구를 사귀고, 슬기로운 말을 하고, 게으름과 성적인 유혹을 피하는 법 등 다양한 주제를 다룬다. 흔히 보는 교훈집이나 금언서와는 출발이 다르다. 잠언은 지혜의 근원을 하나님에 두는 까닭이다.

전도서 땅에 코를 박고 사는 이들에게 삶의 본질을 가리켜 보이며 고개를 들어 하늘을 올려다보라고 가르치는 책. "헛되고 헛되다. 모든 것이 헛되다"라는 선언에서 출발해 무슨 일이든 때가 있는 법임을 일깨운다. 인생은 불공평하며 한 치 앞도 알 수 없지만, 조바심칠 게 아니라 오늘을 살며 하나님을 바라보라고 권한다.

아가 두 연인이 나누는 사랑 노래. 낯빛이 까만 여인과 왕이기도 하고 목자이기도 한 사내는 끝없이 연모하고, 사랑을 나누며, 혼인의 즐거움을 만끽하고, 더불어 춤을 춘다. 둘이 서로를 그리워하며 쏟아내는 고백은 다정하고, 안타까우며, 사랑스럽고, 더러 에로틱하기까지 하다.

이사야서 네 임금의 치세와 흥망성쇠를 지켜본 선지자 이사야는 유다와 예루살렘에 관한 환상을 보고 백성에게 하나님이 주신 메시지를 선포한다. 하나님께 등을 돌린 '죄 지은 민족, 허물이 많은 백성, 흉악한 종자, 타락한 자식들'을 향해 심판이 코앞에 닥쳤음을 경고하는 반면, 다른 한편으로는 그럼에도 불구하고 더없이 큰 권세로 구원하시는 하나님의 사랑을 선포한다.

예레미야서 유다가 막바지를 향해 치닫던 시절에 활동했던 예언자 예레미야가 전하는 하나님의 메시지. 멸망이 코앞에 닥쳤으니 당장 뉘우치고 돌아서라 외쳤기에 백성의 격렬한 반발을 샀다. 임금과 백성의 비위를 맞추기에 급급한 사이비 예언자들의 모욕을 감수해야 했고, 옥에 갇히기도 했다. 하지만 예레미야는 암울한 미래를 예고하는 데 그치지 않고 하나님의 약속이 회복되는 궁극적인 미래를 가리켜 보인다.

예레미야 애가 유다의 참담한 미래를 내다보고 탄식하며 눈물짓는 예언자의 노래. 백성은 사로잡혀 사방팔방으로 뿔뿔이 흩어지고, 거룩한 성 예루살렘은 황폐해져 적막이 감돈다. 예언자는 이 모두가 마땅히 치러야 할 죗값임을 지적하고, 고아의 처지가 된 백성을 기억해주시길 하나님께 호소한다.

에스겔서 포로로 끌려간 바빌론에서 예언자로 활동했던 에스겔의 메시지. 앞선 책의 예언자들처럼 유다와 뭇 나라들에 쏟아질 하나님의 심판을 선포하고, 예루살렘의 회복과 축복을 예고하며, 하나님이 더없이 가까이 함께해주실 미래를 소망한다. 책을 가득 채운 기이하고 기묘한 행적과 환상들은 이런 메시지들을 생생하게 전달하고 깊이 각인시킨다.

다니엘서 포로의 처지로 바빌론 왕궁에 살며 집중 관리를 받았던 유다 청년 다니엘이 하나님을 향한 순수한 마음을 지키기 위해 벌였던 씨름, 그리고 그이가 꿈에 보았던 놀라운 환상을 기록한 책. 한결같은 신앙을 가졌던 까닭에 다니엘은 일생일대의 위기를 겪지만, 하나님의 극적인 개입으로 목숨을 건진다. 후반부에는 다니엘이 보았던 기이한 환상과 상징들이 파노라마처럼 펼쳐진다.

호세아서 신앙적으로 한없이 타락하고 우상숭배가 극성을 부리던 이스라엘 땅에서 활동했던 예언자 호세아의 입을 통해 전하는 하나님의 메시지. 바람기 가득한 아내를 결코 포기하지 않고 줄곧 사랑을 이어가는 삶을 통해 하나님의 사랑이 얼마나 극진한지 한눈에 보여준다.

요엘서 유다와 예루살렘에 닥친 엄청난 자연재해를 소재로 예언자 요엘이 전한 하나님의 메시지. 예언자는 메뚜기 떼의 습격을 이민족의 침입에 빗대어 설명한 뒤, 뉘우치고 돌아오기를 기대하는 하나님의 마음을 전한다. 하나님은 진심으로 회개하면 재앙을 거두기도 하는 분임을 강조하며, 즉각적이고 전폭적인 회개를 촉구한다.

아모스서 종교적인 타락과 위선, 무너진 정의, 부패한 사회를 매섭게 비판했던 예언자 아모스가 전한 하나님의 메시지. 다마스쿠스와 모압을 비롯해 숱한 주변 국가들을 향한 하나님의 진노와 징계를 선포하고 이스라엘의 멸망을 예언하지만, 거룩한 질서가 회복된 미래에 대한 예고도 빼놓지 않는다.

오바댜서 예언자 오바댜의 입을 통해 에돔을 향한 노여움과 심판을 예고하는 하나님의 메시지. 유다가 바빌론에 시달리는 모습을 지켜보며 돕기는커녕 도리어 웃음 짓던 오만한 에돔은 하나님의 손에 무너지고, 거룩한 백성이 승리를 거둘 것을 예고한다.

요나서 예언자 요나는 강대국 니느웨에 가서 죄를 꾸짖고 심판이 임박했음을 알리라는 하나님의 명령을 받지만, 순종 대신 도망을 택한다. 이후에 벌어지는 사건들은 속속들이 죄에 물든 인간일지라도 돌이키기만 하면 얼마든지 용서하겠다는 하나님의 속내를 여실히 보여준다.

미가서 정의는 무너지고 죄악이 차고 넘치는 유다와 이스라엘을 꾸짖고, 거룩한 뜻과 질서가 지배하는 새로운 세상을 그려 보이며, 하나님이 진정으로 원하는 바가 무엇인지를 명쾌하게 제시한다.

나훔서 나훔이 선포한 하나님의 메시지로 '피의 도성, 거짓말과 강포가 가득하며 노략질을 그치지 않는 도성' 니느웨의 멸망을 예고한다. 하나님이 얼마나 크고 강하며 사랑이 가득한 분인지 설명하고, 그 권세가 어떻게 니느웨를 파멸에 이르게 할지 그림처럼 선명하게 보여준다.

하박국서 정의와 심판에 대한, 예언자 하박국과 하나님의 질의응답. 하박국은 세상에 이토록 불의가 가득한데 하나님은 어째서 짐짓 모른 체하시는가 따져 묻고, 하나님은 지체 없이 단호한 답변을 내놓는다. 하박국은 "주 하나님은 나의 힘"이라는 고백으로 긴 대화를 마무리한다. 하나님은 과연 어떤 답을 주셨을까?

스바냐서 예언자 스바냐가 전하는 하나님의 메시지. 유다와 열방의 죄상을 통렬하게 지적하고 시시각각 다가오는 심판을 예고하는 한편, 징벌이 그치는 '그날이 오면' 축제 같은 즐거움이 가득하리라고 가르친다.

학개서 바빌론 포로 생활에서 풀려나 고국에 돌아온 뒤, 성전을 다시 세우기 위해 안간힘을 썼던 예언자 학개가 전하는 하나님의 메시지. 재건 작업이 지지부진한 현실 앞에서 성전을 다시 세우는 행위가 갖는 의미를 설파하고, "언약이 아직도 변함이 없고, 나의 영이 너희 가운데 머물러 있으니, 너희는 두려워하지 말라"는 거룩한 음성을 전달한다.

스가랴서 뿔과 대장장이, 측량줄, 대제사장 여호수아, 순금 등잔대와 두 올리브나무, 날아다니는 두루마리, 곡식 넣는 뒤주, 병거 네 대 등 기이하고 다양한 환상들을 기록하고, 선택한 백성을 향한 하나님의 구원 계획을 소개하는 예언자 스가랴의 글.

말라기서 구약성경의 마지막 책. 진실한 예배가 사라지고 말라비틀어진 형식만 남은 세상, 약자들이 억압받고 소외되는 불의한 사회를 고발하고, 하나님이 '특사'를 보내 온갖 불순한 동기와 행위들을 정결하게 하며 굽은 정의를 바로 세우는 날이 기필코 오리라고 단언한다.

BIBLE in Hand 교양인을 위한 성경

세상의 모든 처음

구약 | 창세기

1쇄 발행일 2020년 2월 20일

펴낸이 최종훈
펴낸곳 봄이다 프로젝트
등록 2017-000003
주소 경기도 양평군 서종면 황순원로 414-58 (우편번호 12504)
전화 02-733-7223
이메일 hoon_bom@naver.com

책임편집 이나경 박준숙
디자인 designGo
표지 이미지 shutterstock
인쇄 SP

ISBN 979-11-963622-3-2
값 11,000원